モンテレー半島日本人移民史
米国カリフォルニア州

日系アメリカ人の歴史と遺産 1895-1995

デイビッド・T・ヤマダ

および

日系アメリカ市民連盟モンテレー半島支部 歴史口述記録委員会

石田 孝子 訳

渓水社

モンテレー半島日本人移民史

日系アメリカ人の歴史と遺産　1895-1995

デイビッド・T・ヤマダ
および
日系アメリカ市民連盟モンテレー半島支部 歴史口述記録委員会

ミッキー・イチウジ、ロイヤル・マナカ、カズコ・マツヤマ
ゴーディ・ミヤモト、ジム・タバタ、フランク・タナカ
ジョージ・タナカ、ヒロシ・ウチダ、ゴロウ・ヤマモト

一世に捧ぐ

目　次

感謝のことば　　9
序文　　13

第一章　　一世：移民第一波　　19
第二章　　一世：移民第二波と第三波　　47
第三章　　陸地職業　　73
第四章　　漁　業　　105
第五章　　強制収容　　133
第六章　　地域社会：そのⅠ　　171
第七章　　地域社会：そのⅡ　　197
第八章　　アメリカンドリーム　　219
第九章　　過去と将来　　259

参考文献　　265
訳者あとがき　　270
Index　　273

感謝のことば

本書は、1895年から1995年に至る百年間の、モンテレー半島で過ごした日本人の生活を一つの物語として記述したものである。それは、この歴史を生きた人々の記憶と回想を口頭面接によって捉えている。歴史口述プロジェクトは、まさにその性質上、多くの人々や組織の協力と支援による共同事業である。日系アメリカ市民連盟モンテレー半島支部（the Monterey Peninsula Chapter of the Japanese American Citizens League, MP/JACL）は、この物語の記録を可能にしてくれたすべての人たちに、謹んで感謝の意を表したい。

私たちが真っ先に感謝の気持ちを伝えたいのは、面接に応じかつ、自分たちの話を私たちと共有してくれた、70名の移民一世と二世の方々に対してである。彼らの物語こそ本書の内容の要なのである。ただ一つ残念なのは、これらの方々の何名かがすでに他界され、本書に対する彼らの貢献を完全な形で味わってもらえないことである。彼らの記憶は、歴史口述プロジェクトの全資料に入っており、カリフォルニア州立大学バークレー校バンクロフト図書館のバンクロフト・コレクションの中に保存される。

私たちは、このプロジェクトを実現するにあたって、寛大に寄金をしていただいた方々や諸機関の恩恵にも浴している。個人の寄金者はジャック・ラッセル氏、マス・シンタニ氏、ジョージ・ウエダ氏、ジムおよびビオラ・ウエダ両氏の方々である。機関や会社による寄金者には、AT&Tペブル・ビーチ・ナショナル・プロアマ青年基金、CTBマグローヒル社、モンテレー郡コミュニティー財団ダウド基金、エドウィンおよびルビー・モーガン財団、ローン・サイプレス社、モンテレー半島JACL委員会、および住友銀行カリフォルニア支店が含まれる。

加えて、資金受け入れの迅速な処理によって私たちを支援してくれた方々に感謝したい。これら日系アメリカ市民連盟の友人たちは、住友銀行カリフォルニア支店のリンダ・アビイ氏およびジェイ・タバタ氏、モンテレー郡コミューニティ財団の取締役トッド・リデルズ氏、AT&Tペブル・ビーチ・ナショナル・プロアマのカーメル・C・マーティン二世氏、CTBマグローヒル社の社長デイビッド・タガート氏と管理部門助手であるローラ・ハーリー氏、ローン・サイプレス社副社長のヒロシ・ワタナベ氏の諸氏である。

本書の準備と資料入手にあたって数多くの方々に

力を貸していただいた。日本語の漢字が各章の見出しページに書かれている。漢字はゴロウ・ヤマモト教授とツネオ・アカハ教授が英語から訳出し、書はキサン・ウエノ師によるものである。

初期のモンテレー地図はモンテレー市公共工事局からの提供である。パシフィック・グローブ自然保護協会のアダム・レイランド氏にはラバーズ・ポイント日本茶亭の歴史について情報を提供していただいた。戦後日本人の帰還を歓迎する*モンテレー・ペニンシュラ・ヘラルド紙*の全面広告は、ヘラルド紙の前准編集者ルイス・リーダー氏によって「地下室」から掘り出され、ヘラルド紙写真家ロバート・フィッシュ氏に、その写真を本書のために撮っていただいた。

カリフォルニア州パシフィック・グローブのタキガワ・デザイン社のジェリー・タキガワ氏と、その職員であるメアリー・ウィルソン、ジェイ・ガルスター、グレン・ジョンソンの諸氏に特別な感謝の気持ちを捧げたい。いったん原稿の準備ができると、ジェリーは本書の製本全体を管理し、このプロジェクトのために寛大にも、個人的な時間や技術を使って助言をくれた。ジェリーやそのスタッフとともに作業をし、彼らの創造的な才能が本書の美的デザインに貢献しているのを見るのは喜びであった。

カリフォルニア州モンテレーのフォント・ワークス社のスー・フレークソン氏にも感謝の気持ちを述べたい。フレークソン氏には、タキガワ・デザイン社が作成したデザインの構成に取り組んで組版をし、私たちのフロッピーディスクのデータを、ここに皆さんがごらんのようなプリントの形に変える作業をしていただいた。

家族の歴史的文書や写真は、地元の日本人社会に住む数多くの人たちに親切にも提供していただいた。家族写真、屋根裏、古い靴箱から探し出し、長年眠っていたものを蘇らせてもらった。写真の中には無比かつ極めて貴重で、未出版のものもある。その一つ、ラバーズ・ポイント日本茶亭は、今世紀初頭にさかのぼる写真技術であるガラス板ネガから蘇らせたものである。そのガラス版ネガはポーレット・スガノ・ウォーカー氏所蔵のもので、見つかったときには四つの破片になっていた。この貴重な写真を美しく使用可能なものにしていただいたのは、カリフォルニア州サンフランシスコ市マーティン・タキガワ写真館のマーティン・タキガワ氏である。記して感謝したい。

このプロジェクトに着手したとき、日系アメリカ市民連盟歴史口述委員会（JACL Oral History Committee, OHC) は定期的な会合を開き、歴史口述プロジェクトの目的、指針、構成の割り付けを行った。OHCのメンバーは被面接者の名簿を作成し、

面接をし、調査を行い、最初に様々な地図を描き、出来事を確認し、本書原稿の草案を読み批評し、終始このプロジェクトを全体的に導いていった。

　この委員会の構成員は、ミッキー・イチウジ、ロイヤル・マナカ、カズコ・マツヤマ、ゴーディ・ミヤモト、ジム・タバタ、フランク・タナカ、ジョージ・タナカ、ヒロシ・ウチダ、およびゴロウ・ヤマモトの諸氏である。みんなの合算年齢は、集積した経験と知恵から成る約600歳に及ぶ。比喩的にも、また文字通り、これら九名の委員は、このプロジェクトの背骨となる主力メンバーであった。

　OHCに加えて、手堅い助言と助力をしていただいた方々が他にもいる。ヘイハチロウ・タカラベ師、オーティス・カダニとオイスター・ミヤモト両氏の助力に謝意を表明したい。サチ・バーチ女史は、本書を今少し読み易くする上で装丁編集者としての才能を発揮してくれた。サチは日系アメリカ市民連盟モンテレー半島支部の以前の奨学生であり、また著者のかつての学生であることから、彼女との作業には特別な嬉しさがあった。

　最後に一筆、感謝の気持ちを添えたい。このプロジェクトのコーディネーターおよび執筆者として関わった多くの時間は同時に、家族から離れた時間でもあった。妻のキャシー、子供たちのジェナとジャスティンに感謝したい。というのは、一つのプロジェクトのためには家族が忍耐、理解、激励を引き受けることが重要であることを彼らも感じ取っていたからである。

　ここに名前を挙げさせていただいた方たちがみな、このプロジェクトを見届けてくれた一方で、本書の内容に全責任を負うのは私である。歴史口述委員会は、本書が読者の皆様方の信頼を得て、ご支援をいただければ幸いである。

序　文

日系アメリカ市民連盟モンテレー半島支部（MP/JACL）会員の小グループがモンテレーのアダムズ通り424番地にあるJACLホールに集ったのは、1991年1月のある日のことであった。それは、ここモンテレー半島の日系人の歴史を年代的に取り上げる可能性を議論するためであった。その夜、包括的な提案がジャック・ハリスによってなされた。ジャックは教職を退職していたが、1988年には支部長を務め、スポーツ審判員として現役で活躍中で、自らMP/JACLの外人の一人とよく言っていた。根っからの歴史熱狂家であるジャックは、地元に住む私たちの一世の物語を記録する考えを長年に渡って主張してきた。彼の強い主張と粘り強さがなければ、このプロジェクトは実を結ばなかったかもしれない。私たちはその提案を受け入れ、この地域の日本人社会の生きざまと出来事を文書に記録することにした。こうしてこの歴史口述プロジェクトが動き出したのである。

一世の移住者とその子供たち二世についてのこの話を伝えるために、すぐにも一世たちのインタビューが必要であると委員たちは判断した。移民一世の多くが高齢化する中で急を要するという感覚が加わって、委員たちはそれを当然視した。すぐにも取りかからなかったら、彼らの記憶と話を聞き取る機会は永久に消え去るであろう。したがって彼らの話を、二世の子供たちの話と合わせて、子孫のために記録することが決定的に重要であった。

モンテレー半島の日本人社会の歴史を物語風に記録する考えを人々が切り出したのは、これが初めてではなかった。1970年代末期、MP/JACL委員会と何人かの地域社会の人たちが、一世たちの貢献を捉えておきたいという希望を表明していた。1980年代初期にゴロウ・ヤマモト氏が行った数名の一世たちとの会話をスペンサー・ナカサコ氏がビデオに撮っている。ヘイハチロウ・タカラベ師も1980年代初めに歴史口述プロジェクトを行ったが、これは主に、二世クリスチャン・ジャーニー誌に発表するためのキリスト教徒の証を収集することにあった。1970年代末以降ジョン・ゴウタ氏は、地元に住む日本人の経験の諸相について短い記事を書いてきたし、それらはJACLニューズレターやパシフィック・シティズン誌に定期的に掲載されてきた。これらの企画の目的はそれぞれ、より特定的で限定的なものであった。

本書はまさに、モンテレー半島の日本人の生活お

よび貢献を文書として記録するために、より広い歴史に立って行う初めての体系的な試みである。この物語の始めは1895年まで、ゆうに一世紀前まで遡る。公式の合衆国人口統計局のデータ、いくつかの公文書、また面接での陳述の妥当性を確証するために用いた若干の歴史資料を除いて、本書は主としてJACL歴史口述プロジェクトが収集した面接資料を基にしている。

インタビューを受けた総数70名の方々を含めて全部で74回の個別インタビューが行われた。各インタビューはマスターテープに記録され、二つ目のテープにコピーされた。二つ目のテープは作業用として使用し、それぞれの面接を文字に書きおこし、紙に印刷した。場合によっては、面接がテープでなく筆記による記録も何回かあった。これら面接は生のデータから成り立っていたが、少しずつこの本の形に変えていった。

カリフォルニア州立大学バークレー校バンクロフト図書館が、このプロジェクトと本書のために用いた全資料の保管場所となるであろう。すべてのマスターテープ、文字化したもの、利用可能な写真、その他文書のすべては、研究目的で関心を寄せるすべての人たちに、この先利用していただけるであろう。

歴史的な記述と合わせて何人かの、また個人的な寸描が混じっている。ここでは特定の人たちの実名が用いられてはいるが、どの寸描も二つの理由で選択したものである。第一に、それぞれの個人的な話は、類似の出来事や境遇を経験してきた他の大勢の人たちの生活を映し出しているのである。第二に、寸描のすべてをつなぎ合わせると、読者の目には、モンテレー半島の日本人社会の歴史的全体像を示す出来事が一枚のパッチワークのように見えてくるのを、私たちが望んでいるからである。包括的で完璧だと断言するものでは全くないが、過去百年に及ぶ生活の実際を読者に一瞥していただけることを、私たちは目指しているのである。

実際的な問題として、地域社会の日本人全員に面接が可能であったわけではない。こういった方々の貢献にも同様に説得力があり、その話も伝えるに値するのを私たちは認めている。最終的に、時間と予備調査と予算が、面接可能な人たちの人数に制限をかけたのである。そういうわけで歴史口述プログラム委員会（OHPC）は、この半島の地域生活についての知識と参加が最善の歴史的情報を生み出すように、一世と二世との面接を選択した。もし読者がそれぞれの寸描の本質と性格を綿密に見れば、部分が集まって全体を表していることが分かっていただけるであろう。

実際のところ、モンテレー半島の日本人の経験全

序文

体は、部分の単なる総計以上のものである。地元に住む一世や二世にとって、日常生活上の出来事は哀感と喜びからなる非常に複雑なタペストリーに織り込まれているので、どんな特定の話も、日本人社会の豊かな教訓と遺産のすべてを必ずしも表し尽くせない。しかし、どの個人的な寸描にも、モンテレー湾域での日本人の経験全体に意味を与えるような主要な洞察をいくらかでも取り込むように、私たちは努めた。

アメリカの陸地に最初に足を踏み入れたのは万次郎である。土佐藩（現高知県）出身で1827年生まれの14歳であった。嵐の海に投げ出され漂流した万次郎は、アメリカの捕鯨船に助けられ、ホイットフィールド船長によってコネティカット州フェアヘーブンに連れてこられた。アメリカで10年に及ぶ教育を受けて、1851年日本に帰国した。

万次郎に並外れた知識と才能があったので、彼は徳川幕府のもとで素早く昇進し、1853年7月、ペリー提督の「黒船」到来に際し、助言者および通訳者として仕えた。万次郎は中浜の姓を授って侍の地位に昇り、幕府の海軍伝習所で教鞭をとった。1868年の明治維新後しばらくの間、開成学校の教授となり、公式の外交使節団に加わってヨーロッパやアメリカに赴いた。この非凡な人物は1898年1月12日、東京で没した。71歳であった。

万次郎が亡くなった頃、最初の日本人移住者たちがモンテレー半島に到着中で、一つの地域社会が形成されつつあった。世紀が変わるまでに、何人かの日本人名が、半島の場所の名称であるモンテレー・アウター・シティ、デルモンテ・グローブ、モンテレー・タウンシップ、パシフィック・グローブ・タウンシップの人口調査簿にすでに登録されていた。1900年の第12回合衆国国勢調査別表1によると、これら四つの地域に住む38名の日本人移住者名が、「木こり、農夫、農場労働者、漁師、捕鯨船員、および学生」の職業名と一緒に掲載されている。

万次郎と人口調査簿が合衆国に最初の日本人がいた事実を確定している一方で、その大部分は一時的労働人口であった。この歴史口述は、ここで働き、それから移動していった一時的滞在の移住者に焦点を当てているのではない。そうではなくて本書は、ここに到着し、様々な理由によってここに永住を決意した最初の一世移住者、つまりこの地にルーツを確立し、モンテレー半島を我が故郷と呼ぶことを決意した移住者一世、およびその二世である子供たちについて記したものである。

1995年は、モンテレー半島に日本人の地域社会ができて100年目に当たる年である。それは、一世、二世にとって苦難に満ちた長旅であった。一世をこの半島に引きつけたその旅は、長い太平洋航海と、

それまでとは異なった状況に遭遇することで始まった。文化、言語、法律上の壁があったにもかかわらず、一世たちは労働者、農夫、漁師、小規模の事業者として懸命に働いた。一世の大部分は大きな自己犠牲を払って、子供たちのために機会を改善することに、彼らの生涯を捧げた。

一世、二世たちの生活はともに、日米戦争によって、1941年および1942年に根こそぎ奪われた。疑いもなく戦時中の、とりわけ初期の抑留経験は、一世および二世の人生に最大の精神的衝撃を与える出来事となった。彼らはそれまで誠心誠意良きアメリカ市民になるように努力してきた。ところが今突然にして、強制収容所の有刺鉄線網の背後に監禁される羽目になった。彼らはモンテレー半島の家も商売も明け渡しを強いられたのであった。

この強制収容は一世の両親と二世の子供たちに当惑、恐怖、怒り、疎外、不信の入り交じった感情を惹起した。それでいて日本人は、すべてを通して耐えた。彼らは、不毛の隔離されたキャンプ生活の中で運命を受け入れ期待をつなぐことで、最善を尽くして、なんとか生活をより耐えうるものにした。多くの人々が戦時転住局の規則と決定事項に同意し、多くの者が、生活が正常に戻る日を待った。二世の若者たちの中には、忠誠心を示すために米国軍隊に加わって、一世の両親が移住してきた母国と戦ったものもいる。

戦争が終わると、日本人の家族の多くがモンテレー半島に帰還した。そうした人たちを待っていたのは心許ない生活であった。多くの人たちにとって戦争による膨大な財産の喪失は、雇用差別と不確かな世論によって一層問題化し、困難な経済状況に逆戻りすることを意味していた。疑念のるつぼの中に戻ることを潔しとしない家族もいて、そういった人たちは帰還しないで、中西部や東部で新たに出直す道を選んだ。

戦争体験には暗い面があるけれども、地元日本人社会の成員にとって明るい面もある。戦争とキャンプ生活から新しい友情が芽生え、ロマンスと結婚の花が開くこともあった。新たに大学教育を受ける機会が生まれ、以前は未踏の専門職域へとつながったり、また新規事業を起こす機会がゆっくりと増えていった。というのも戦前の仕事は、もはや不可能になっていたからである。結果として戦後の日本人社会には新しい活力があった。

この地に帰還を果たした家族の社会移動を容易にしたのは、真の友人による善意、一般的に受容的な市民、日本人社会の組織によるネットワークであった。それらは、当時および今日の日本人が体験した核心をなすものを反映しているので、私たちはこれ

らの点を探求している。そしてこの中心に見えてくるのは、日本人社会全体を維持し続けてきた価値観と行動様式からなる文化的伝統である。

　だが皮肉なことに、一世と二世を支えてきた中心的価値観そのものが、三世である第三世代がとったキャリアと個人的な選択によって、今や急激な変化を遂げている。この本で描写した歴史が終焉しつつある可能性が明らかである。少なくとも、モンテレー半島で一世紀間持ちこたえてきた日本人社会の類型および諸関係が、族外結婚と就職市場の変化によって形を変えつつある。物理的にも概念的にも新しい顔が出現しつつある。

　この新しい顔は、モンテレー半島の日本人社会の未来を色濃く暗示している。一世によって移植され、二世によって引き継がれた中心的価値観は第三世代（三世）、第四世代（四世）以降も存続するであろうか。日本人の地域社会の生活の中で、百年にわたって培われてきた伝統の豊かな遺産は、未来の世代に伝えられていくであろうか。これはまさに、モンテレー半島の一世および二世の目を通して私たちが伝えておきたい物語なのである。

日本からの移住者を乗せた船が1915年、カリフォルニア州サンフランシスコ港に到着。

バンクロフト図書館提供

第一章

一世：移民第一波

> 昔アメリカにやってきた一世がみんなそうであったように、私の父も財をなして日本に帰ることを望んでいました。すべての道路は金で舗装されている、と彼らは思っていたんです。ここに着いて分かったのは、状況は日本で聞いていたのと大きく異なっていることでした。彼らが懸命な労働をしてよき市民であったために、最後には白人と日本人との間で相互理解が進んだのです。
>
> ——H・オイスター・ミヤモト

　一世たちは、忍耐強く勇敢に日本を後にしてアメリカに来た。彼らは主として、残してきた以上のものを期待できる新しい生活を求めてやって来た。やっと十代の終わりか二十代に入ったばかりの年齢で、中にはハワイに降り立ったものもいるし、メキシコやカナダを経由して来たものもいた。多くが大洋丸のような客船に乗り込んで、15日から20日間ほどかけて太平洋を渡り、最後にサンフランシスコ、ロサンジェルス、シアトル、ポートランドといった港で初めてアメリカの土に触れた。これらの人々は日本の港から船に乗り込むとき、勇敢にも涙を押さえた。家族や故国を再び見ることはないかもしれないという不安は、アメリカでの新しい機会に寄せる夢で部分的に埋め合わされた。本書は、モンテレー半島に定住した一世——日本からの最初の移民世代——およびアメリカ生まれのその子供たち二世についての物語である。

　この地域の一世たちは、19世紀末から20世紀最初の25年にかけて到来している。彼らは1868年から1911年の間に生まれた明治時代の男女と、1912年から1926年の間に生まれた大正時代の男女であった。いわゆる*出稼ぎ人*としての彼らは、アメリカの道は金銀で光り輝いていると聞いたり読んだりしていた。海外で働いて金儲けをしたら、故国に戻って新しい生活を確保するのが彼らの目的であった。結果として何人かが日本へ戻ったが、多くは定住まばらな西海岸沿いに腰を据えて、後年そこを故郷と呼ぶことになる新しい国に定住する道を選んだ。この先彼らに待っている危険、苦難、幸運について知るよしもなかった。

　彼らが日本を後にした理由は様々であったが、多くの者には、外国で危険を冒してやったところで失うものはほとんどなかった。明治政府の政策のもとでは、産業の近代化にかかる税、田舎や農村地帯の深刻な景気後退、アジアでの戦争にむけた徴兵といったことが合わさって、故郷に止まる誘因はほとんど見られなかった。経済的な困難に押されてきたものも何人かいた。西洋の文化的教育的魅力に引きつけられ、思い切って乗り出してきたものもいた。明治政府の幕開けに関連した政治的危険から逃れてきたものも数名いたが、大多数の人々は、日本にいる家族のために財をつくり地位を高めて、いつか帰国したいという希望を胸に、新しい富を求めて海を渡ってきたのであった。彼らが共通に持っていたものは、危険と不確実性に満ちた新しい道を喜んで求める真の開拓者としての地位であった。

　当地太平洋側では産業の拡大が全速力で進んでいた。中国人労働が鉄道建設、鉱石採掘、農産物栽培に貢献していた。しかしこの労働源は、反中国感情の高揚と、「1882年の中国人入国拒否法」の議会通過によって断たれた。皮肉にも、これが日本人移

第一章　一世：移民第一波

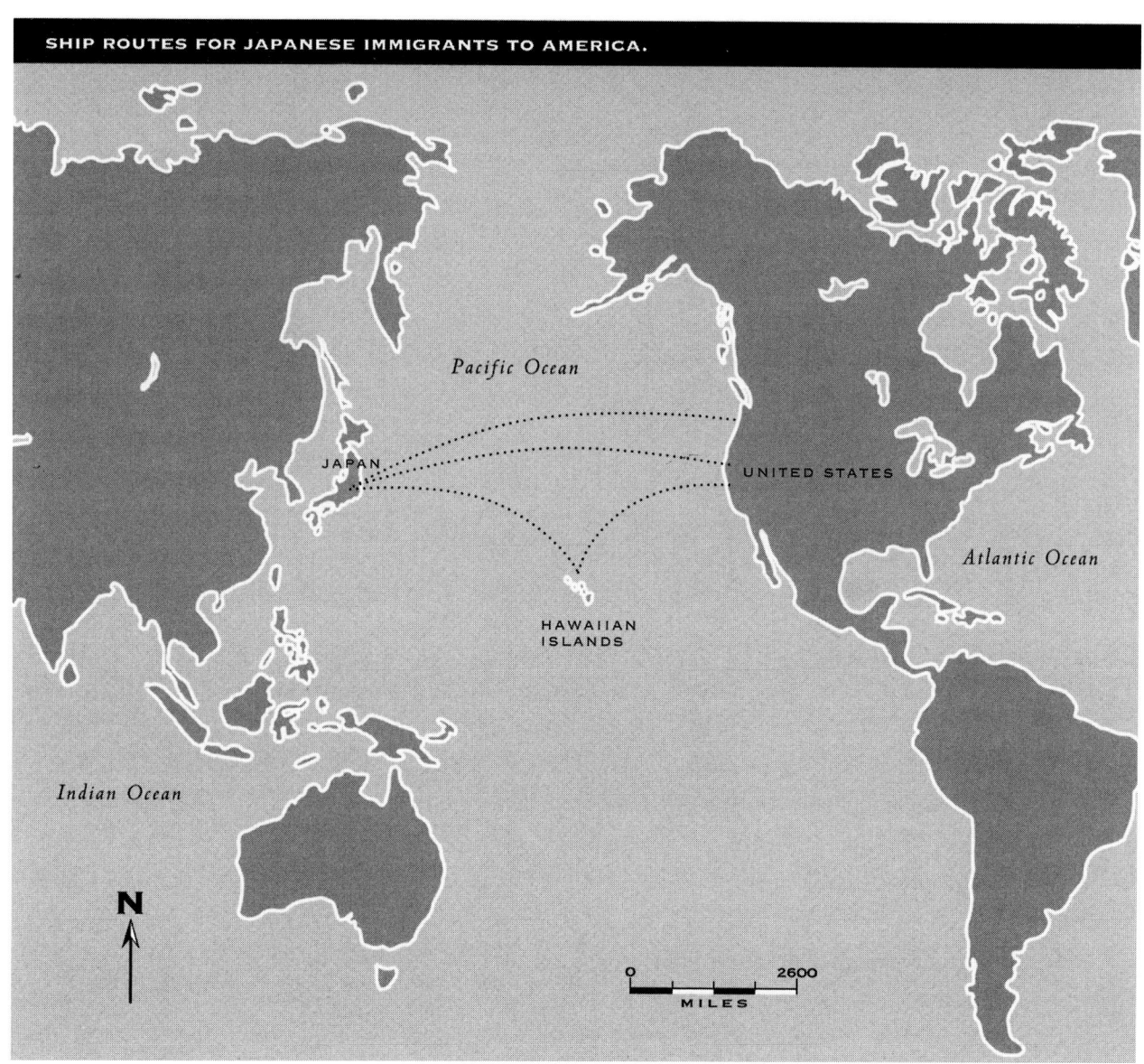

「日本人移住者のアメリカへの航路」
日本と米国西海岸との地理関係および航路を示す日本列島地図

MP/JACL 地図収蔵

民のアメリカへの道を開いたのである。

　日本の明治政府とハワイ君主国は1886年、日本の労働者によるハワイ諸島のサトウキビ農場やパイナップル畑での労働を認める協定に調印した。1890年代にいくつかの民間移民会社が現れて、労働者をアメリカに送った。1906年までに移民会社は30社以上にのぼっており、そのうち9社が広島県に本社を置いていた。

　これら会社の地域的類型は、モンテレー半島に誰が来たか、なぜ来たかを部分的に説明しているかもしれない。地理的にいって大手の会社は広島（広島海外渡航社）、和歌山（コウセイ移民社）、熊本（九州移民社）および東京（日本吉佐移民社）の都県に集中していたようである。1891年から1907年の間に、およそ7万人の日本人労働者が、これら移民会社によってアメリカに送られてきた。1901年から1907年にかけて、あと3万5千人の日本人労働者が、ハワイ経由で米国入りしている。

　移民が一番多かった地域は、本州南西部と九州南部であった。和歌山県の漁村や広島県、熊本県、山口県の農村出身者が主である。一世たちは仕事の技術、家族の世代と結びついた期待、県民性を持ち込んだ。

　太平洋側のこの地では、成長を遂げるアメリカ経済によって彼らの労働需要が強く求められた。こうして日本人移住者の第一波は、西部の州で鉄道保線作業員として働いたり、オレゴン州やワシントン州の製材所で、アラスカ州の鮭缶詰工場で、ワイオーミング州、ユタ州、コロラド州の鉱山で、またカリフォルニア州の農場で働いたり、あるいは成長を続ける西部の町や都市で、店を開いて小さな商売を始めたりした。これら開拓移民の中には、やがてモンテレー半島に定住するものも出てくるのである。

　日本の追憶、岩だらけの断崖の起伏に富んだ美、松、ポイント・ロボスを囲むイトスギやペブル・ビーチの海岸線が、一世たちに郷愁の念をかきたてた。しかし周囲で目の当たりにする半島は、孤立した未知の地域では決してなかった。結局のところ半島はアメリカ原住民の故郷であったし、スペインの下では州都の地であった。それからメキシコ共和国の領土を守る要塞ともなった。

　続いて1846年、カリフォルニアは合衆国の所有地となり、1849年にモンテレーが暫定的な州都になった。モンテレー湾は1850年代の半ばまで捕鯨産業の港町であった。交通と商業に開かれたモンテレーは、社会的、政治的、経済的活動の中心として、すでに地図上にあった。

とはいえ、一世たちの到着に先立つ半世紀の間、モンテレー半島の本質的な性格は田園地帯で未開発のままであった。1860年、モンテレーに住んでいたのは1650人にすぎなかった。パシフィック・グローブは1875年まで編入されず、当時は「乾いた」町でメソジスト静修地として知られていた。またカーメル・バイザシーは、次の10年間の初め（1916年）まで町に統合されなかった。ゆっくりではあるが少しずつ、この手がつけられていない環境にもやがて技術と人が入るようになる。

一世たちが1890年代の到着早々出くわしたのは、1,750人程度のモンテレーの人口であり、これは過去40年間でわずか100人の増加であった。パシフィック・グローブの人口は約1,400人であった。しかし、その後の10年間でモンテレーの人口は、ほぼ3倍の5,000人に跳ね上がり、パシフィック・グローブの人口は2,400人程に達した。1900年から1907年の間に、日本人移民の米国への流入は倍以上に増えた。1900年までにモンテレー半島は技術、経済刷新、人口増加にあおられて、経済成長の出発点に立っていた。

地域の様々な発展が組み合わさって、世紀の節目のモンテレーに経済ブームのきっかけができた。1874年、1番波止場または「フィッシャーマンズワーフ」が建設された（2番波止場の建設は50年後の1925年頃である）。1875年、名うてのデルモンテ・ホテルが開業したが、1877年の火災で焼失した。ホテルは1888年に再建再開され、裕福な旅行者や知識人、潜在的な住民を引きつけた。1879年サザン・パシフィック鉄道が、1874年建設の古い「狭い軌間」の鉄道に代わって、標準軌間の鉄道線をモンテレーに建設した。馬や荷車はほどなく鉄道や自動車に取って代わられることになった。1890年代までに道路が「17マイル自動車道」に沿って切り開かれ、モンテレー半島の風光明媚な海岸線の美が、世界中から訪問客を引きつけた。

運輸および海産物加工の連係システムが、すでにモンテレー湾の周辺に設置された。そのシステムは一世たちの農業、漁業、サービス関連業と経済的にぴったり合った。貨車は彼らの最高級の野菜を、モンテレー半島とサンフランシスコ間の、地方その他の市場へ運ぶことができた。モンテレーのフィッシャーマンズワーフでは小起重機やバケツによる引き上げ装置を使って、ドックに入った漁船の船腹から何トンもの魚を引き揚げることができた。ここでイワシ、サケ、イワウオ、サバ、その他おいしいひと口ものの海の幸がレストランや魚行商人のために加工され、箱に詰められた。ネット、道具、その他の用品を求める漁師や農民たちの需要が高まるにつれ、関連のサービスや商店のネットワークもできた。ここに一世たちを待つ新世界があった。

モンテレー半島に足を踏み入れた最初の一世たちの中に**オトサブロウ・ノダ**という男性がいた。熊本県出身で1890年代初めにアメリカに移民してきた人である。カストロビルとワトソンビルから営業する労働請負人として、日本人労働者を組織して森林を切り開いた。1901年ノダは、カナリー・ロー地域で主に鮭釣りを目的とした日本人漁業コロニーを設立した。また彼はモンテレー半島に居を構えた一世農民の何人かをも援助した。ノダはパシフィック・グローブにしばらくの間住んでいたが、ここを永住の住み家にしなかったのは明らかである。結局、カストロビル地域に家をもち、そこで農業を少しばかり営んだ。

1895年ノダは、モンテレーからパシフィック・グローブに至る海岸線を詳細に調べていて、赤い色をした豊富なアワビ床を見つけた。多量のアワビと潜在的にビジネスの機会があることに興奮して、彼は日本の農務省にこのことを知らせた。日本政府は、国内ですでによく知られていた産業に興味を示した。それは食料輸入にとって、また日本の産業の発展のために融資する兌換通貨に見通しを与えるものであった。政府は慶応大学の海洋生物学部に要請して、ノダ氏が報告してきた予想を調査させた。この調査の仕事がゲンノスケ・コダニ氏に与えられた。コダニ氏はノダ氏と並んで、モンテレー半島の日本人社会の起源を象徴する人物である。

ゲンノスケ・コダニは1867年1月、セイサブロウとタヨ・コダニの長男として千葉県根本の村に生まれた。1897年遅くに彼がアメリカへ移住したことは、最初の永住一世の一人がモンテレー半島に到着したことを示すものであった。

1867年という年は、日本の驚くべき変革の時期であった。徳川家は、250年以上にわたる支配の後打倒され、明治天皇にとって代わられた。1868年の明治維新は日本の扉を西洋に開き、これらの扉を通して、ゲンノスケ・コダニはやがてオデュッセイの旅に船出し、やっとモンテレー半島に辿り着いたのである。

明治政府の指導者たちは、日本の産業の近代化に着手する諸策を次々導入していった。1872年に明治政府は、産業の近代化促進のために普遍的な初等教育を命じた。新しい機会が待つこの世界で、若いゲンノスケは自分の教育を追求する機会をつかみ、1893年海洋生物学の学位を取得して慶応大学を卒業するという、当時としてはまれな離れ業をやってのけた。

移住者健康「診査カード」ゲンノスケ・コダニが1897年、サンフランシスコに向けてドリック号で出帆したことが記されている。

コダニ家アーカイブ

かりに千葉県から船で37度線に沿って平行に進むと、モンテレー半島の近くに辿り着く。これは1897年にコダニがとった航路におおむね一致する。ゲンノスケの孫娘で現在カーメル・ハイランズに住むマリリン・コダニは、祖父が1897年9月14日にドリック号で出航したことを記した家族文書を見つけた。ポイント・ロボスの記録保管人で歴史学者であるカート・ローシュは、ドリック号が1897年9月29日にサンフランシスコに到着していることを確認した。したがってゲンノスケ・コダニは、1897年の9月遅くか10月初めに、この半島に到着したと結論づけられよう。

日本のアワビ産業によせる科学的好奇心、訓練、経験によってゲンノスケは、ここ半島にアワビが大量に生息しているという農務省に寄せられた報告書の妥当性を調査するために、アメリカ行きを決意した。コダニはアワビ事業に期待を持って半島の海岸線を調査した。彼は、ハイランズ・インとポイント・ロボス間の海岸線沿いを効く目で見渡して、ウェーラーズ・コーブを選んだ。この入り江一帯にはアワビ床が豊かにあって、アワビ加工業にはうってつけの、自然に守られた環境が備わっていた。

1897年の当初コダニは、「カーメル土地・石炭会社」から土地を借りた。翌年アレキサンダー・M・アランが、その64エーカー区画の土地を買った。

こうして1898年、資本，科学、技術が一体となってアラン—コダニ共同経営で「ポイント・ロボス缶詰会社」が立ち上がった。アランの資本とコダニの技術的知識および日本との産業上の接触が、ビジネスとしての良好な概念形成に適合性を与えたばかりでなく、相互尊敬と友情に基づく共同事業を生み出したのである。

日本のゲンノスケ・コダニの両親と家族。コダニの父は左側に腰掛けている。コダニの第一子ヒデオは、ゲンノスケの妻フク（前列中央）とゲンノスケの母（前列右）の間の親類の膝に抱かれている。

コダニ家写真所蔵

コダニはアワビ漁の潜水夫を故郷の千葉県から数名採用し、彼らは彼のためにモンテレーで働いた。弟のナカジロウが千葉県千倉の千田というところで、自営の海産物業の支店を経営していた。千田地域のアワビ漁は斜陽で、1897年の大火で深刻な損害を受けていた。そこでナカジロウは経済的な観点から、アワビ漁の潜水夫たちを促してアメリカの兄の下に行かせた。日本国外務省の発行したパスポートによると、この地域にやってきた日本人のアワビ漁師の75％（135人中102人）は和歌山（76人）と千葉（26人）の出身者であった。

「ラカワナ」はG・コダニの最初のアワビ船の名前で、ここに示されているのは、G・コダニの最初の船からの遺物である。

マリリン・コダニ提供
MP/JACL 写真アーカイブ

コダニ氏はポイント・ロボス沖の冷たい海水にヘルメット着用の潜水法を取り入れて、地元のアワビ産業を真に開拓した。日本では潜水夫はスキンダイブで、肺に空気をできるだけ長く保って海底に留まり、岩や狭い入り込みにアワビを探し出し、腰に取り付けたネットに捕獲物を入れ、海上の漁船に戻るのが普通であった。この旧式のやり方では、モンテレー湾の厳寒の海原では通用しないのは明らかであった。硬いヘルメット、改良型スーツ、潜水夫への手動送風ポンプによって潜水夫たちは、水中に遙かに長く、より深く留まることが可能になり、安全性と効率も増した。最初の潜水用ヘルメットその他備品の数々が、ポイント・ロボスのホエーラーズ・キャビンに、後世のために展示されている。

家族の写真集の一枚に、ラカワナという名前が船首に写っている。ゲンノスケの孫娘のマリリン・コダニの説明によると、ラカワナはA・M・アランが育ったペンシルベニア州の川を指しているという。コダニ氏は彼のパートナーに敬意を表して、彼の最初のアワビ漁船にそう名づけた。通常コダニと結びつくアワビ漁船はオーシャン・クイーン号であった。酒類の製造販売禁止期間中、酒類密輸業者によって放棄されたオーシャン・クイーン号が財務省の競売でコダニの手に渡り、漁船に変えられたのであった。

その船の（たぶん船内入り口の）もとの木片に「ラカワナ」と刻まれているのが、セイゾウ・コダニの未亡人フミエと娘マリリンが現在住んでいる、家の玄関に見える。セイゾウはゲンノスケとフク・コダニの三男で、1988年10月に他界している。カーメル・ハイランドを走る高速1号線上の丘に構えられた美しい家は、ゲンノスケ・コダニの末息子のユージンが設計したもので、彼はオークランドの湾域に住む建築家である。

1910年から1912年にかけてコダニ氏は、ポイント・ロボスの南およそ100マイルのカユコスに、もう一つアワビ工場を開いた。カリフォルニアには、J・W・ゲイアティ社のようなビジネス上の競合相手がいたけれども、「ポイント・ロボス缶詰会社」がアワビ漁業を支配していた。理由として一部にはアラン―コダニの共同経営に商才があったこと、また一部にはモンテレー湾岸に沿って豊富で多産な赤いアワビ床があったことがあげられるが、「ポイント・ロボス缶詰会社」は、カリフォルニアでアワビ市場全体の約75％から80％を占めていた。

どんな事業の成功も単なる懸命な仕事、ビジネスの柔軟性、幸運以上のものに依拠している。ビジネスは法的政治的な制約をもつ制度の中で機能する。コダニ―アランの事業は、カリフォルニアが1913年、なぜかアワビの輸出を禁止したとき、敵意の風と向き合った。2年後の1915年、もう一つ法律ができて、アワビの乾燥が禁止された。これは、アワビが次第に少なくなって絶滅の可能性があることを心配した初期の環境保護者たちが動いたからであろう、と憶測される。または、こういった制限的な法律は、アワビ産業で日本人が成功することへの経済上の憤慨に焚きつけられた反日運動の高まりを表している、とも取れる。さらに、特定の圧力団体が特別な立法の恩恵に浴するために無理押しをした、ともいえる。この謎に明快な答を与えるような証拠はない。いずれにせよ、これら法律が与えた影響は、アワビ産業をほとんど完全に缶詰製造に変えたことであった。しかしアワビ産業を救ってくれたのは、ポップ・アーネストが偶然にもアワビステーキを導入したことであった。これがレストランや小売市場でのアワビ大需要に火をつけたのである。

ゲンノスケ・コダニは1902年12月22日、日本で**フク・タシロ**と結婚した。しかしポイント・ロボスに戻って事業を開始するためにコダニ氏は、単身で半島に戻らなければならなかった。長男のヒデオは日本で生まれた。1903年末ゲンノスケは日本に帰国したが、この時はフクと息子を伴ってウエイラーズ・コーブ北側の新居に帰ってきた。

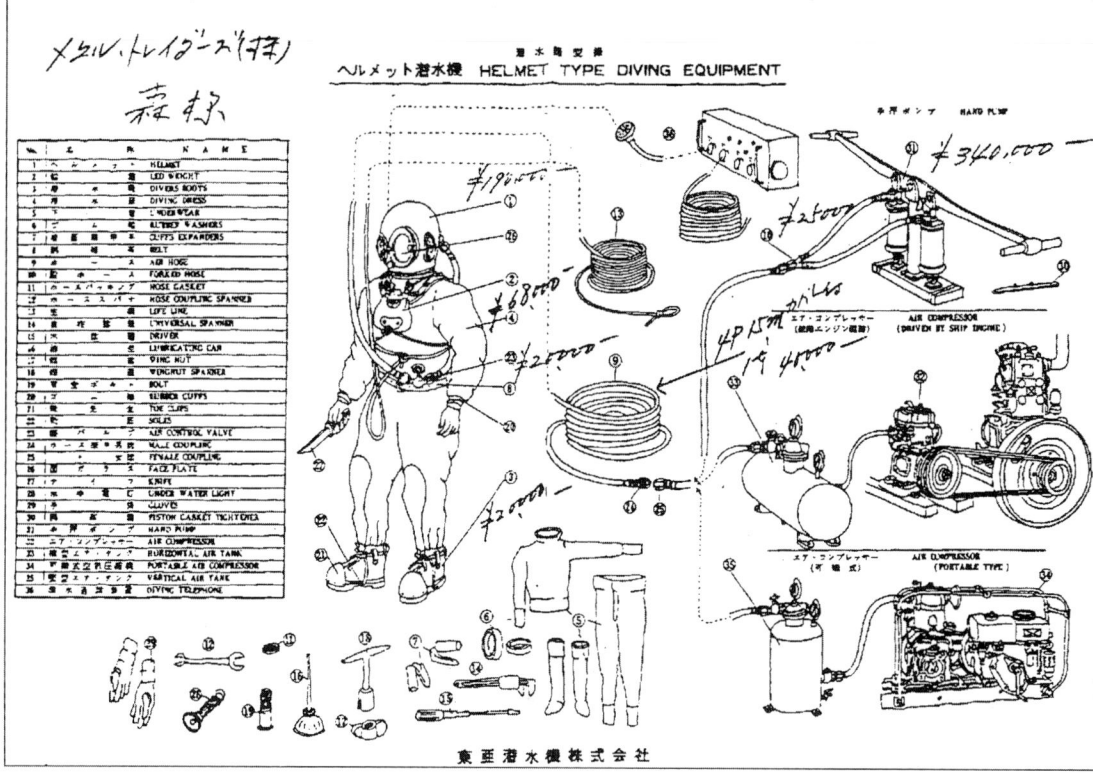

図表は、G・コダニが改良した新しいアワビ潜水用具。ポイント・ロボスの冷たい海水用に硬いヘルメットと手動ポンプを備えている。

コダニ家アーカイブ

ウエイラーズ・コーブの北側に建つコダニ家と乗組員が住んだ合宿所（手前）。

コダニ家写真所蔵

ゲンノスケとフク・コダニが、9人の子供たちのうち7人と写っている。左からヒデオ、ヨシコを抱いたフク（母）、フサコ、クニコ、セイゾウ（背後）、タケコを抱いたゲンノスケ（父）とジョージ。あと二人の子供たち、サトコとユージーンはまだ生まれていない。

コダニ家写真所蔵

コダニ家の第五子クニは1903年、父親がアメリカに帰航したときの面白い話に触れている。サンフランシスコに向かう船客であったハワード・タフト大統領が、コダニの家族を特別に気に入って、幼いヒデオを抱いてデッキのまわりを歩いた。その後コダニ一家がサンフランシスコに到着したとき、格別の特権が与えられた。ゲンノスケ・コダニ夫妻と幼い息子ヒデオは、通常すべての外国人移民が検査を受けるエンジェルズ・アイランドを通ることを求められずに、すべての一般船客と一緒に下船が許された。

ゲンノスケとフク夫妻は九人の子供たちを育てた。出生順にヒデオ、ジョージ、セイゾウ、フサコ、クニコ、タケコ、ヨシコ、サトコ、ユージーンである。ヒデオを例外として子供たちはみな、入り江の北側にあるコダニ家で生まれ、全員ゲンノスケ自身の手で分娩が行われた。コダニ家の娘たちが回想したように、母親が毎朝早く起きて乗組員全員と家族のために朝食を準備したのはここであり、父ゲンノスケが友人や客を好んでもてなしたのは、この場所であった。クニの記憶にあるコダニ家の有名な客の中に、*日米新聞*の創設者キュウタロウ・アビコやサンフランシスコ日本救世軍の創設者マサスケ・コバヤシがいた。

九人の子供たちはみなベイ・スクール小学校とモンテレー・ユニオン高校に通った。子供たちは成長するにつれて、缶詰工場で手伝うこともあった。クニは、澱粉と米を混ぜ合わせて作った糊で、アワビの缶にラベルを貼ったことを覚えている。会社のロゴには、ラベルの左上の角に一人の潜水夫、前景に一隻の潜水用ボートと乗組員、「モンテレー・ブランドの深海甲殻魚」と書かれたラベルの下の後景にウエイラーズ・コーブが配してあった。ラベルが缶のまわりを包んだとき裏側に、アバロニー・サラダやチャウダー、フリッターの作り方が見られるようになっていた。一缶16オンス、48缶入りのケースが第一市場である日本と中国へ、第二市場として国内アジア人の社会へ、そしてハワイへ船便で送られた。

コダニ家側からウエイラーズ・コーブ越しに望む「ポイント・ロボス缶詰会社」

コダニ家写真所蔵

　コダニ家は、九人の子供たちと悲しみをも経験した。次男のジョージが高校3年在学中に、一酸化炭素中毒で死亡した。妹タケコの説明によると、ジョージはサザン・カリフォルニア大学への進学に備えて貯金しようと働いていた。1920年代半ば、安全性に欠陥のある型のトラクターを与えられて、アランの農園で動かしたトラクターから致死量に及ぶ排気ガスを知らずに吸い込んでしまった。卒業を控えた彼の同級生たちが、モンテレー市営墓地の埋葬地に墓石を立てて彼に敬意を払い、追悼を行った。

　30年以上にわたってコダニ氏は、ウエイラーズ・コーブでアワビ漁と缶詰工場を経営した。ゲンノスケ・コダニは1930年7月1日、63歳で亡くなった。

　大恐慌、アワビ供給量の減少、さらにポイント・ロボスを獲得して公園に変えたいとする州の関心によって、ポイント・ロボスの缶詰工場は1931年に閉鎖された。ゲンノスケ・コダニの死後、三男のセイゾウが自家用アワビ漁船を、戦争が勃発するまで操業した。セイゾウ・コダニはその後、カーメル・ハイランドの消防局警防指揮官になって、地域社会で際だった人生を送った。

　1933年カリフォルニア州政府は州立公園を造るために、ウエイラーズ・コーブ周辺のこの素晴らしい土地をアラン家から買い取った。（ウエイラーズ・コーブの缶詰工場から入り江を挟んで真正面に位置した）コダニの家は高速道路1号線の反対側に移築された。1号線沿いに移築されたコダニ家の家屋は、フク・コダニが1952年1月26日に他界するまで、彼女の人生の残りを生きた場所である。

　ポイント・ロボスでの操業は終わりを遂げたが、数軒の一世家族とその子供たちの何人かが、地元のアワビ漁を続けた。不幸にしてコダニがした貢献の全体像は、十分な信用も説明も得られずじまいになるかもしれない。というのも家族の多くの文書が第二次世界大戦の勃発で灰になったからである。家族の書類やその他所有物の数々は、不法な活動を隠すためにではなくむしろ、FBIや軍当局によって誤解されることがあるかもしれない、つまりその情報の

ために家族が有罪になったり、家族に何らかの形で危害が加わることになるかもしれない、と日本人家族は恐れたのである。

ゲンノスケ・コダニはモンテレー半島の歴史に永続的な社会的経済的貢献をした。ポイント・ロボスの海洋資源に鋭敏で創造力に富んだ精神を適用して、商業用アワビ産業を開拓した。彼は実用的科学的思考で硬ヘルメット潜水技術を導入し、その産業に大変革を起こした。歴史的な証拠が示すように、コダニはモンテレー半島に永住した最初の一世移民の一人として道を開拓した。彼のモンテレー半島到着は、「コダニ村」の誕生を特色づけるものであった。

「コダニ村」は 1994 年 8 月 27 日、感動的な式典のうちに、「カリフォルニア州公園およびレクリエーション局」によって公式に、歴史的な場所として献じられた。コダニ村は、ポイント・ロボスのウエイラーズ・コーブ北岸に建つコダニ家を囲んで、合宿所、ゲストハウス、その他の建物から成り立つ複合住宅地であった。朝霧が最初の穏やかな太陽光線で消えていくころ、献呈式がコダニ家の人たちが住み慣れた当の場所で始まった。コダニ家直系の子孫、アランとハドソン家の友人たちが、州当局者、地域の篤志家たち 200 人以上の人たちに紹介された。この行事に最も責任をもつ二人、カート・ローシュとサンディ・ライドンがコダニの遺産に感謝の印を捧げた。

ゲンノスケ・コダニの末子ユージーンが追想の中で、今世紀初頭のコダニ家の建築様式および物理的な周囲の環境について述べ、聴衆を当時を偲ぶ旅へと誘った。献呈の式典で、コダニ自身が植林を助けた松やイトスギの森を通して、ウエイラーズ・コーブに注ぐ穏やかな海原の向こうを臨みながら、参列者にはゲンノスケ・コダニの生気がほぼ感じ取れた。子供たちの話によると、コダニは禁欲的で厳格な父親であったが、その瞬間には確かな笑みが浮んでいたという。

このプロジェクトの面接の一つでコダニの娘たち二人、クニとタケは、父親はどのように記憶されたいかという質問を受けた。彼らの答えは直接的、能弁、簡潔で正直なものであった。返事は「アワビ漁業開拓者の一人として、また地元日本人社会の開拓者の一人としての父」であった。

ここに定住した一世たちは、日本のいくつかの県から来ていた。このことが日本文化の中での集団の重要性を与えていた、と考えてもおかしくはない。というのも県は集団ヒエラルキーの中で、単にもう一つ別のレベルのものである。実際、同県出身の一世たちは、しばしば県人会という県協会を作って、相互援助や交友の場として役立てた。今日でも県人

会のいくつかは、カリフォルニアの数都市に存続している。さらに、同県出身の移民者集団が自然発生した。それはアメリカへの移住奨励が多分に、県発行の新聞、村人の口コミ、県と関連した農漁業の伝統からきていたからであろう。

日本の地図を見れば分かるように、初期の一世たちの中で本州北部や北海道から来たものは皆無である。ゲンノスケ・コダニが東京に近い千葉県から来たという事実は普通でない。これはおそらく、彼が高度な教育を受け、都会に住み、準政府事業でこの国に送られてきたからであろう。

モンテレー半島に定住した一世の圧倒的多数は、本州南西の地域や九州の最南端に位置する地域の出身者で、生まれも多様で貧しかったようである。私たちに分かることは、出身地が和歌山県、広島県、熊本県、島根県および鹿児島県に集中していることである。

ヤンキーとカウボーイ、あるいは今日のカリフォルニア北部と南部を分ける文化的断層線のように、日本の当時と今日にも、似たような分断がみられる。関西と江戸圏、およびその方言は、より国際的で都会的な生活スタイルを表しているのに比して、南西中国や九州は、より地方的で田舎の生活様式を表している。このことは幸運であったのかもしれない。というのは、このモンテレー半島に足を降ろした一世たちは漁業や農業の技術だけでなく、さらに重要なことには、懸命に働きかつ、額に汗して生きながらえ名誉の成功を修めようという強靭な意志をもたらしたからである。

1900年という年に、三家族一組の一世が、それぞれ異なった県の出身で、異なった理由で到着した。この先陣の中に地域社会で頭角を現すことになる、なかでも三人の人物、タジュウロウ・ワタナベ、クマヒコ・ミヤモト、コウイチ・タナカがいた。これら一世の開拓者はそれぞれに、妻や家族に支えられながら、他の一世たちや子供たちの未来の世代のために、道を切り開いたのである。

タジュウロウ・ワタナベと父親の**カンジ・ワタナベ**は、友人のゲンノスケ・コダニのアワビ漁業に加わるためにやって来た。カンジもゲンノスケもともに千葉県の同村出身者であった。1919年カンジは18歳の息子タジュウロウを日本から呼び寄せ、一緒に仕事をすることにした。彼らはともにアワビ潜水事業でコダニ氏と働いた。タジュウロウはこの地に留まることとなるので、アメリカの第一世代の一世といえよう。カンジは日本に帰国して、少しの間病を患って1936年に他界した。

第一章　一世：移民第一波

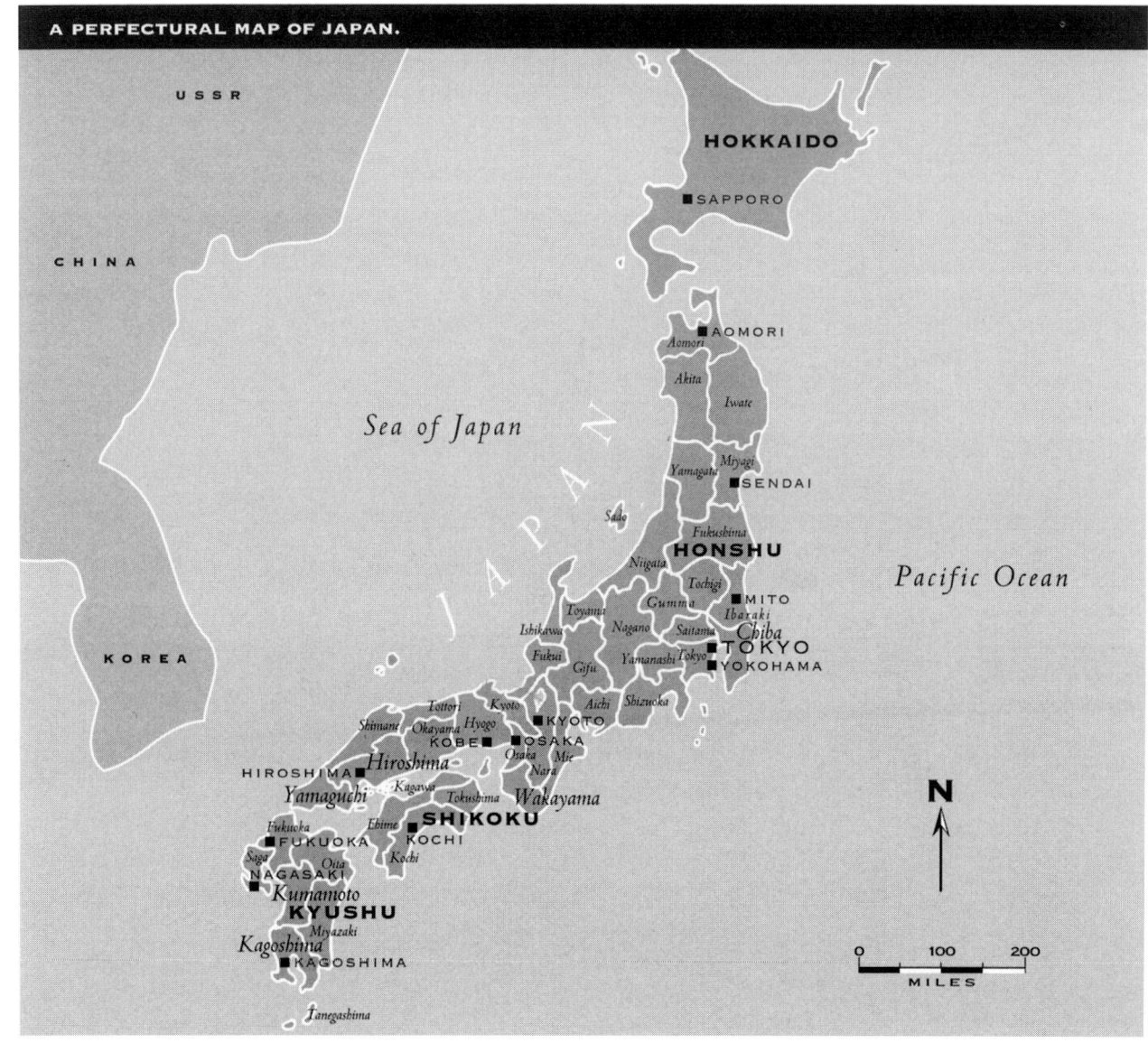

日本の県所在地図
モンテレー半島への移住者のほとんどは、和歌山、千葉、広島、山口、熊本、鹿児島出身であることを示している。

MP/JACL 地図収蔵

タジュウロウは父親のもとに来る前に**エイコ・ヤスダ**と結婚したが、新妻ワタナベ夫人は姑と一緒にいるために日本に留まった。4年後の1923年、エイコは半島に到着した。ワタナベ家は二人の娘、ジューンとアリスを育てた。悲しいことに、第三子となるはずだった息子が誕生時に亡くなった。長女ジューンは退職した米国海軍少佐ジェームズ・グリーンと結婚し、アリスはタジュウロウの親友クマヒコ・ミヤモトの末息子ゴーディ・ミヤモトと結婚した。

　最初、ワタナベの家はワシントン通りとタイラー通りの間にある借家であった。それから彼らはフィゲロア503番地に最初の家を買った。カリフォルニア州の外国人土地法は一世の財産取得を禁じていたので、「買った」といって適格である。1913年と1920年に、カリフォルニアの外国人土地法は、「市民権不適格」であった外国人による土地所有やリースを禁じていたのである。

　ワタナベ氏の娘たちジューンとアリスの回想では、父親は「自分名義で土地を買うことができなくて、コダニ氏の息子セイゾウに依頼して財産を買ってもらった。長年の間セイゾウ名義で登録されていた」という。この国で出生したことでアメリカ市民であるセイゾウは、タジュウロウ・ワタナベの代理所有者として自分の名義で合法的に財産登録ができた。カリフォルニアの外国人土地法だけが、一世に立ちはだかった唯一の差別の形態ではなく、後述するように、一世が経験した差別は他にもあった。しかし持ち前の気品と宿命感でワタナベは、状況への対処が現実的にまず不可能だという事実にあきらめて、しかたがないと肩をすくめるだけであった。

　ワタナベはスポーツ、とくに野球、テニス、乗馬、弓術に強い興味を持っていた。伝統的な弓道着に身を包み、強さ100ポンド以上の反動に耐える弦をもつ日本製の弓を使って、友人セキサブロウ・ハットリの家の長い裏庭で練習するのが常であった。しばしばセキサブロウの息子タクが、師ワタナベに加わって弓術を習った。

　家族を養うためにワタナベは、アワビ漁潜水夫として働き続けた。1930年代の初め、彼はポイント・ロボスの事業から手を引いた。エンプレス号という船と小舟の2艘をもって、四人の乗組員とともに個人所有のアワビ漁事業を立ち上げた。1930年代のある時期に、二人の地元の若者ロイ・ハットリとヨウ・タバタが乗組員に加わった。乗組員たちは新しいアワビ床を探して、ときには一週間かけて、はるか南のサンシメオンあたりまで行った。探索と潜水がうまくいったら、200ダース以上のアワビを持ち帰った。コダニがやったように、ワタナベ一家はそれをレストラン、埠頭の加工工場、日本や中国の輸出市場へ売りさばいた。

当然ながら、アワビの若干はワタナベ家の夕食のテーブルにものぼった。アワビは驚くほど様々なおいしい食べ方ができた。新鮮なアワビの中心部を切り開き叩いてソテーにし、パンくずと一緒に調理した。日干しアワビを木枠のネットに広げて塩ゆですると、ビーフジャーキーのように長い時間おいしく噛めた。アワビの外側の黒い端は醤油と砂糖で煮付けると素晴らしいおかずになった。捨てるところはなかった。二枚貝の口から突き出ている一対の歯でさえ使えた。ジューンとアリスは、母親がその歯をジャーに入れていたのを覚えていた。ジューンは、この珍味を「レモンジュースとちょっぴりの醤油をかけると、とってもさくさくした」と描写した。

　アワビの貝殻は、中には直径9-10インチのものもあったが、アルバラド通りの北端や、シーサイドとサンド・シティの海辺に沿って巨大な山のように堆積された。1920年代および1930年代には、破棄された貝殻はほとんど商取引の価値はなかった。少量がロサンジェルスに船で運ばれ、ボタンや宝石類に加工された。貝殻は、冷光を発する虹のような色調をもっているので、ランプを作るのに使われたりした。貝殻半々をランプの土台や傘に使ったのである。ワタナベ家とコダニ家は親しくしていた。ゲンノスケ・コダニの弟ナカジロウはそのようなランプを作って、帆の形に彫った貝殻の頂上にTWの文字を刻んだ。光が当たると全体が美しく照らし出された。

　不思議なことにアワビの殻の山は戦争中に消えた。誰かが一枚残らず荷車で運び去っていた。それを商売のもとにして、最後はボタンや宝石類になったのは間違いない。わずかな量が砂の中に埋められたのかもしれない。だから海岸沿いを歩いたら、砂に混じってアワビの殻が見つかるかもしれない。アワビ漁師の日本人家族が戦後モンテレーに帰還したとき、アワビの山が海岸から消え去っていたのを見て、びっくり仰天した。

ゲストハウス前のゲンノスケ・コダニ。同じ千葉県出身の親友タジュウロウ・ワタナベと。

ワタナベ家写真所蔵

ワタナベ一家は、戦争中アーカンソー州ジェロームとローワーのキャンプに強制収容されたあと、1946年モンテレー半島に帰還した。タジュウロウ・ワタナベは潜水アワビ漁をやめた。それは漁業が1945年以来急速に衰退していたことと、妻エイコが潜水の肉体的危険を心配したからである。彼は働く人生の残りを「デルモンテ・プロパティーズ」で森林労働者として勤め、1970年70歳で退職した。

タジュウロウ・ワタナベはまた、一世社会の生活改善に多方面にわたって貢献した。数多くの組織に創設者または会員として重要な働きをした。たとえば仏教会、カメラクラブ、詩吟クラブ、盆栽クラブ、釣りクラブ、モンテレー園芸家クラブなどである。人に好かれる社交好きな人物であった父親のことを、ジューンとアリスは覚えている。「父はいつも非常に社交的で、好んで行動しては人々を笑わせる、ちょっぴりひょうきんな人だった」という。母親は「苦情を言うことがほとんどない優しい人」であった。エイコ・ワタナベは1986年6月に亡くなり、彼女に続いてタジュウロウ・ワタナベが1989年に他界した。タジュウロウ・ワタナベは人生と人々を愛し、賢明な助言を与え、地域社会に寛大に施し、みんなの尊敬を得た。要するに彼は、一世の中で指導者であった。

さらに別の一世の開拓者である**コウイチ・タナカ**は1877年広島市で生まれた。アメリカでのよりよい仕事の機会を求めて、21歳の若さで日本の農村社会を後にした。1898年シアトルで下船し、ワシントン州エバレット近郊の町の製材所に働きに行った。ほどなくしてタナカは、製材所に一生をかけるのは、自分の好みでも未来への道でもないことを悟った。

1900年タナカは、太平洋沿岸をモンテレー半島まで下り、最初の2年間カーメル・バレー中部で農業に従事した。ルイス・ウオルター氏という著名な土地所有者兼農夫が、コウイチが農業を始めるのを手伝い、さらに二人、アンドウ氏とコミヤ氏の初期一世農夫にも同様に手助けをした。それから運命の風がタナカ一家の生活に介入することになった。2年間野菜を作ったあと、タナカは二つの偶発的な決意、すなわち他の農場に移ることと日本に帰って結婚することを決心した。

1903年タナカは、かつて「トム・オリバー農場」として知られていた場所へ移動した。そこはカーメル・リバー橋のちょうど南で、高速道路1号線の西側に位置し、現在はオデロ・アーティチョーク農場として知られている。彼は、その後の20年間をジャガイモ生産に特化し、その質の良さでタナカの名声は広域に及んだ。彼の息子ジョージの回想では、肥えた沖積土と忍耐強い農業技術で（大きさといい味

といい）実にみごとなジャガイモを生産した結果、父親にやがて「ポテト・キング」なるニックネームがついた。ジャガイモは家族農場の「昔ながらの白い納屋」に保管された。彼は、モデル－Tが現れるまで、ダウド家所有の一連の馬を借りて、ジャガイモを積んだ荷車を引き、カーメル・ヒルを超え、デルモンテ・ホテルその他、地元の市場へ行った。

1904年タナカは日本に帰って、同じく広島県育ちの**ヤエ・スミダ**と結婚した。1904年の彼らの結婚に続いてヤエの母親が死亡し、ヤエは父親の世話のために広島に留まらざるをえなかった。タナカは、新妻をすぐ連れに戻るからという約束をして、カーメルでの農業に専念するために船でアメリカに戻った。「すぐに」は何年にも、正確には12年に及んだ。彼らの息子ジョージは少し心を曇らせて「そういうことで僕の母さんは、父さんが迎えに来てくれるまで12年も待ったんだ」と言った。

12年の別離の後コウイチとヤエ・タナカは、ちょうど高速道路側のやや高台に位置した彼らの家に落ち着いた。今や生活はよかった。タナカ家は誉れあるジャガイモを栽培し続けた。ここで第一子と第二子つまり、1917年にコヨミが、1920年にビルが生まれた。したがって、コヨミとビルはカーメル・バレーで生まれた最初の二世に入る。1922年に家族がニュー・モンテレーに移って、他の三人の子供たちが加わった。1922年にジョージが、1924年にフランクが、1927年にトモエが生まれた。フランクによると、父親は助産婦として二役を演じ、事実上全部の子供たちを取り上げた。五人の子供たちを育てながら、タナカ一家は、ウェイブ通りとアービング通りの付近で家を3回移転した。

タナカ農場はカーメル川の増水の影響を受けやすかった。というのも当時堤防がなく、川が氾濫すると穀物が失われたからである。今日では機械化したブルドーザーで、砂州に巨大な水門を切り開いて、そこから溜まった河川の水が海に流れ込むようにできる。タナカ氏にとって、事情は違った。ジョージは「父さんが、一連の馬と鋤を使って砂州を切り開かなくてはなあ、と言っていた」ことを覚えている。これは容易な作業ではなかった。馬は砂州を掘り起こすとき、海洋のうねりに尻込みしてひるみ、おびえた。異国の土地で生き延びようと試みる生活は容易ではなかった。

タナカ一家、1930年カリフォルニアにて。前列左からジョージ、フランク、ウィリアム、トモエを抱いたヤエ（母親）。背後に立っているのは、コヨミとコウイチ（父親）。

タナカ家収蔵

不幸にしてこのような困難な仕事の一切は、タナカ一家にとって悲劇的な屈折点となった。タナカ氏が長年かけて貯めた金の多くが、現実よりも見かけで対処する、別名「判事」として知られていた地元の一世に預けられていた。優れた郷土史家の一人であるジョン・ゴウタは、この人物に言及するのに「法人」と言っている。また別の資料ではこの「判事」は、「同情心のかけらもなく」かつ「きわめて貧弱な人格」の持ち主、と記述されている。いずれにせよ「判事」はタナカの金で無謀にも、不健全な投機事業に手を出したり、浅はかにも個人向け貸し付けに使ってしまっていた。不道徳な行為をやった後、この「判事」は日本に送り返された。哀れなるかな、「判事」の本国送還はタナカの預金損害の修復に全く資することにはならなかった。タナカがだまし取られた金を取り戻すことは、またとなかった。

　この体験と莫大な損失に意気消沈し幻滅して、タナカ一家は転地してニュー・モンテレーで一からやり直す決意をした。妻の強い不屈の精神に鼓舞されて、タナカは園芸業に就いた。この新しい職業について最初に手がけたのは、パシフィック・グローブの**聖母マリア・バイザシー・エピスコパル教会**と関係するものであった。タナカは、口コミや仕事の質の良さから、すぐに手に負えるだけの量の仕事を手にした。こうしてタナカの第二の職歴が始まったのである。

　1920年代は庭師のほぼ全員が日本人であった。モデル-T フォード車の生産のおかげで、タナカおよびこの開拓的庭師の集団は、仕事のためには思い切って距離を広げて出かけ、ペブル・ビーチのギャツビーのような屋敷の仕事を取れるようになった。

　多くの一世の家族では妻と母親が一家の精神と強さの源泉であったが、ヤエ・タナカもそうであった。彼女は、夫の新しい仕事の遂行を勇気づけ、より明るい明日への期待を持たせようとした。1922年に家族がニュー・モンテレーに移ったとき、ヤエは8ヶ月の身重でありながら缶詰工場で働き続けていた。彼女は多年にわたって「シー・プライド缶詰工場」で働いた後、「ホブデン缶詰工場」、ついで「カーメル缶詰会社」、「サン・ザビエル缶詰工場」で働いた。他の一世女性たちとともにタナカ夫人も、缶詰工場で冷たい魚を処理する仕事を何時間もやった。手袋なしで何年も氷水で働く仕事で、彼女の両手は麻痺し、ついには関節炎で苦しんだ。

　コウイチ・タナカはモンテレー半島に重要な貢献をした。彼は開拓者一世の農民で「ポテト・キング」の名声で一番よく記憶されている。馬と鋤を使って砂州を切り開き、農地の洪水を防ぎ、カーメル川と太平洋の海原をつないだ。助産婦として自ら五人のわが子を取り上げた。コウイチとヤエ・タナカは非常に懸命に働いて、経済的悲劇に苦しみながらも人

生の有為転変に耐え、子供たちにより大きな機会を与えようと多大の犠牲を払った。コウイチ・タナカは1959年6月に死去した。1985年1月、ヤエ・タナカは小声で「寒気がするわ」とつぶやいて、休もうとベッドに戻り、静かに息を引きとったのであった。

クマヒコ・ミヤモトは1879年に熊本県に生まれ、21歳の独身でアメリカに渡った。多くの一世に特徴的にいえることだが、ミヤモトもアメリカに来たのは、働いて、お金を貯めて日本に帰るのが目的であった。ミヤモト氏の五人の息子の一人オイスターは、父親の当初の決意を評価して、次のように述べている。

「私の考えでは、父は、道路はすべて金で舗装されていると思っていたんですね。そして人々はここに来てドルを早いこと儲けて故国に帰ろうと考えていたんです。しかし勿論、事はそのようにうまく運ばなかった。父は世紀の節目頃に来て、写真花嫁で母をここに呼んだのです。」

外国人住所報告書の写しでは、ミヤモトは1900年6月17日にサンフランシスコに到着している。数日のうちに汽車でモンテレー半島に下ってきた。ワトソンビルでの短い停車時間に汽車を降りたとき、子供たちやその他の者たちが彼を「ジャップ」と呼んで、彼目がけて投石した。石を投げ返すことをせずにミヤモト氏は、生活を始めようと礼儀正しく進んだ。それは、モンテレー半島の一世の物語に重要な一章を加えることになる。

まさに開拓者という言葉の意味において、文字通りミヤモトは、木々を伐採して町に最初の道路を通すために、**カーメル・バイザシー**建設のための道を切り拓いた。パシフィック・グローブで規定の2か月間の森林伐採の後、彼は「デベンドルフ土地開発会社」で仕事につき、カーメル市となる予定地のマツやオークを取り除いた。熊本県出身の数人の友人を含む日本人仲間と一緒に、土地を切り開き、測量棒をもって用地や道路を四角の区画に測地し、カーメル建設に助力した。

1907年ごろミヤモトは、デベンドルフで働き続ける一方で手を広げ、ニンジン、ビート、カブ、カリフラワー、キャベツ、ピーマン、春タマネギを中心とする市場むけ青果物栽培農業を始めた。1909年彼は、家族の友人であるフランク・ハットンがサンフランシスコで手に入れた特殊なタイプの種を使って、アーティチョークを栽培したカーメル最初の農夫であった。

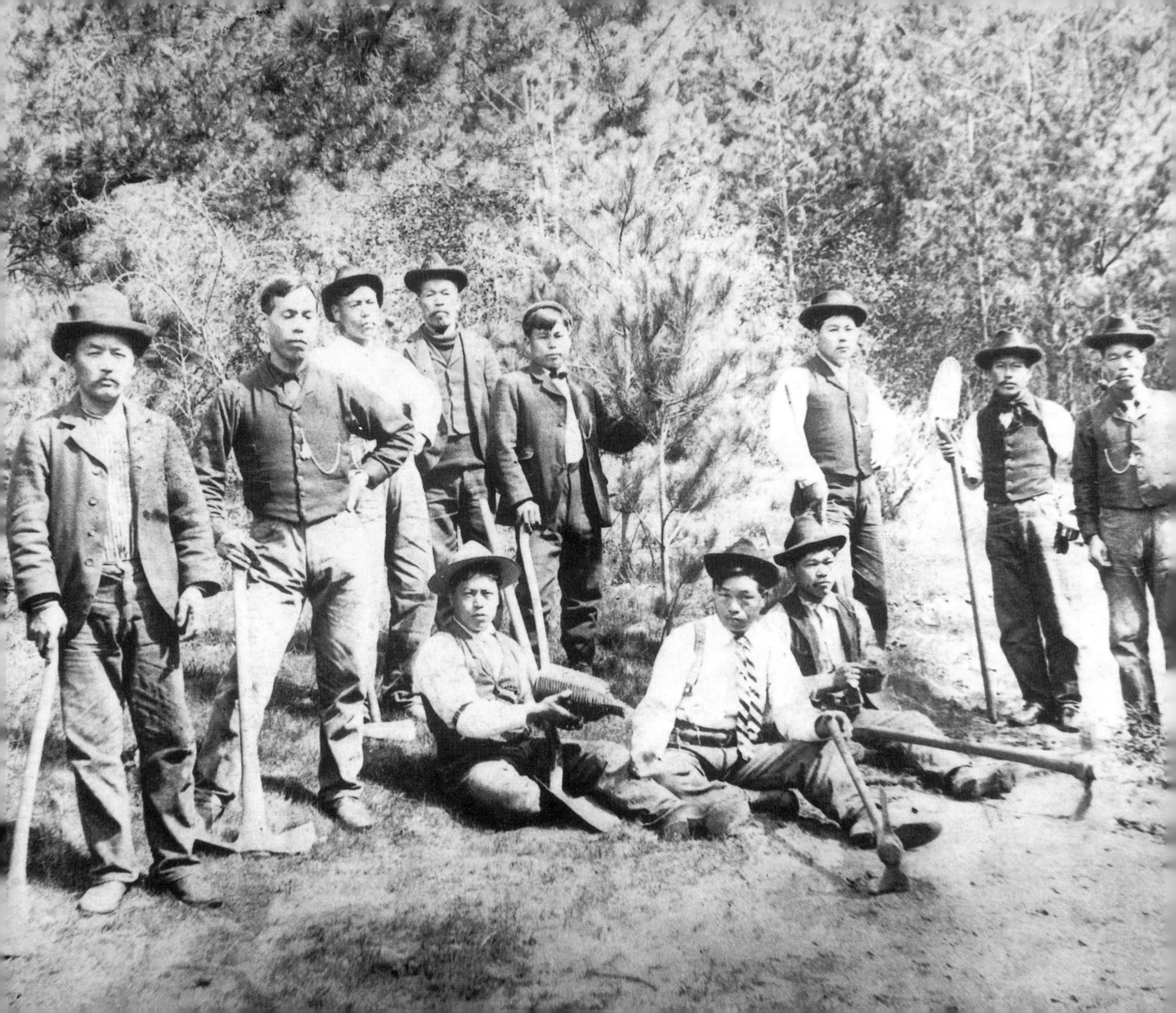

カーメル市のために土地を切り拓いた初期移住者の木こりたち。5番通りとユニペロの近くで撮った1900年の写真。これら移住者の中に（右から3番目に立っている）クマヒコ・ミヤモトが見える。彼は後にカーメル・バレー地域で成功した農業者となった。

ゴーディ・ミヤモト収蔵

　若者としてアーチィ、キー、オイスターは、彼らの最善を尽くして、いや少くとも上手に、鋤で耕す手伝いが好きであった。三人の年上の息子たちが農作業を手伝うのを楽しそうに見ているときの父親について、オイスターは語った。

「キーの番になった。アーチィに代わった。私の番になった。父さんが私たちをじっと見ていたら、私たちはまっすぐな鋤跡を作るようにしたものさ。鋤きをやるときは向きを変えて馬を溝、今つけた直線の鋤跡に馬を進めようとするよね。しかし私たちは鋤跡を辺り一面につけた。つまりジグザグ線をね。すると父さんは、それを見て頭を横に振ったものだった。」

　約8-10エーカーの農地でミヤモトは、忠実な一頭引き馬による鋤のおかげで、この地域で最初の農業者の一人となり、この半島きっての立派な野菜をいく種類か栽培した。自営農業のビジネスは、1920年代と1930年代まで、つまりアメリカの第二次世界大戦への突入という心を切り裂くような日々が訪れるまで続いた。この時期世界は、ミヤモトとその家族を含むすべての人々にとって、天地がひっくり返るように思えた。ミヤモト一家その他の、モンテレー半島に住む日系アメリカ人に与えた戦争の影響については、第五章で取り上げられる。

　手動クランクとダブルクラッチの平床トラック、モデル-Bフォード車で、ミヤモト一家は取れたての野菜をカーメルやモンテレーの食料品店、「デルモンテ・ホテル」、「ピーター・パン・ロッジ」、「ハイランズ・イン」に配送した。オイスターとゴーディがとくに記憶しているのは、野菜をある修道院に配達したときのことである。人目に触れないことを明らかに求められていたシスターたちは、「回転できる小さなものをもっていて、私たちが野菜をそこに入れると彼女たちはそれを取り出し、お金を入れて元のように逆回転させたものだ。いわば壁を通してはめ込んだ回転テーブルみたいなもので、相手の姿は全く見えないようになっていた。」

　五人息子の末っ子であるゴーディでさえ、農園の雑用を手伝った。ゴーディは14歳か15歳で特別な運転免許を取得したあと、家で取れた野菜をモデル-Bで配達した。

　クマヒコ・ミヤモトはアメリカに到着して12年間独身であった。1913年、日本の同じ村の出身である写真花嫁、**ハツ・カトウ**と結婚した。写真花嫁

エド・ハットン農場にあるクマヒコ・ミヤモトの家族農園での弟スエクマ

ミヤモト家写真所蔵

または写真結婚の慣習は本当のところ、実際的な状況にうまく対応するものであった。実は20世紀の変わり目のアメリカにおける一世の男性人口は、約15対1の割合で女性の数を遙かに上回っていた。このことが、クマヒコのような若い男性が結婚して落ち着くのを困難にしていたのである。太平洋を挟んだ写真交換──もちろんすべて家族の取り決めによるが──の後、ハツが写真花嫁となって1913年にモンテレーに来て、新しい夫と一緒になった。

この結婚で、1914年から1925年の間に五人の息子が生まれた。生まれ順に、ヨシタカ（アーチィ）、タカヒサ（キー）、ホシト（オイスター）、マヤ、ノボル（ゴードン）である。アーチィ、キーとオイスターは生涯のニックネームとなったが、それは白人の友人や教師に日本語名の発音が難しかったからである。ゴードンのニックネームは「リトル・ゴーディ」から来ており、地元で花形の運動選手、現在は高等裁判所判事を退職しているゴードン・キャンベルに由来している。この非凡な五人組の息子たちはやがて、運動競技上の伝説的人物となり、また傑出した市民になった。

ミヤモト家の最初の家と農園は、現在は「カーメル・ランチョ・ショッピングセンター」と「バーンヤード」の敷地となっているハットン農場に位置していた。彼らの農園内の家屋は、現在「ブリントンズ金物店」が建っている場所にあった。そして道路の向こう側に建っているガソリン給油所には以前、昔から続いたハットン牛乳加工所があって、そこではチーズやバターを製造していた。ミヤモト氏が耕作していたのは、自宅と、「バーンヤード」の中にある現在の風力発電所境界標識との間であった。風力発電所は当時なかったが、それが境界標識になったのは、ショッピングセンターが建設されてからのことである。

1924年10月にミヤモト一家は、カストロビルからきた「アーティチョーク・ボーイズ」が谷低地部の大部分を買収したときに、ハットン農場を去らなければならなくなった。この時期に谷低地部の大部分と、オデロの土地の多くがアーティチョーク畑に代わった。このことに関しては悲しい皮肉がある。おかしな格好をしたアルマジロのような葉っぱと多肉性の芯をもつこの野菜を最初に導入したミヤモト氏が、アーティチョークによって自分の農場から追い出されることになったのである。ともあれ1924年、彼は家族と農業の仕事を、高速道路1号線向こうの、スチュアート農場としても知られているミッション・フィールズ地区へ移した。

1924年の法律は、クマヒコ・ミヤモトのような外国人の貸借料現金支払いを禁じた。運命の巡り合わせとでもいうべきか、1879年ミッション農場に

男の子が誕生した。まさにその同じ年に日本ではクマヒコが生まれていたのである。その幼い男の子の名をカーメル・マーティンといった。二人はそのうち親密な友人となった。貸借料現金支払いを禁じる法律上の問題を回避するためにマーティン氏が提案したのは、ミヤモト氏がアンドルー・スチュアート（カーメルの異母兄弟）に農業収益の全部を払うというものであった。その代わりスチュアート氏は割り当て分を戻すのである。果たせるかな。分益収穫は合法であったので、こうして不法な貸借料現金支払いの問題は落着したのであった。

人間の性格というものは、しばしば、行為や行動に現れる。クマヒコと妻ハツは寛大で、親身になって人の世話をした。大恐慌の時期は厳しかった。ミヤモト家は農場に住んでいたので、彼らには必要以上の野菜、鶏、乳製品、新鮮な肉に恵まれていた。夫妻は息子たちに指示して、農園でとれた野菜や食料品の入った木箱を、より辛苦をなめている家族に配達させた。キーとオイスターは野菜をカーメルに住んでいる友人たちのところに落として、「あのね、僕たちはこれっぽちのものは売ることができなかったんでね」とだけ言ったものだ。本当の話、これは彼らの謙虚さ、思いやり、喜んで分け合う意志を表すものであった。

ミヤモト一家は生計のために懸命に働いた。クマヒコ・ミヤモトは畑で夜10時、11時まで働くことがよくあった。最後には、指がひび割れで出血して家に入ってくると、ハツの優しい性格、少しの暖かい酒と熱い風呂で、苦しい状態を癒してもらった。ミヤモト夫人は農場の雑用を手伝い、五人の子供を育て、家族農園での店を営み、どの点から見ても懸命に働いた。ハツ・ミヤモトは1958年に、クマヒコ・ミヤモトは1975年に亡くなった。

クマヒコ・ミヤモトは一世の開拓者に位置づけられる。彼はカーメル市を誕生させた土地開拓に力を貸した。彼は、カーメル入り口のオーシャン・アベニューのふもとに、最初の「クリスマス」の木を植樹した。カーメル地域で最初のアーティチョークを

クマヒコ・ミヤモトの弟、サエクマ。トム・ワーク・シニアから買い受けた二頭立て荷馬車に乗って。

ミヤモト家写真所蔵

20世紀移行期のウェイラーズ・コーブ全景

コダニ家写真所蔵

栽培した。何種類かの品質最高の野菜を周辺で育てた。市場向け青果物栽培農園事業を成功させ、地域全体に貢献した。しかし彼は、何といっても献身、信義、思いやりを自ら手本となって教えた、節度ある人であったことで一番よく知られている。

彼は二つの文化──日本とアメリカ──を結ぶ橋を架けた。悲しいことに戦争が1941年から1942年までミヤモトの家庭生活を混乱させた。カーメルの彼らの友人たちの多くが、彼らの苦悩、喪失、悲しみを楽にしてあげようと、多面において援助の手をさしのべた。ミヤモト一家の英雄的なこの物語の部分は、第五章で述べられる。ここでは、ミヤモト氏が子供たちに常に教えたことは、前進せよ、そして友好的かつ名誉ある行為をして相互の尊敬心と理解を深めよ、ということにあった点を記すにとどめておく。オイスターは、両親の永遠の遺産を回想して簡潔に「私の両親は、白人社会と日本人社会との相互理解を奨励し、それを築き上げたのです」と述べている。

これら一世の開拓者たちが、最初の日本人コロニーをモンテレー湾に築きあげる上で助力したのは、一世紀前のことである。彼らは主に、農夫や漁師として働く機会を求めてここに来た。その多くがアメリカに来るときに抱いていた夢は、十分金持ちになったら日本に帰国して、新しい職歴に投資することであった。しかし彼らがひとたび、海での漁やカーメル・バレーの豊かな土壌での農業に新しい種類の機会を見たとき、多くがモンテレー半島にとど

まって新生活を始めたのである。

　その半島で最初の一世であることは容易ではなかった。白人が多数派を占める文化によってアジア人、外国人と見られると、一世たちは少し疑念をもたれ、二重の精査を受け、社会的に排斥された。しかし一世たちの仕事への献身、気骨のある決意と忍耐のおかげで、彼らは周囲の驚嘆と尊敬心を勝ち取ることに少しずつ成功していった。彼らは生活面で、また仕事の面で、ある種の永続的な貢献をした最初の人々であった。したがって、ノダ一家、コダニ一家、ワタナベ一家、タナカ一家、ミヤモト一家は、モンテレー半島日本人社会創世期を象徴する。

　ほぼ間違いなくいえることだが、ここに来た一世は二世の子供たちに、すべての中で最も貴重な遺産——尊敬心を獲得したが故の機会——を残した。彼らは、教育と仕事において前進する機会を子供たちに与える礎を築いた。額の汗、際限なき努力と仕事への献身、精神的衝撃や苦難を跳ね返す回復力、差別に直面したときの大きな度量、子供の未来に対する無心の犠牲によって、このすべてによって、一世の人たちは実に英雄であった。日本語で言い習わされている「*子供のために*」という言葉には大いに真実がある。これらは、一世たちを導き動機づけた資質であり価値観なのである。

コミューニティ・ピクニック。ポイント・ロボスと太平洋の境界に立つ日本人と友人のグループ、1909年撮影。

コダニ家収蔵

第二章
一世：移民第二波と第三波

> 日本を発ってアメリカに来るとき、「さようなら」を言うのが辛かったわ。それから、ここに来てからたくさんの子供に恵まれたでしょ。私は、10年経ったら帰って来ますからねって、お母さんに言い続けたの。でも、子供がたくさんいたし、結局帰れなかったわ。
> ——タルノ・クワタニ

1903年と1908年を挟んで第二波の一世移住者が到着し、モンテレー半島で大きくなりつつある日本人社会に加わった。それまでにアワビ漁や一般の漁業は十分な活況を呈していて、代わってそれが、多数のサービス業や商店の出現につながった。モンテレー湾の初期の日本人社会の性格を定義する上で重要な役割を果たしたいくつかの家族、すなわちスヤマ、マナカ、ヒガシ、ウチダ、ヤハンダの各家族をここで取り上げたい。

1907年という年は重要である。第一章で述べたように、合衆国への日本人の移住は、今世紀最初の10年間に急増した。ところが反日感情の高まりによって、合衆国への日本人労働者の流入を一般に禁止する「1908年紳士協定」ができて、突如日本人の移住が大幅に減少した。反中国人感情が一世の到着に先行していたので、ほどなくその憤懣はどっと日本人にもかぶさった。

カリフォルニアにおける日本人の人口増大と経済的競争に脅かされて、外国人恐怖症圧力団体の連盟、労働組合、また好戦的愛国精神をもった報道界が結託して、日本人移民の停止を煽った。日米政府間交渉によって1908年に「紳士協定」が実施されたが、それは二つの重要な結果をもたらした。第一にそれは、連邦および州政府が外国人土地法、その他差別的な政策をとるきっかけをつくった。これら法律や政策は一般人の反日態度に反映し、それを黙認し、悪化させた。

第二に、移住労働の削減は、日本からの女性労働者はもはやアメリカに移住できないことを意味した。したがって合衆国にすでにいる男性一世労働者は結婚相手や所帯を持つ可能性を奪われた。その結果、一世の男性はずっと後年になって子供をもつか、子供を一人も持たなかった。結果として、子供の欠如や父子間の年齢の隔たりが一種の世代喪失を生み出した。今度はこの失われた世代が、一世の両親と二世の子供たちとの間に若干の差異を生み出した。

「紳士協定」は労働者だけを排除していた。それは家族、親戚その他非競争的な専門職をもつ移民を禁じていたわけではなかった。したがって「紳士協定」は写真花嫁（写真結婚）、つまり写真交換でお膳立てされた結婚をすることで、移住に拍車をかけた。日本で代理人による結婚式を執り行った後、妻がアメリカにいる夫のもとに来ること（呼び寄せ）になった。写真花嫁の移住は、呼び寄せを日本政府が禁止した1921年に終息した。

前述の喪失世代ないし年齢ギャップの現象は、「1924年移住法」が米国議会を通過したことで、その度合いを強めた。年間移民割り当て人数——外国籍をもつ居留集団の2％に制限——を課すことで、

「1924年移住法」は、合衆国への未来の日本人移住を排除するという実質的な効果をもっていた。年齢ギャップを悪化させるこの排斥は、一世と二世間の意思疎通の問題を増幅した。こういった問題のいくつかは、強制収容所での忠誠心の問題のように、第二次世界大戦中もっとも過酷な形で表面化した。忠誠心の問題は第五章で扱う。排他主義者による法律と反日感情の高まりは、半島の日本人社会の未来に大きな影響を与えた。

1877年生まれの**センジロウ・スヤマ**は広島県出身であった。スヤマはハワイに立ち寄りパイナップル畑で働いた後、アメリカで鉄道の仕事にあたった。デンバー滞在中に汽車から落ちて重傷を負い、片足を失った。肉体労働が不可能になってサンフランシスコに移り、靴修理の商売を始めた。1906年のサンフランシスコ地震による火災で住宅が焼けたとき、彼は移動の時期であると意を決した。モンテレーが彼の新しい居場所になり、今の州立劇場がある裏手のタイラー通りに大きな家を借りた。

旧姓**チカヨ・オカダ**といった彼の妻は1911年に彼と一緒になり、それから彼らはフランクリン通りにある家に移った。ここで家族はニワトリ、ハト、アヒルを飼った。（スヤマは実際は、広島のトモト家に生まれたのだが、理由も明らかなように、友人からは愛称で「トマト」と呼ばれた。トモトがセンジロウ・スヤマになったのは、スヤマ氏がたった二人の息子を失い、スヤマの姓を受け継がせるためにセンジロウを養子にとったからである。）センジロウとチカヨには四人の子供ができた。長男マサトは1914年に生まれ、続いて二人の娘チズとヤエコが生まれ、三女ヤスコが生まれたが、ヤスコは1970年代初めに亡くなっている。

スヤマが靴修理の商売を初めて学んだころは、仕事はすべて手作業であった。しかし新しい機械技術の出現で、彼は靴修理業にあまり重きを置かず、店を拡大してキャンディー、ピーナッツ、ポップコーンも扱うことにした。したがって大部分の人たちは、彼の場所を、アルバラド通りとタイラー通りに挟まれたフランクリン通りの「スヤマ靴修理・駄菓子屋」と記憶している。スヤマ氏の息子マサトは大学進学を望んだが、大恐慌が起きて父の商売を学ばざるをえなくなった。若いマサトは最新の機械技術を学びにサンフランシスコへ行った。両親の手助けでフランクリン通りに自身の靴屋を開いて、父親の伝統を受け継いだ。

1910年代末から1920年代初頭までに、かなり大きな日本人社会が、デルモンテ・アビニュー、アダムズ、パール、アルバラド通りを境界とする地域にでき上がっていた。スヤマ家の子供たちはパシフィック通りの小学校に通った。そしてワシントンに

位置する日本語学校に行き、カワモト師に学んだことを子供たちは覚えている。近くの海辺のどこかにデルモンテ・ホテル所有の小さな公園があって、そこにメリーゴーランドがあった。この近辺にはクリーニング屋、理髪店、賭博場やレストランに加えて、食料品店、釣り用具店、土産物店があった。コミュニティー・ピクニックは家族ぐるみの年中行事になっていた。

モンテレーのこの地区における日本人の生活と仕事から隣人が同質に見えることが、日本人移民の二つの集団の態度に微妙な差違があるのを分かりにくくしていた。スヤマ氏の娘の一人チズ（マイク・サンダと結婚）が、広島と和歌山の違いについて興味ある見方を披露した。

「そこには、いわば東洋のコロニーがあったんですけど、私たちは町の真ん中に住んでいる漁師たちとは、それほど接触を持たなかったんですよ。私たちはアルバラドとタイラーに挟まれたフランクリン通りに住んでいました。ずっと後に小学校に行くようになってから、あの人たちと接するようになったんです。私たちの身近な隣人のまわりに友達や遊び仲間がいたので、この小さな地域から出て行く必要はなかったんです。」

広島人は農業や小規模の商売をする人たちで、ニュー・モンテレーで主に同県出身者を隣人とする生活をしていた。和歌山人は「漁師」であり、モンテレー町中の日本人コロニーで多数を占めていた。

和歌山県出身の「漁師」の一人である**ロクマツ・オノ**は、1906年ごろかその後すぐに、この地域に来た。2隻の漁船クレセント・ベイ1号とクレセント・ベイ2号の所有者で、彼はモンテレーの漁業の指導者となった。1号ボートの船長を務めた彼の弟ヒチマツとともに、イワシやサケの缶詰業を開拓したフランク・E・ブースと緊密に働いた。1900年代初期、キャナリー・ロウに缶詰工場と魚加工工場が堅調に設立されるに及んで、漁ブームがさらに多くの日本人をモンテレー半島に引きつけた。

ロクマツ・オノはワシントン通りに雑貨店を所有、経営していただけでなく、「R・オノ＆カンパニー」という活況ある事業の所有者でもあった。家族の一員がすでにここに足場を築いたことが、他の親族を引きつける磁石の働きをした。というのもロクマツ・オノがすでにここにいることで、モンテレーに来ることを決意した和歌山県出身の親族が何人かいたからである。

これら親族の一人が**ヤスマツ・マナカ**であった。彼は1905年にアメリカに来て、最初サンフランシスコに降り立ち、1913年にモンテレー半島に来た。他の多くの人々と同様、和歌山での生活が苦しかっ

たので、アメリカによりよい未来を託して日本を後にしたのであった。妻**コユキ（オノ）**とともに、一家六人の子供たち、リンジー、エマ、オスキー、メアリー、ティム、ジェームズを育てた。

　生活は必ずしも容易ではなかった。長女エマの回想では、モンテレーでの彼らの最初の家は「中国人や日本人の家族がたくさん同居する崩れかかった建物で、まるで収容所みたいな場所」であった。雨が降ると家はときに洪水に見舞われ、アヒルやニワトリが居間に仲間入りした。1915年2月12日に生まれたエマは、モンテレー生まれの最初の二世に入るであろう。

　1936年、コユキ・マナカが亡くなった。まだかなり若い妻であり母であった。ということはエマには、年下の兄弟たちの面倒見が長女の自分にくることを意味したが、彼女はその仕事を明るく責任を持ってやった。エマは苦しい仕事や子供の世話には慣れていた。13歳のとき、ラングリー・ハワード夫妻のもとで二人の幼い子供たちの面倒を見る、婆やのようなオーペアをやったことがあった。ラングリー・ハワードは、サンフランシスコのコイトタワーの壁画を描いた芸術家であった。エマはサチ・オカや、ハットリ姉妹のヨシコ、アイコといった何人かの若い友達と、学校に通いながら缶詰工場でも働いた。

軽装馬車での日本人コミュニティ・ピクニック、1909年。

コダニ家収蔵

多くの若い二世の子供たちと同様にエマは、何としても手を尽くして両親を助けるという責任感を感じていた。家の雑用を手伝ったばかりでなく、家族の支払いも助けた。いろんな仕事で懸命に働いた。そして「私たちがどんなに稼いでも、手元にお金が残ることはなかったわ。両親に渡したのよ。だって食べ物とかそんなものを買わなきゃならなかったんですもの」と回想する。

時代が好転するにつれ、ヤスマツ・マナカは家族をフィゲロア通りの家に移し、ついにコーテス471番地に我が家を建てた。またこの地域に家を建てた他の日本人家族にカトー家、シオザキ家、タキガワ家、オクムラ家、オヤマ家、タキグチ家、クワタニ家がいた。これら家族の中には雑貨屋やクリーニング屋で働いたり、それを所有した家族もいたが、大多数は漁で生計を立てた。もっと以前はマナカ家、カトウ家、カゲヤマ家、タキグチ家、タバタ家が共同で「タッド・カンパニー」という会社を作っていた。しかしマナカは大方の時間を、エマという小さなジグボートを操舵してサケやビンナガの漁をした。ヤスマツ・マナカは1969年に他界した。

娘のエマはケン・サトウと結婚した。彼は成功した実業家で、モンテレーに本社を置く「総合ファクターズ」という海産物輸出企業の協同経営者である。サトウ夫妻は、サラとマーリーンという二人の女の子を養子に迎えて育てた。エマの懇切で愛情の深い性質は人々に永続的ないい影響を与えたに違いない。例えば、彼らの娘マーリーンは教会の青年団で活動をしてきたし、またモンテレー・ペニンスラ大学保育センターの現職員として幼い子供たちの世話をしてきた。エマ自身はエル・エステロ・プレスビテリアン教会の上級指導員の一人として他者への奉仕を続けている。

ウノスケ・ヒガシもまた初期の一世開拓者である。彼はモンテレーの日本人社会に重要な影響を与えた人であった。ウノスケは1890年4月に和歌山県に生まれ、1906年に16歳で日本を後にしモンテレーに来た。和歌山県は漁業で知られており、モンテレー半島でイワシ産業が隆盛を極めているという噂が広まっていたので、当地に来るのは道理に適っていた。

イクタロウ・タキガワやジュンイチ・オダと組んでヒガシは、漁業事業に投資をして、モンテレーのフィッシャーマンズワーフに「パシフィック相互魚会社」を設立した。やがてそれぞれの共同経営者は独自の道を進んだ。1930年代初期、ヒガシは「サンフランシスコ・スタンダード漁業」から資産を買い取り、自身の魚卸売市場「ヒガシ魚会社」を設立した。それも埠頭にあった。

ヒガシ一家。前列の子供たちはノブコ、マサミ、ヨシカズ。その背後に左からユキエ、ウノスケ・ヒガシ。

マス・ヒガシ収蔵

　旺盛な起業家タイプであるヒガシは、埠頭で魚市場を営みながら、他の分野にも進出してホテルやレストランも開いた。ウノスケと彼の父は、ジョン・トップマンやカーメル・マーティン・シーニアといった友人の助けを借りて不動産に投資し、デルモンテとアダムズの角地にあるホテルを購入した。この家族用ホテルは後年、現在のJACLホールに隣接するアダムズ通り400番地に移された。ヒガシはホテルの南側に、モンテレーの賑やかなジャパン・タウン中心部に落ち着きを添える、美しい日本庭園を造った。

　ヒガシ一家が所有し経営していたアズマ亭は、モンテレーでは最初の日本料理店の一つであった。レストランは階上のホテルと抱き合わせで、いわば宿泊客には家族向きの朝食つき宿泊所となった。サンフランシスコとサンペドロ間で仕事をする一世と二世の漁師たちには、このレストランはおいしい日本食を食べさせる場所であった。噂が町中に広がるにつれ、白人たちもここで食事をした。「漁師たちには飲食する場所が必要だったんですよ。だから私の家族が日本料理店を開いたってわけです。非常にうまくいきましたよ」と、ヒガシの息子ヨシカズは回想する。

　ヒガシ一家は成功をおさめ非常に尊敬されていたが、それでも日本人移民であることに関連して、い

モンテレーのアダムズ通りに建つヒガシ・ホテルと日本庭園。左からウノスケ・ヒガシ夫妻、マサミ（息子）、ハル・ヒガシ、ヨシカズ（息子）、コバヤシ氏、ノブコ（娘）、マサコ・コバヤシ、ヒガシの祖母と叔母キミコ。

マス・ヒガシ収蔵

くつかの剥奪にも耐えた。幸いにも漁業の事業とレストラン事業のおかげで、1930年代の大恐慌の時代に食べていけた。ウノスケ・ヒガシは合法な外国人であったにもかかわらず、不幸にも一世であるという理由で財産の所有を禁じられていた。しかしヒガシ一家は子供たちの名前に合法的な肩書きをつけることで、この制限をくぐり抜けた。

1941年の真珠湾攻撃後、ヒガシは突然FBIに連れ去られた。ウノスケは家族から引き離され、まずノースダコタ州ビスマルクの司法省管轄のキャンプへ送られ、次にルイジアナ州の別の特殊キャンプへ転送され、その後アリゾナ州のキャンプで妻と再会した。ヒガシの先祖が日本人であるというそれだけの理由で、彼の家族は個人的、財政的、また財産上の喪失にあい、耐えたのであった。

政府の実力行使による人や財産の剥奪がある一方で、アメリカンドリームを達成しようというウノスケ・ヒガシの懸命な仕事を対置すると、ここにほろ苦い皮肉が存在する。ヒガシの二人の息子たちが米国陸軍に徴兵され、彼らの国家に忠実に仕える道に進んだという事実によって、その皮肉は強まる。この点については第五章で触れる。そこでは、1942年初期にモンテレー半島から退去させられた一世と二世家族の抑留の体験を辿ることになる。

ウノスケ・ヒガシの妻**ユキエ・マツモト**は1898年7月、和歌山県に生まれた。ヒガシとともに三人の子供たち、ヨシカズ、ノブコ、マサミを育てた。長男ヨシュは米国陸軍で輝かしい出世を遂げ、陸軍中佐の階級で退役した。娘ノビはモンテレーのジェームズ・タキガワと結婚した。次男マスは軍隊での奉仕後モンテレーに帰還して、モンテレー・ペニンシュラ大学で財務主任の仕事に携わった。そして1980年代半ばに退職した。現在二世代目の三人はみな、モンテレーに住んでいる。

オノジロウ・ウチダ、カクタロウ・ウチダ、テイゾウ・ヤハンダ　一世物語のこの部分は、生命が一つの家系に収斂する三人の男性に関するものである。

オノジロウ・ウチダは1877年神奈川県に生まれた。弟のカクタロウは2年後の1879年に生まれた。兄のウチダは1905年、サンフランシスコに到着した。1906年の地震のあと、自分で納得の上モンテレー半島へ移動するのに、たいして時間はかからなかった。ここに来て労働契約事業を立ち上げた。

彼の事業は主に「パシフィック土地改良会社」と契約を結び、彼の代理店が、デルモンテ森林に17マイル自動車道沿いの道路建設のための土地開墾に当たる日本人木こりを補充した。雇用代理店以外にもオノジロウ・ウチダは、タイラー通りとフランクリン通りの交差点近くに雑貨屋を所有し経営した。オノジロウ・ウチダは1926年に48歳で亡くなっている。

カクタロウ・ウチダは兄に同行してアメリカに来て「サザン・パシフィック鉄道」で働いた。(サリナス川に架かる旧高速道路1号線のアーチ状橋近くの)ネポンセトという鉄道敷設作業地にいた弟のウチダは、少しでも日本食がほしいことがよくあった。彼の息子ヒロシはそのことに関連して、彼の父親は「週末になるとよく、一膳のご飯を食べにネポンセトからモンテレーの町中まで歩いた」という。日本人の味覚にとって、茶碗一杯のおいしいご飯と漬け物に勝るものはない。彼はデルモンテ森林での伐採に少し当たったし、デルモンテ・ホテルの真東にあたるところで、市場向けの青果物栽培農業にも少し従事した。

カクタロウの親友キクジロウ・イチウジはパシフィック・グローブで靴修理店を経営した。ウチダ家とイチウジ家は親しい間柄で、よく一緒に家族で遠足に出かけた。ある日イチウジが、パシフィック・グローブにある小さなドライクリーニング店の所有者が日本に帰国するため、彼の店が売りに出ている、という話をウチダにした。新しい機会に勇気づけられてウチダは、1920年代初期にその事業を買い取った。「パシフィック・グローブ・クリーナーズ」という看板は今でも続いている。これがウチダ一家がドライクリーニングの事業に参入した所以である。

カクタロウ・ウチダはヤエ・カガワと結婚し、5人の男の子、ヘンリー、キヨシ、ジョージ、ヒデオ、ヒロシを育てた。悲しいことに娘一人が出生時に、もう一人が幼少で亡くなった。現在ヒデオとヒロシだけが生存している。1990年代半ば、ヒロシ・ウチダの家族と親類が「パシフィック・グローブ・クリーナーズ」の営業をグランド・アビニュー200番地で続けている。

パシフィック・グローブは今ではモンテレーからほど近い距離にあるように見えるが、1920年代、30年代という昔は、二つの地域社会は距離と日常

1916年、伝統的な装いで納まったカクタロウとヤエ・ウチダの結婚写真、1916年。

イーブリン（・ヤハンダ）・ヤギュウ収蔵

生活の需要の面で分かれていた。週末や放課後、子供たちは通常、家のまわりにいた。ヒロシ・ウチダの記憶では、彼や兄弟たちは近所の子供たち、それも「ほとんど白人の子供たち」と遊んで育った。

1945年以前のパシフィック・グローブには、わずか一握りの日本人家族しかいなかった。イチウジ家、ムラカミ家、スガノ家、ウチダ家である。ヒロシによると「日本人社会の大部分は、下手にエル・エステロ湖を臨むモンテレーの小さな密集地帯に住んでいた。」パシフィック・グローブの人たちとモンテレーの人たちが一緒になることはほとんどなかった。毎週日曜日の教会を除くと、一世家族が住む二つのコロニーの間にはあまり行き来がなかった。ヒロシの見解では、モンテレーは「遠い世界」のようであった。

1903年、**テイゾウ・ヤハンダ**のパシフィック・グローブ到着で、ウチダ家系の枝分かれが始まった。テイゾウ・ヤハンダは1888年和歌山県に生まれ、1902年に14歳の若さで米国に移住した。サンフランシスコに短い期間滞在してからパシフィック・グローブへ移り、デルモンテ森林で土地開拓に従事する木こりたちと働いた。

ヤハンダ日誌の中でもっとも興味をそそるものの一つは、テイゾウの教育に関するものである。スーツとネクタイをまとった15歳の若者が、6歳児のグループとパシフィック・グローブの小学校2学年に通うのを想像してみるがいい。テイゾウの1908年8月3日付の9学年生成績証明書に教師は、「困難に取り組み、必死にがんばる生徒。彼は私の賞賛を勝ち取った」と、所見を記している。ヤハンダはパシフィック・グローブ高等学校を卒業した最初の日本人の一人であり、一世に対する教育の重要性を象徴している。

ヤハンダはカリフォルニア州立大学バークレー校に入学し、柑橘栽培の学士号を取得した。卒業後1924年までサンフランシスコの日本農業協会で働いた。手術後1924年にモンテレーに移り、オノジロウ・ウチダの雑貨店で働いた。2年後の1926年オノジロウ・ウチダが亡くなり、テイゾウ・ヤハンダはタイラー通りの店の経営を引き継いだ。

1924年テイゾウ・ヤハンダは、オノジロウ・ウチダの最初の妻との間に生まれたタケコ・ウチダと結婚した。ヤハンダ一家は最初タイラー通りに住んでいたが、ラーキン通り472番地に転居した。1924年から1931年の間に生まれた子供たち五人

は、それぞれデイビッド、イーブリン、アリス、アルフレッド、ベティと名づけられた。近所にはイタリア系の数家族が住んでいたが、他に日本人が数家族いた。オカ一家、ミウラ一家、オモト一家、コダニ一家、スヤマ一家である。

1930年代の経済恐慌と、かさむ一方の顧客の負債のために、元のウチダの店は閉店に追い込まれた。それでテイゾウ・ヤハンダはペブル・ビーチで園芸業に就き、1940年にカーメルの7番通りとサンカルロスが交差するところにあるドライクリーニング店を買い取った。ヤハンダ一家の何人かがパシフィック・グローブの家を維持してきたが、一家の多くは現在ミネソタに住んでいる。カクタロウ・ウチダの家族だけがパシフィック・グローブに戻り、現在彼らの末っ子の息子であるヒロシが、一世の父親が始めたドライクリーニング店を続けている。

移民第三波 ここまで私たちは、モンテレー半島沿岸に定住することになった開拓者一世の二つの波を見てきた。第一波は1900年に打ち寄せ、第二波の到来は1906年のサンフランシスコ大地震の頃であった。その後まもなく1913年から1924年の間に移民第三波が打ち寄せた。この時期は一世に経済的な将来性を与え続けたが、人種的な反外国人感情による新たな恐怖がつきまとった。

良くも悪くも1913年から1924年に至る年月は、一世の前途に横たわっていたものを考えるとき、予言的と思えるような事件や政策、変わりゆく世間の風潮に見舞われた。肯定的な面ではアワビとイワシ漁業が、仕事と金儲け——これは一世のアメリカ居留者としての夢である二つの重要な要素であったのだが——のための大きな機会を創出した。否定的な面では、1913年と1920年のカリフォルニア外国人土地法に見られるように、反日感情が西部の州全体に広がり始め、一世とその家族の未来にとって悪い形を生み出した。

1903年3月撮影のこの写真で、アメリカの教育を受けたかった15歳の移民であるテイゾウ・ヤハンダが、パシフィック・グローブ小学校の6歳の級友たちと写っている。

イーブリン（・ヤハンダ）・ヤギュウ収蔵

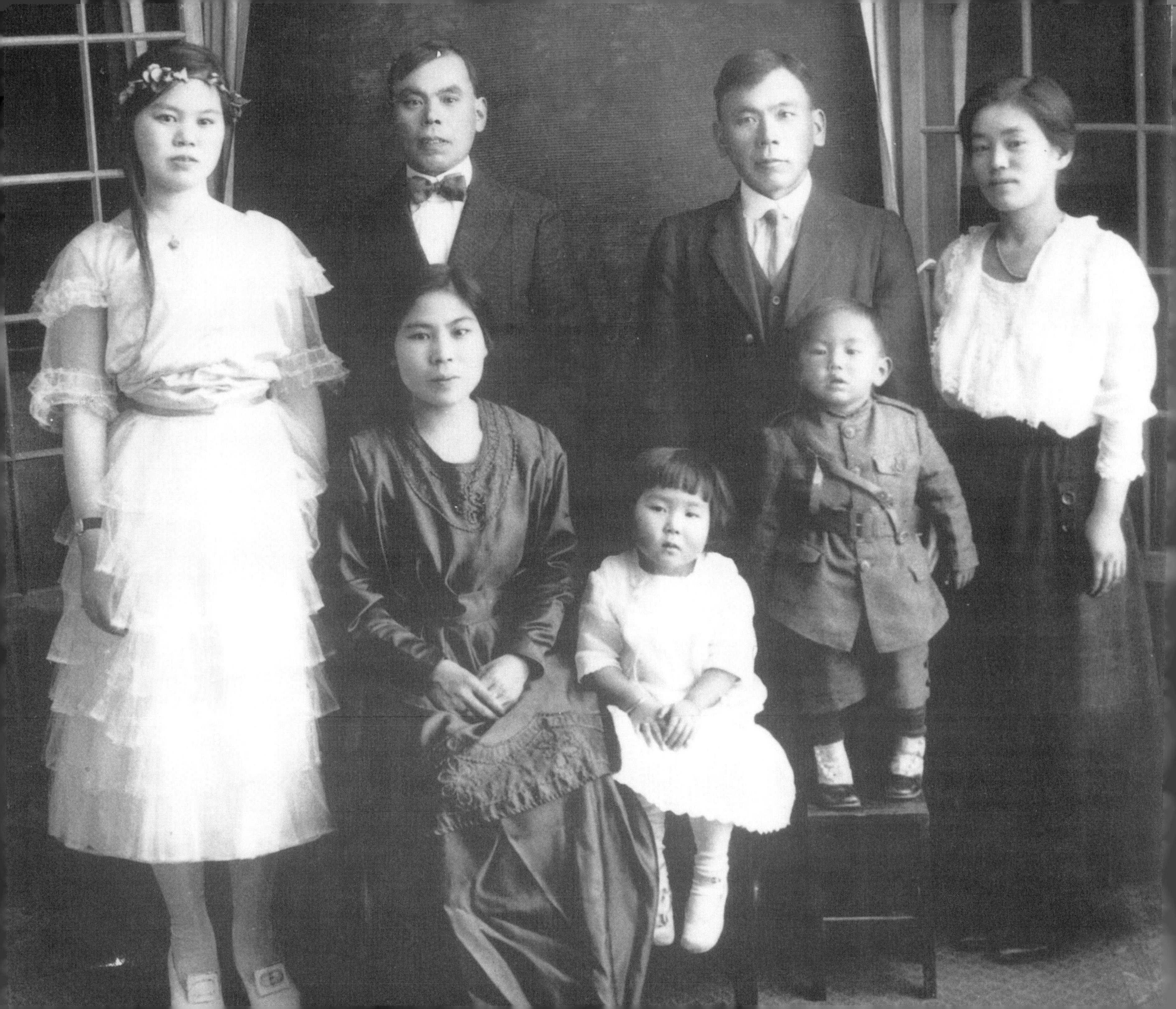

ウチダ兄弟と家族、1921年カリフォルニアにて。左側：オノジロウとキヨ・ウチダ（前列に着席）、娘のタケコ（立像）とマリコ。右側：カクタロウとヤエ・ウチダ、長男ヘンリー。

イーブリン（・ヤハンダ）・ヤギュウ収蔵

この時代の窓から一瞥すると、一世移住者のどの波にとっても経済的政治的土壌がいかに重要であったかが分かる。ここで時代をさかのぼって、第三波でモンテレーに来た一世の人たちの生活をいくつか見てみよう。このグループに含まれるのは、コダマ（1914）、マナカ（1915）、イチウジ（1917）、タバタ（1918）、ハットリ（1921）、ハヤセ（1921）、クワタニ（1921）、タキガワ（1923）、それにアケド（1924）である。

セツジ・コダマは1886年広島県に生まれ、1902年に16歳でアメリカに移住した。最初サクラメント・バリーの地域に落ち着き、やっと「キャピトル・フィッシュ・オブ・サクラメント」という会社を立ち上げた。数年後フレズノで同様の事業を営んだ。**フジコ・ナガタニ**と結婚するために故郷の県に戻った後、1914年に二人でモンテレーに来た。コダマ氏はそれからモンテレーで魚の卸売業の共同経営を始めた。

1920年コダマ一家は、実際はコダマ夫人が手がけたドライクリーニング業を始めた。コダマ家はおそらく、この事業分野に参入して他の多くの人たちに後続の道を開いた、モンテレー半島最初の日本人家族であった。最初フランクリン通りに、後にウェブスター通りに所在した「アウル・クリーナーズ」は、コダマの姓と同義語になった。1941年から1948年までを例外として——家族の力ではどうにもならない7年間の中断を挟んで——コダマ夫妻と子供たちは、この事業を順調に操業し、1986年に売却した。

コダマ一家はモンテレー、ワトソン通り330番地に住んでいた。最初の三人の子供たちを病気で亡くした後、夫妻はさらに四人の子供たちを育てる運に恵まれた。グレース、ジョージ、ハロルド、マーガレットである。コダマ氏は地元の日本人社会、とくに日本人会（日本人協会）や仏教会で際だった指導者であった。1926年、アダムズ通りに日本人会ホールの建設を決定する際に、重要な役割を果たした。コダマ一家は日本人社会の人たちと一緒に、1931年にモンテレー半島を訪れた天皇の弟高松宮殿下を接待し、もてなす手助けをした。

コダマ一家の生活は1942年の強制疎開で大混乱の中に投げ出された。日本人社会の目にとまり敬愛された一世のリーダーとして、コダマ氏は自動的にFBIの標的にされ逮捕された。家族から引き離され、

コダマ一家、1931年、カリフォルニアにて。左からジョージ、フジコ（母親）、ローズ（立像）、ハロルド（膝の上）、セツジ（父親）、グレース。もう一人の娘マーガレットはまだ生まれていない。

マス・ヒガシ収蔵

日本への本国送還を視野にノースダコタ、ニューメキシコ、テキサス州クリスタル・シティの特別監禁収容所へ送られた。父親でかつ権威的存在である人の喪失は、家族全員の心をひどく攪乱した。そしてそのことが、コダマ家の子供たちの素早い成熟を促した。幸いにも家族はテキサス州クリスタル・シティで、やっとのことで再度一緒になった。

戦後1946年、コダマ一家はモンテレーに帰還した。事業資産を取り戻す2年間の交渉の末、1948年11月、「アウル・クリーナーズ」を再開した。コダマ一家は立ち直って地域の日本人社会に多くの市民的貢献をした。コダマ家の子供たちは、両親の伝統を継いで「アウル・クリーナーズ」をうまく操業し続けた。しかしついに、戦争による困難と苦痛に意気消沈したセツジ・コダマは、長引く病に苦しみ、1952年に66歳で他界した。献身的な妻フジコは1972年に亡くなった。

トメキチ・マナカは1906年ごろサンフランシスコで初めてアメリカの土に触れた。和歌山県出身の移住者である彼は、サンフランシスコのマーケット通りに面した大きな都心のレストランで、バーテンダーおよび非常勤料理人としての仕事を手にした。当時の若いトメキチには、人生はかなりいいように思えた。サンマテオに建てておいた家に移り、町中の仕事場に毎日列車で通勤した。

トメキチと**キン・マナカ**の第一子フランク・ヒロシ・マナカは、1908年にサンフランシスコで生まれた。この父親譲りの激しい独立心と闘争心をもつ息子が出現したのだが、彼は後年、ユタ州の労働者とカリフォルニア州の漁師に対する法的社会的正義に関して、重要な一章を創り出した。

フランクの世界観は人生の早い時期にはっきりと現れていた。それは労働組合が、調理人およびバーテンダーの仕事を彼の父親から強制的に取り上げるのを目の当たりにしたときである。フランクはサンフランシスコの若者として、その時の記憶を生々しく回想した。

「日本からの移民である私の父は、サンフランシスコ都心部のマーケット通りに面した大きなバー・レストランの一つで、バーテンダーと非常勤料理人のとてもいい仕事に就いていた。それは白人の仕事であったし、白人並みの給与をもらって、父はそれを大変自慢にしていたんです。」

父親が幸福そうに見えるときの子供の誇りは、フランクが次に目撃したことで粉々に打ち砕かれた。
「ところが、それから組合が入ってきて、俺たちは東洋人がそのような仕事をするのに我慢できないって、言うんです。だから父は仕事を辞めなくてはならなかった。それで、状況をみるためにモンテレーに来たんです。」

トメキチ・マナカは法的な権利をほとんどもたず、また背後になんの組織的権力も持ち合わせない外国人移民であった。この教訓はフランクに失われずに生きていた。フランクは以後の人生を、法律と理性を結合した不屈の精神をみなぎらせて、基本的権利を擁護し、差別と戦ったのである。

　彼の父親が組合の権力に直面したことが、後年フランクを衝突進路に置くことになった。彼はユタ州ソルトレークシティー、カリフォルニア州モンテレーで差別反対のために戦った。フランクは一種異なった人物で、一世の父親の世代の人とは似ても似つかなかった。大抵の場合一世は、避けられないと思われる事柄は人生の中に受け入れたし、選択の余地が全くない状況に順応した。この諦観の哲学はしかたがないという言葉で表される。フランクは、父親に向けられた差別に明確な形を与えられて「おれはしかたがないなんて絶対に言わないぞ」という独自の哲学を挑戦的に表明していた。

　失業したトメキチ・マナカは1915年、モンテレーまで沿岸を下り、すでにそこにいた兄と一緒になった。彼はモンテレーですぐさま漁を始めた。そのうちマナカ氏と息子フランクは、オハイオ丸、第二オハイオ丸、第三オハイオ丸という名称の3隻からなる漁船団を所有し、船長を務めた。

　トメキチ・マナカは実際はオノ家に生まれ、この章の最初で触れたロクマツ・オノの弟であった。日本人の慣習では、一家に男子相続人がいない場合、他家で生まれた第二子以降の男子を養子にした。従ってトメキチは、マナカ家の姓を継ぐためにマナカの息子として養子に出されたのである。妻キンとともに九人の子供をこの世に送り出した。生まれ順に、フランク、ノブコ、カツミ、カズエ、ハリー、ロイヤル、リリー、グレース、ウィリアムである。

　一世としてはとくに体格がいいトメキチは、みんなに「ビッグ・マナカ」として知られていた。マナカ氏は単に体が大きいだけでなく、もっと多くの面で大きいものがあった。心と親切心が大きかったのである。マナカ家の人たちは、他人の面倒をみることも子供たちに教えたに違いなかった。親切心を現す一例は、シーサイドのウィリアムズ・アビニューに面した自宅を、戦後モンテレーに帰還して住む場所がない日本人家族に解放したことでも分かる。

マナカ一家、1947年カリフォルニアにて。前列（着席）左からグレース、キン（母親）、トメキチ（父親）、カズエ。後列：ロイヤル、カツミ、リリー、フランク、ハリー、ウィリアム。

ロイヤル・マナカ収蔵

マナカの長男フランクは、太平洋の海運漁業で大いに尊敬を受けた指導者として、ここモンテレーや南部の境界地で魅力的で華やかな生活を続けた。また、友達にはルーイの名で知られる別の息子ロイヤルは、漁師、庭師、父親、市民、軍人としてモンテレー半島で際だった生活を送ってきた。後章で、フランクの危険をはらんだ冒険や、ロイヤルの市民的貢献の数々が取り上げられる。

キクジロウ・イチウジが初めてアメリカに来たのは1906年であるが、モンテレー半島に到着したのは1917年である。1890年に島根県に生まれ、もともとサンフランシスコの養殖場で働いていた。長男ミッキーの話では「父は冒険好きなタイプの人で、この国に来て、早いことお金儲けをして帰国したかったんです」という。他の一世同様キクジロウの意図は、彼の人生を変えるような状況にあって変更され、モンテレー半島日本人社会の重要な一部としてのイチウジ家を確立した。

1916年10月24日、イチウジと鳥取県出身の若い女性**カツノ・ソベ**との結婚式がワシントン州シアトルで執り行われた。新婚カップルはモンテレー半島に移り、フィッシャーマンズワーフでT・エサキとI・タキガワが所有する加工会社「コースト・アバロニー社」で働いた。イチウジは海と魚は自分の好みでないと分かって、トム・ユキと農業を始めるためにサリナスへ移った。

家族の浮沈は季節で循環した。彼は落ち着かず、自分に合った仕事だけがもたらし得る満足感のようなものを探し求めていた。イチウジは以前シアトルにいたときも、またサリナスにいても、靴修理店での靴の修理を夜何時間も見つめて過ごしていた。靴を縫う機械装置に心を奪われて見入ることが、究極的に彼の生計を決定することになるのである。

ある日運よく、ある店員がキクジロウ・イチウジに、靴修理店がパシフィック・グローブで売りに出ていると、さりげなく言った。彼はこの機会に飛びついて、ローレル近くのグランド・アビニューに位置するその店を買った。彼は1919年、「グローブ・シュー・ホスピタル」を開店し、以来イチウジ家はパシフィック・グローブにいる。というわけで、それは養樹業でも漁業でも農業でもない靴修理業であり、イチウジ家一代、二代のトレードマークとなった。

キクジロウとカツノ・イチウジは五人の息子と娘一人を育てた。出生順にミッキー、ジョー、ジミー、カズメ、ポール、ハリーである。1927年に生まれたもう一人の娘は事故で亡くなった。長男ミッキーは父親の靴修理業を受け継ぎ、それは事実上、パシフィック・グローブの顧客や市民に広く知られた施

居間でのイチウジー家、1936年カリフォルニアにて。左からポール、カツ（母親）、ミッキー、ハリー、キクジロウ（父親）、ジョー、カズメ、ジミー。

イチウジ家収蔵

　地域社会の指導者として広く尊敬を受けていたミッキーとエディス（・ヨネモト）・イチウジは三世の子供三人を育てた。メアリー、ジョン、ナンシーである。医学教育を受けたエディス・イチウジはコミュニティ病院で看護婦として働いた。今日、三人の子供たちはそれぞれ癌研究、歯科、薬理学を専門とする医者である。これはイチウジ家の、最初二世代の骨折りと犠牲への捧げものであり、その証である。

　1918年、第一次世界大戦が終わりに近づく頃、別の一世がモンテレー半島を故郷とした。和歌山県日高郡和田村生まれの**トラキチ・タバタ**は、1905年にワシントン州シアトルに着いたとき27歳であった。翌年サンフランシスコへ移動したが、1906年の大地震で彼は、幸運をどこかよそで見つけることにした。彼はサンホゼからサンタバーバラに至る「サザン・パシフィック」の鉄道敷設の仕事をして、ほどなく保線作業班の責任者となった。ガビオタとサンタバーバラの中程にあるサドンという場所が、しばらくの間彼の住み家になった。

　1912年11月、和歌山県の同じ村の出身である若い女性、**タマ・アマノ**と結婚した。彼らは養子息子のジミーがモンテレーで誕生したときの短期間は別として、1918年までサドンに住んだ。モンテレー半島に来て1年後、タバタはトノスケ・エサキと

共同で、フランクリン通り111番地に「サンライズ・ブラザーズ」という雑貨店を始めた。

多くの場合、新しく事業を始めるときにはそうだが、最初は難儀な長時間の仕事を必要とした。モンテレーは活気にあふれた漁業の町だったので、タバタには漁業用品に専念する方が理にかなっていた。しかし店には日本食品や雑貨も出していた。最初彼らは店の裏で暮らした。多くの一世夫婦がそうであるように、トラキチとタマも商売を続けようと懸命に働いた。タマは収支を償う手助けをするために魚の缶詰工場で働いた。

一人息子のジムは養子で、店を開いたときには3歳になっていた。ジムは、その地域で商売をやっている他の家族の子供たちと遊んだ。その地域には「フタマセ玉突き場」、「アウル・クリーナーズ」、スヤマの「駄菓子屋」、ウチダの乾物店があった。ジムは1933年にモンテレー高校を卒業し、1937年12月、UCバークレー校で経営学の学士号を取得して卒業した。ジムは大学卒業後、直ちにモンテレーに戻り、父親が始めた店の経営を手伝った。

トラキチ・タバタが1919年に始めた「サンライズ・ブラザーズ」は、店の場所を立て続けに4回変わった。1935年エサキ氏との共同事業が解体するや、店名は「サンライズ・ブラザーズ」から「サンライズ・カンパニー」になった。第二次世界大戦中の強制疎開で、店は完全に閉店に追い込まれた。タバタ一家の事業の不確かな未来、それがどうなったかは第三章で取り上げられる。タマは1962年に、トラキチは1967年に他界した。

1944年ジム・タバタは、オハイオ州クリーブランドでサトコ・コダニと結婚した。「シダー」という名でみんなに知られている彼女の旧姓は、この本で述べた開拓者一世の一人に行き着く。というのもシダーはゲンノスケ・コダニの末娘である（第一章参照）。今でもその店に入っていくと、シダー、彼女の姉妹であるタケコ、クニ、家族みんなから気持ちのいい挨拶の言葉がかけられる。何といっても「サンライズ・グローサリー」は家族経営の店であるし、これまでもそうであった。ジムとシダーには二人の息子、ジェームズとトーマスがいて、それぞれ企業やビジネスの世界に入って成功の道を辿っていった。

タバタ家の紹介を終えるに当たって、所見を二つ加えておきたい。第一に、タバタの「サンライズ・グローサリー」は紛れもなく地域社会のランドマークである。1976年モンテレーのパール通り400番地に再建された店は、日本の食料や商品に特化することで文化的に多様な顧客に尽くしている。第二に、最初の「サンライズ・ブラザーズ」は、タバタ三世代にわたって所有され経営されてきたことである。

まず一世移民によって開かれた「サンライズ・グローサリー」は二世の息子ジムに引き継がれ、現在トラキチの孫、三世のトムが経営に携わっている。

セキサブロウとタマ・ハットリは、日本からの移民第三波の一部として 1919 年モンテレー半島に来た。両人はもともと、名古屋から数マイル離れた愛知県の小さな田舎の出身であった。1909 年にセキサブロウは単身でアメリカに来たが、最初の上陸地はワシントン州シアトルであった。彼はタマと、長男と長女である子供たち二人、コウジとヨネコを日本に残し、自分が落ち着いてから家族を呼び寄せると約束していた。サンウォーキンのデルタ地帯とサンフランシスコ間を数回移動した後、結果としてモンテレーに腰を下ろして漁師になった。

質素な農村出の日本人家族の中で、三男には将来への見込みなど、ほとんどなかった。というのも長男が父親の財産を相続するのが習わしだからである。そこで彼は、裕福になるための理想の職を求めてアメリカへ旅立ったのである。セキサブロウの息子ロイ・ハットリは、父親が取った方策を次のように描いている。

「で、父は有線七宝細工の工場で育ったんですよ。取引なんか何でも学んだんでしょう。だけど三男だったので、日本では将来にあまり期待が持てなかったんです。だからアメリカや金持ちの人々のことを耳にして、シアトルに来たってわけです…。父は非常に衝動的な人でした。漁師をこれまでやったこともないし、漁の経験もからっきしでしたからね。でも漁がモンテレー湾でうまくいっていると聞いていたものだから、漁師になろうと、モンテレーに落ち着いたんです。」

こういうわけでセキサブロウは、最初はシアトルへ行って有線七宝細工の事業を立ち上げようと考えた。しかし適当な粘土がなくて、彼の起業はうまく離陸しなかった。

セキサブロウは、サンフランシスコで自分の好みに合う仕事探しが実を結ばず、それでストックトン近くのデルタ地帯で短期契約の農業をした後、サンフランシスコに戻った。1913 年彼は、妻と家族を呼び寄せてホテル業を始めて、はやった。日本で生まれた年上の二人の子供たちに、その後サンフランシスコ生まれの二人の姉妹アイコとヨシコが加わった。

セキサブロウは拡張したホテル事業を売って、

ハットリ家の人々。前列着席の左からタマ（母親）と膝の上のロイ、アイコ、ヨシコ、ヨネコ。後列にジェームズ・コウジ、セキサブロウ（父親）。末息子のタクはまだ生まれていない。

ロイ・ハットリ収蔵

1917年にストックトンに家族とともに戻り、食料品店を開いた。2年後ハットリ一家は、ここモンテレー半島に永住の家を築くためにやって来た。おそらくセキサブロウは、一部には健康上の問題が動機となって、清澄な空気と海での仕事が自分には適しているかもしれない、と考えたのであろう。モンテレー地域には漁の仕事はたくさんあると噂に聞いていた。だからセキサブロウは、それまでに漁の経験は皆無でも、漁師になることを決意したのであった。

セキサブロウは釣り針と糸を使った漁を始めた。しかし1930年代までに商業用のアワビ漁に重点を移した。サン・ペドロのある人たちから半環式サバ漁船を買い、アワビ漁船に改造した。1937年に息子のロイが最初の二世によるアワビ漁潜水夫の一人になった。ロイは新種のアワビを発見し、彼に因んだ名称を採択してもらった、ただ一人の日系アメリカ人であるといっても過言ではない。ロイ・ハットリの物語は第四章で再度取り上げる。

前述のロイ・ノブヨシは1919年3月、モンテレーで生まれた第五子である。ほどなく家族はストックトンに移り、そこで第六子タカシが生まれた。これまで再三述べてきたように、ハットリ家の男たちは海で働き、女たちは缶詰工場に働きに行った。家族の懸命の労働と犠牲があって、末息子タクは医師になることができた。タク・ハットリ医師は、1993年に退職するまでコミュニティ病院で放射線医学の医師として勤務した。

1913年から1921年までに二人の子供が日本で、二人がサンフランシスコで、一人がモンテレーで、一人がストックトンで生まれた。1921年ついに、転々としたハットリ家はモンテレーを永住の地とした。その真の受益者は半島の地域社会全体である。というのはハットリ家の第二および第三世代は、この地に多大のものを還元してくれたからである。ことはすべてセキサブロウ一世から始まった。息子ロイによると、父親は「適当な場所を見つけようと仕事を転々としたあげく、モンテレーを良しとして、漁師になって腰を据えた」のであった。

トラゾウと**タルノ・クワタニ**は島根県で幼なじみだった。両家は顔見知りであった。1899年生まれのトラゾウはすでに合衆国に住んでいて、タルノ・イシバシと結婚するために島根県に帰った。1904年生まれのタルノは17歳でトラゾウの結婚の申し入れを受け入れ、彼についてアメリカに渡る決意をした。

タルノが日本に母親を残していくときに感じた心理的葛藤を自身の回想の中で述べている。
「日本を発ってアメリカに来るとき、さよならを言うのが辛かったわ。それから、ここへ来てからた

くさんの子供に恵まれたでしょ。私は10年経ったら帰って来ますからねって、母に言い続けたの。でも子供がたくさんいたし、結局帰れなかったの。」

同時にタルノは、「みんながアメリカ、アメリカと言っていたもので、私も来て見てみたかったのよ」と思い起こした。彼らは1921年に一路モンテレーに来て、ここを永住の地とし、日本へ帰ることはまたとなかった。

トラゾウは漁師だったので、彼はしばしば海洋に出ていた。したがって若いタルノは、多くの時間をカゲヤマ夫人、カトウ夫人、マナカ夫人といった隣人と過ごした。トラゾウとタルノは、モンテレーの「R・オノ＆カンパニー」が入居している建物の真裏に住んでいた。年が経つ間に彼らは11人の子供を育てた。名前は出生順にキヨコ、マサコ、ジョージ、ヒロコ、ヘンリー、ジーン、ジミー、サチ、ヤエ、デイビッド、ボビーである。

ここに到着して間もなくタルノは、缶詰工場でイワシをカットする仕事に行った。カットというのは、頭を切り落として内蔵を取り除く作業であった。しかしこの時期までに、イワシを薄切りにする機械があって、仕事は前よりたやすくなっていた。工場での仕事の難点は作業の予定が予測できず、短い時間での交替もあれば、長い8時間交替もあって、漁師が魚を捕って戻ってくる真夜中過ぎに呼び出されることがしばしばあった。電話が鳴るとタルノは長靴をはき、オノ夫人に子供たちの子守に来てもらい、家から徒歩でワシントン通りをぬけて、缶詰工場の仕事場へ向かって行った。

強靭な意志をもった一世の女性たちの非常に多くがそうであるように、タルノは缶詰工場で働き、所帯を切り盛りして子供たちを育てた。生活はクワタニ家にとって容易ではなかった。しかし彼らは子供たちのために懸命に働いた。漁の季節に家に持ち込まれる漁獲量は予期できなかったので、漁師の妻というのは苦難の危険にさらされて生きることを学んだ。トラゾウが捕まえた魚が若干でも手に入ることで、クワタニの家庭にはいつも何か食べ物があるように見えた。漁師と農夫には大恐慌のときでさえ、いつも何か食べる物があった。タルノはそれを言葉少なく、「魚と米があれば、なんとかやれたものです」と語った。

戦時中のキャンプ・アマチへの収容所行きは、往復とも、とくに大家族には破壊的であった。キャンプでトラゾウが漁師の中でリーダーであることが分かって、彼は大工仕事の経歴は全くないにもかかわらず、大工を統率するよう指名された。しかしトラゾウが手にした技術は、クワタニの家族に大いに役立った。戦後モンテレーに帰還するとすぐに、彼は

パール通りの崩れかかった建造物を購入し、改造し、建て増し、クワタニの家を造った。

トラゾウは1959年9月、60歳という比較的若い年齢で亡くなった。タルノは、養わなければならない幼い子供たちがたくさんいたので、子供たちのための社会保障給付金から若干の経済援助を受けた。また70歳になるまで、家事をして家族を支えた。子供たちが学校を終え働き始め、結婚するにつれ、余暇を楽しんで、もの思いに時間を過ごしていい生活がいくらかでも可能になった。彼女の最期の年月に彼女の面倒を見てくれるいい子供たちを持って、なんと運がよかったのだろう、と彼女は述べている。タルノは1993年1月に亡くなった。死に先立って次のような名言を残した。「人間は悪いことをしてはいけない。良い行いは永遠に続くものです。」タルノ・クワタニは善行の行為者であった。

シズコ・タキガワは、1903年6月17日和歌山県生まれの一世移住者である。1923年1月、19歳のとき、**トイチロウ・タキガワ**と日本で結婚した。トイチロウはすでに米国に来ていたが、1920年に日本政府が法的に写真結婚制度を廃止したので、シズコと結婚するために帰国した。トイチロウは単身でモンテレーでの漁業の仕事に戻った。それから彼は、新妻に呼び寄せという手続きを取らせた。しかし、シズコはサンフランシスコ行きの大洋丸に乗船して、モンテレーに1923年3月に到着しているので、離別の期間は長くなかった。

1920年代を通して、また1930年代の大部分の間、トイチロウはスタンダード号というアワビ漁船を所有し操業していた。年上のタキガワ（イクタロウ）はすでにアワビ加工工場と、フィッシャーマンズワーフにもう一つ漁業会社を所有していた。1930年代遅く、アワビが次第に少なくなって、アワビ漁業が傾き始めた。それでトイチロウは1937年、彼の船を売りはらって波止場の家族経営の魚市場「パシフィック相互魚会社」に働きに行くのが一番だ、と考えた。

末娘が幼稚園に入ると、シズコは義理の父親イクタロウ・タキガワに半日勤務の許しを求めた。彼女の義父所有の波止場にある企業「コースト・アワビ加工工場」でアワビの薄切りを始めたのはこの頃であった。それから戦争と強制疎開がタキガワ家を崩壊させた。最初に義父がFBIに連行され、ノース・ダコタへ送られた。シズコはまた、彼女にとって最も強烈で最も辛い記憶は「FBI関係者が入ってきて夫を連れて行った」日にさかのぼる。夫がいなくなって一人になり、息子がまだ高校在学中であるときに、家族をつれてモンテレーを立ち退く責任にぞっとした。これもまた、戦争のもう一つの悲劇であった。

多くの一世の両親同様、シズコも子供たちをアダムズ通りにあるJACLホールの日本語学校へ通わせた。二世の子供たちの大部分が日本語学校に通った理由が、シズコの見解に明らかに示されている。

「もちろんその理由は、私たちは日本人だから日本語を学ぶのは重要でした。また両親と意思疎通を図る上でも、日本語を知っていることが必要なのは当然です。だから私は、数十年ここに住んでいても、英語が全くわらないんです。」

タキガワ家その他多くの一世の家族の子供たちは、真面目に授業に出席し、オガワ先生は義務感をもって教育に当たった。子供たちすべてが日本語を思惑通りに学んだわけではないが、それは一世と二世の世代間の意思疎通と文化的ギャップをつなげる上で大いに役にたった。

トイチロウはナガイ家に生まれたけれども、イクタロウとアキ・タキガワに子供がいなかったので養子に引き取られて、タキガワになった。ここで今一度、姓を引き継ぐ一世の至上命令感を見るのである。トイチロウとシズコ・タキガワには四人の子供がいた。出生順にカズエ、トモ、サツキ、ミツコである。身近な家族である子供たちは老いゆく母親を今も訪問し、面倒を見ている。今や日没の歳月にあってシズコは、子供たちをよく教育してきたこと、彼らにいい生活をさせたいと懸命に働いてきたことを認めて満足感に満たされて生きている。それこそ一世物語の心髄である。

1924年**イサオ・イケダ**はモンテレー半島に住むために来た。幾年も前の1911年、両親はアメリカで新生活を始めるために日本の鹿児島の家を後にした。彼らはサリナス地域で野菜栽培を試み、年少のイサオはそこの学校に通った。娘スミによると、

「…それから父は1924年に日本へ帰国し母と結婚し、その年に母をここに連れてきました。米国移民法がこれ以上の日本からの移住を廃止する直前、なんとか戻ってきたんです」と言う。

マサ・クボとの結婚後、新婚の二人は戻ってきて、リトル・サーのブラジル農園に家を構えた。

1924年から1926年にかけてイケダ一家は、数エーカーの借地でエンドウ豆や莢豆を市場向けに栽培した。イノシシがリトル・サーの荒野を歩き回ってイケダの家にも幾度となく来た。非常に怯えたイケダ家の防衛といえば、イノシシが出て行くことを願って、叫び声をあげ石を投げることぐらいであった。1926年にイケダ家はサリナスの谷に戻ってレタスとほうれん草を栽培したが、ついに一家はアリゾナのポストン第1キャンプに抑留された。

イケダ一家はここに短期間滞在して、結局その場

所を離れたが、家系の一枝がイケダ家を半島と再結合することになった。イサオとマサ・イケダは三人の息子ススム、シゲル、ミノルと三人の娘スミコ、サチコ、カズコを育てた。戦後ここに来たのは長女スミであったが、彼女は、実業家でかつ選任を受けた公官吏であるケイ・ナカムラと結婚していた。イケダ家の伝統は、スミを介してここモンテレー半島に息づいている。

クニイチ・アケドは、ここで紹介する最後の一世である。彼を最後に回したのは当を得ている。文字通りではないにせよ、象徴的にである。クニイチは移民第三波でモンテレー半島に来た最後の一世であった。第三波で到達を果たした最後のグループの一人であった。というのは議会が、日本から合衆国へのこれ以上の移住を終結する「1924年排日移民法」を通過させたからである。

クニイチ・アケドは1905年6月8日に和歌山県の小さな田舎村で生まれた。クニイチのように、日本では祖母と二人っきりの生活というのは珍しくなかった。彼は、両親がアメリカで新生活を始めようと試みている間、そうした。クニイチの祖母が1924年初めに亡くなったとき、当時モンテレーに住んでいた両親リュウスケとトク・アケドが、すぐにでも一緒に生活するために息子を呼び寄せた。クニイチが回想するところでは、彼が日本を発ったのは1924年5月半ばのある日のことであった。

「それから私は、日本の神戸の宿屋で号外のニュースを見たんです。それには米国への移住が打ち切られてしまった、と書かれていました。私が発った後には三隻ほどの船しかありませんでした。シアトル行き、ロサンゼルス行き、サンフランシスコ行きでした。あれで移住が終焉したんです。」

アケドのいう移住の終焉は、米国への以後の移住を止める「1924年移住法」であった。1924年6月8日の19才の誕生日に、クニイチ・アケドは、移住中止の最終期限を踏み固めている最中に、モンテレー半島に到着したのであった。

アケド一家はこの地に住んで、父親のリュウスケがイワシ漁師となって暮らしを立てていた。家はニュー・モンテレーのフォーム通りにある。クニイチがとくに覚えているのは、イチロウとヨネ・ゴウタの家族が、クニイチには何もかも目新しいアメリカの生活への移行中、親切を尽くしてくれたことである。クニイチは機知と知恵をたんまり交えて、漁師として働いた人たちは「ボートに乗って船酔いしなかった」人たちであることも、よく見ていた。彼の父親のリュウスケはイワシ網漁の漁師であった。クニイチは、自らいい聞かせて、また船酔いの性分を承知して、缶詰工場で働いた。とはいえ彼は数年間、父親と漁をやってはいた。

1938年3月2日クニイチは**ハツコ・マエジ**と結婚した。二人の子供をもうけた。長男のリョウジは強制収容所で生まれ、戦後二人目の赤ん坊が生まれたが不幸にして死亡した。クニイチとハツコは最初の時期、日本に帰ることを考えたが思い直した。会見中クニイチは、日本へのある種の郷愁の念を打ち明けた。彼は息子に日本語を学んでほしかったので、ここに日本語学校を建てる助力をすることについて述べた。親類の要請で日本の村を再訪するように求められて、どれほど光栄なことと受け止めているかについて語った。というのは村人たちは彼のアメリカでの生活状態を心配し気遣っていたからである。

しかし彼の日本への愛着は郷愁以上のものであった。それは一部には、生活の辛さや自認の反抗的な性格からきた怒り、とくに戦争の苦痛から生まれた名状しがたい怒りである。アケド一家は1942年初めまでに立ち退きを命令され、フォーム通りの家を追い払われた。戦後モンテレーに帰還しても、依然として我が家に戻ることができなかった。というのは家が兵士たちに占領されていたからである。子供時代の喜びとは対照的に、クニイチの心に残るもっとも生々しい辛い記憶は「戦争と追放」であった。

アケド・クニイチの人生は、日本からの第一世代の一世移住者の実に多くが直面した苦難を如実に示している。アケド・クニイチがアメリカに出発する前に神戸の宿でニュースを耳にしたとき、成功が懸命な仕事の後に自動的にやってくる保証は全くなかった。多くの一世はそれぞれに辛苦、差別、略奪に直面した。これほどまでに深い苦しみを凌ぐことは容易ではない。戦争関係の経験についてクニイチは「思い出したくも、話したくもない」と述べた。

文化的に多様なアジアのよそ者にとって、この新しい土地への適合は容易ではなかった。一世にとっての成功の代価はときに高くついた。腰が曲がり、両手が関節炎に犯され、精神が破壊し、家族が崩壊し、病気になり、短命で終わり、深い絶望に突き落とされる、などがそれである。多くの障害があったにもかかわらず、モンテレー半島に来た大部分の移住者一世は、こういった困難に、忍耐、鍛錬、大きな度量をもって耐え、克服したのであった。

ここまでに会見した一世の家族だけが、モンテレー半島に腰を据えた家族では決してない。疑いなく他にも取り上げたい人たちがいるけれども、全員を列挙し、述べさせていただくわけにはいかない。ここに描写された個人や家族は、日本人社会の限られた部分ではなくて、一世の生活全体について包括的諸相を示すことを意図して取り上げたものである。

フランクリン近くのタイラー通りにあるウチダの乾物店内の光景。1919年、カリフォルニア。写真左から、タケコ・ウチダ、マリコ・ウチダ、ヤエコ・スヤマ、所有者オノジロウ・ウチダ。

イーブリン（・ヤハンダ）・ヤギュウ収蔵

第三章
陸地職業

> 私の父は1907年頃、ハットン農場で農業を始めました。昔のエド・ハットン農場、今のカーメル・ランチョでバーンヤードの辺りです。実際、私たちの農家は、現在「ブリントンズ・ハードウェア」が建っている場所にありましてね…。私たちはハットン農場の大部分を、現在風車が建っているところまでずーっと、耕作しましたよ。一頭引き馬の鋤を使って市場向けの普通の青果物を栽培していたんです。
> ──ゴーディ・ミヤモト

1920年代半ばまでに、一世移住者の三つの波がモンテレー湾沿岸に到達していた。鉄道枕木切断者、木こり、漁師、アワビ漁の潜水夫、事業家、農夫として、これら一世初期の人たちがモンテレー半島の日本人社会に産声をあげた。一世の成功の噂が、親類その他の冒険好きな移民を引きつける磁石のような働きをし、この地域社会の成員の数が増加した。本章では農夫、商人、造園師といった陸地で働いた一世および二世に焦点をあてる。

モンテレーの日本人社会の成長を説明する主な理由は、1900年代初期の間に、モンテレー湾の漁業経済の急成長をみたからである。モンテレーが漁商の町として急速に頭角を現しているという中心的な事実を巡って、社会的経済的な力学の多くが展開していた。経済成長と人口増加が農産物を必要とし、このことが、漁師の需要に応え、かつ人々の日常生活の必要性に応えるような雑貨店の増大に道を拓いた。結果として、アワビの欠乏とイワシの消滅によって、日本人の幾人かを造園業に追いやる市場変動が起きた。

20世紀の変わり目に「F・E・ブース缶詰工場」が、煮込みイワシに意気の上がった工場を始動させ、モンテレー湾やキャナリー・ローを世界中にお馴染みの名前にした。そのイワシ産業は二つの技術革新によって、1900年代の最初の10年間で大いに発展を遂げた。まずナット・ホブデンがイワシ缶をハンダづけして閉じる機械化方式を導入したこと、二つ目に、シチリアからの移民であるピエトロ・ファランテが、これまでの古くて効率の悪い刺し網に代わるランパラ網を導入したことがあげられる。ほぼ時を同じくしてポップ・アーネスト・ドゥールターが新しいグルメ向きの楽しみ──たたいて柔らかくしたアワビのステーキ──を見い出し、この海の巻き貝の需要に大きな拍車をかけた。

要するにアワビとイワシが、一世と二世が所有し経営する船雑貨商店や一般雑貨店のネットワークを生み出した。他のサービス関連の商売も現れた。漁師は滞在場所が必要だったので、ホテルや寄宿舎が現れた。人々は食べる場所が必要だったので、レストランができた。家族は食料雑貨が必要だったので、食料雑貨店や家庭用品店の商売が始まった。人々は散髪や衣類の洗濯を望んだので、床屋やクリーニング店ができた。多様な日常の要求や望みに呼応する形で、一世や二世は靴修理店、駄菓子屋、賭博場、浴場も開店した。

こういった商店の興隆でモンテレーのニホン・マチないしジャパン・タウンが出現した。それはアルバラド、パール、アダムズの各通りと、デルモンテ・アベニューを境界にしてできた。日本人自身はジャパン・タウンを「コロニー」と呼んでいたが、それ

はただ、日本人の商店や住宅がそこに密集して存在している、という意味であった。日本人の家族が占める住宅地域は他に、フィゲロアと湖の側のカミノ・エル・エステロとの間、それにニュー・モンテレーの缶詰工場の側のウェイブとフォームの各通りである。確かにパシフィック・グローブとカーメルに日本人所有の店は少しあったが、あるパシフィック・グローブに住む人がいうように、「モンテレーは躍動があった場所であり、パシフィック・グローブは僻地であった。」

　1900年代初頭から第二次世界大戦勃発までの間、日本人家族が所有し経営した事業は、地域経済や地域社会に大きな役割を果たした。モンテレーのジャパン・タウンには約24の小売店舗があり、パシフィック・グローブには別に5、6店舗があった。商店は必需品から娯楽に至るまで多様な商品やサービスを提供した。所有権が時折人手に渡ったり、商売によっては場所を変えたり、店をたたむところもあった。

　モンテレーのジャパン・タウンは商業と社会的活動の拠点であった。1900年代初期、この地域に住み働く家族の大部分が和歌山人で、ニュー・モンテレーの広島人とは分かれていて、またここの広島人はカーメルやカーメル・バリーに住む熊本人および広島人とも分かれていた。一途な仕事と時代遅れの移動の限界が、これら小区域の孤立化を深めた。パシフィック・グローブに住むウチダ一家はモンテレーのヒガシ一家について聞いたことはあったかもしれないが、社会的相互作用は最少限で、二つの飛び地は離れた世界であった。

　時とともに商活動と社会的諸制度が、関心を共有する一つの地域社会に日本人を統合する上で役立った。自動車その他の輸送技術は距離の隔たりを縮小するであろうし、地域社会の諸機能に人々が参加できるようにするであろう。教会や集会所はモンテレー、パシフィック・グローブ、カーメルに住む家族を結びつけるであろう。と同時に、一世の人たちの間の文化的多様性や、一世と二世との世代間不一致が、地域社会を分裂する葛藤を生み出すことも、ときにあった。第七章でみるように、これは1920年代にとくにあてはまるのだが、日本人の社会に一番ふさわしい施設として何を建てるかという問題に関して、キリスト教徒と仏教徒が深く対立したことがあった。しかしながら、そのうちに日本人の企業や、日本人家族間の結婚が社会的相互作用を引き起こし、それが社会的および県の境界を次第に薄め、人々を結びつけた。

アメリカの商社会を支える柱の一つは雑貨店と食料品店である。近所や街角の食料品店は、どこへ行っても地元の民族的地域社会の境界標識である。ここモンテレー半島でも、雑貨店を持つことはいい商売感覚であった。というのも日常の品々に加えて、日本人は日本食糧を欲したからである。さらに資本は店をリースするか買い取ることを求め、在庫資産は日本人数家族にとって手が及ぶ範囲内にあった。

このような店の一つが、デルモンテ近くのワシントン通りのふもとにある**スリー・スター・マーケット**であった。店は、ジョージ・アカミネ、アル・イトウ、ジョージ・クワタニの共同事業による所有と経営のもとで、1953年に開店した。1955年、トーマスとノーマ（・ヤマモト）・カゲヤマがその店を買収した。

トーマス（名トミノスケ）は1906年12月15日、日本で誕生した。彼は、モンテレーで高い評価を受けているサイイチロウ・カゲヤマ家の子供六人の長男である。トーマスのあとマサオ、ギイチ、メアリー、ジン、アイザックが生まれたが、現在生存しているのはメアリーとジンだけである。ノーマ・カゲヤマはワトソンビルで生まれた。生後3ヶ月で日本に帰国して7年間を過ごしている。

ノーマの父親であるヤマモト氏は、米国に戻るとすぐに、現在スタンフォード大学が位置する敷地でイチゴとトマトを栽培した。大学敷地の公立学校に通ったノーマは、自分はスタンフォードで教育を受けたのだ、と冗談に言う。1934年トーマスとノーマは、モンテレーに新しく建てられた（1926年）日本キリスト教会で、教会始まって最初の結婚式を挙げるという栄誉を得た。この教会は1941年にエル・エステロ・プレスビテリアン教会と改名された。

カゲヤマ家の人たちはE・S・ルシド号というボートを使って、1930年代の、初期のアワビ漁師たちの中で仕事をした。トーマスは、第二次世界大戦勃発の時期と、1954年までに造園業に転向した。しかし彼は、1942年2月11日のFBIの一斉検挙で捕まった人々の中にいた。そしてノース・ダコタのキャンプ・ビスマルクへ送還された。後になって彼はキャンプ・ポストンで家族と一緒になった。

戦後トーマスとノーマがキャンプ・ポストンからモンテレーに帰還したとき、トーマスは造園業を再開した。1955年に機会あって「スリー・スター・マーケット」を購入した。しかし1970年代中頃、モンテレーの都市再開発計画によって彼らのリースが終わりを遂げた。というわけで食料品店の事業を21年間やったあと、カゲヤマ一家は1976年に仕事を退いた。そのわずか2年後の1978年にトーマスは他界した。

第三章　陸地職業

　家業としての雑貨店や食料品店の原型は、おそらくタバタ一家所有のそれであろう。1919年にトラキチ・タバタは、トノスケ・エサキと共同で初めて**サンライズ・ブラザーズ**を開店した。モンテレーは漁業の町であることから、店は漁業用品を主に扱い、若干の伝統的日本食料品も置いていた。それは20世紀のかなりの期間続いてきた、ほんの一握りの日本人ビジネスの一つである。

　トラキチ・タバタの息子であるジムは地元の公立学校、サリナス短期大学を卒業後、カリフォルニア州立大学バークレー校に進学して経営学を学んだ。1937年12月、卒業後直ちにモンテレーに戻り、父親が始めた店の経営を手伝った。その事業はジムの経営のもとで成長し繁栄した。

　長年の間に店は5回場所を移転し、屋号を3回変えた。最初の店はフランクリン通りにあった。移転二回目の店はワシントン通り438番地に構えられた。1935年、タバタが単独の所有者になったとき、屋号が「サンライズ・ブラザーズ」から「サンライズ・カンパニー」に変わった。1946年にタバタ一家がモンテレーに戻ったとき、三つ目の店がワシントンとフランクリンの角に再開された。当時ジムは事業経営の全責任を負っていた。1953年にタバタ一家は、三つ目の店のちょうど道路を隔てたところのフランクリン通り299番地の店番4の店に移転した。最後に1976年、タバタ家はパール通りとアダムズ通りの三叉路に店番5の店を建てた。

　第二次世界大戦とそれに続く退去で、店は1942年2月に完全閉鎖に追い込まれた。この時期まで「サンライズ・カンパニー」は、サンフランシスコやサン・ペドロからモンテレー湾に入港してくる日本の漁船団に、食品雑貨を供給していた。12月7日以降米国政府は、日本人漁師の海上での操業を禁止した。理由は、漁船の無線放送が、交戦中の日本を助けるスパイ活動に使用されるかもしれない、と憶測したからである。日本人による漁が停止されて、「サンライズ・カンパニー」の漁師への商品流通経路が劇的に絶たれた。一世およびその家族の立ち退きと強制収容が続いて起きた。

　戦後、漁船団が次第に消えていくにつれて、店は漁業用品から食品雑貨と贈答品に重点を移していった。したがって1946年、屋号が**サンライズ・グローサリー**に変わった。モンテレーの地域社会が20世紀後半の50年間知り及んできたのは、その名前である。1980年代を通して、タバタ家の二人の息子のうち、弟トーマスが店の経営を始めた。ジムは「現在トムが店を経営していて、サンライズ・グローサリーは彼の双肩にある」と述べた。こうしてタバタ家は三世代に渡って、モンテレーでもっとも知名度の高い企業の一つを受け継いできた。

「サンライズ・グローサリー」の前に立つ現在のタバタ家の人たち。現住所パール通り400番地にて。左からジムとシダー・タバタ、シノブとトム・タバタ。

MP/JACL 写真アーカイブ

　近隣の多くの店と同様に「サンライズ・グローサリー」は、巨大食糧チェーンストアーとの競争を目の当たりにして、不確かな未来にさらされている。しかし「サンライズ・グローサリー」は、零細な夫婦経営型の店よりまだしもよい。それは当モントレー半島では紛れもない施設なのである。この友好的な自営店は今日、多様で忠実な顧客の役に立っている。日系アメリカ人社会、他のアジア人グループ、白人の友人、MPC（モントレー・ペニンシュラ大学）や MIIS（モントレー国際大学院）の学生たちが、あの特別な日本食糧や土産物を求めて、こぞって買い物に来ている。

　タバタ商店の長年にわたる成功は、質の良いサービス、市場の柔軟性、善行および地域社会への貢献で説明される。タバタ家は、地域の多くの組織が行う募金活動への寛大な寄付行為で、彼らの事業の成功を他の人々と分かち合ってきた。モントレーのジャパン・タウンでの地域社会の生活は互恵の義務感の上に成り立っているので、他の人たちも忠実な顧客として好意を返してきた。タバタ家が何か正しいことを行ってきたことは明らかである。というのも「サンライズ・グローサリー」は、今世紀初頭に一世の手で始められ今日まで操業が成功している、わずか一握りの日本人による事業の一つに他ならないからである。

　ロクマツ・オノは1906年、ここに到着後ほどなくして、**R・オノ＆カンパニー**を開いた。オノ氏の店は主に航海用品と食糧雑貨を扱う雑貨店であった。店は、フランクリンとデルモンテ・アビニュー間の区画の中腹にあるワシントン通り東側沿いに位置していた。開店日から1941年の終わり頃まで「R・オノ＆カンパニー」のような店の繁盛は、モントレーの人口増加、地元のイワシ漁船団、サンペドロやサンフランシスコからの漁船団によるところが大きかった。漁船団は需要を生み出し、他方船用具店や雑貨店が供給にあたった。

　1925年12月17日付のペニンシュラ・デイリー・ヘラルド紙の記事および郡記録事務所の文書によると、キャナリー・ローにある**シー・プライド・キャナリー**は、地元の所有権者 K・ニイノとツネタロウ・オダのもと、1925年12月に開店した。おそらく半島で初めての日本人所有の缶詰工場である「シー・プライド・キャナリー」は、缶閉技術とくず肉加工に特化していた。以前のこの缶詰工場は現在、モントレー・ベイ水族館のアウター・ベイ展示翼棟の一部になっている。またキャナリー・ローの反対側に

日本人労働者の需要により、オノジロウ・ウチダは労働契約のための雇用事務所も経営した。事務所はタイラーとフランクリンが交わる角に位置した。

イーブリン（・ヤハンダ）・ヤギュウ収蔵

ある「シー・プライド・キャナリー」の倉庫は、現在ウィング・チョン市場が建っている場所にあった。

1929年にバンジ・メンダの家族は、ストックトンからモンテレーに転居し、オノ一家から事業を買い取った。1885年生まれのバンジ・メンダは広島県出身の一世であった。大方の一世移住者とは違い、彼は実際1910年6月にニューヨークの港で下船した。メンダは西方へ移動する途中、まずアイダホで中休みして、最後はカリフォルニア州サンガーで、ざっと900エーカーの土地にホウレンソウを栽培した。彼の多様な職歴には、29室のホテル、リースによる10台設置の玉突き場、10脚のアイスクリーム・パーラー付き4座席の理髪店の所有が含まれる。これらはすべてカリフォルニア州ストックトンでのことである。

メンダ一家は、ストックトンの暑い夏の気候を逃れて気晴らしにモンテレーを訪れた。たちまち彼らは、より涼しい気候と美しい湾に惚れ込んだ。バンジ・メンダは心底日本へ帰りたかったが、家族のものがみな反対した。それでオノ家が店を売りに出したとき、メンダ一家がそれを買い取り、**メンダ船雑貨・食料品店**と改名した。より涼しい気候の探索がここモンテレー半島で終わり、メンダは漁師になる究極の夢を追求することになった。

パシフィック・グローブのラバーズ・ポイントに1904年から1918年まであった日本茶亭。コハチ・ハンダが釘を使わないで建てたもので、茶亭はモンテレー半島での観光の目玉であった。

ポーレット・スガノ・ウォーカー収蔵

息子ハリーの話では、年配のメンダは陸上での事業に専念すべきであった。父親の夢は商業用漁船の船長になることであった。モンテレーに着いてすぐ、メンダ氏はイワシ漁船を買ったが、ハリーによると、彼の父親は「商業用の漁について何の知識もなかったし、父が購入した船は実際にはモデル-Tだった。」この時期までに全環式巾着網漁船の技術が、メンダの旧式ランパラ網船を比較的廃れたものにしてしまっていた。

メンダは自分の船の船長として、左右方向への転回を大声で命令した。しかし操舵員は彼の命令に従わなかった。ハリーがその答えを得るために乗組員のところに行ったところ、彼は操舵員の判断について同意せざるをえなかった。操舵員は「いいかい、君のお年寄りは漁の仕方をご存じないでさ」と言ったのである。最後の不幸な出来事としてメンダの船は、他の漁師に無保険で賃貸ししている間に火事に遭い、デルモンテビーチ沖に沈没した。従って船、網、その他備品に約3万ドルを投資したあげく、バンジ・メンダの漁への投機は不幸な終わりを遂げた。

幸いにしてメンダ一家にとって陸上での投機事業はかなり成功を修めてきた。とりわけ、約20隻の日本船が缶詰工場近くの湾内で操業する、8月1日から2月15日までのイワシ漁シーズンには、事業は調子よくいった。漁船の多くはターミナル・アイランドやサン・ペドロからやって来た。漁船は日中、缶詰工場のポッパーで漁の荷下ろしをした。イワシ漁がすべて真夜中に行われるからである。「サンライズ・グローサリー」、「R・オノ＆カンパニー」、「メンダ船雑貨」のような店が、これらの漁船に食料品やその他の雑貨を供給した。メンダ家は特別に造った船を持っていて、漁船団の所へ行き、注文を取り、店に戻って、注文品を船まで届けた。漁船が次のイワシ漁にむけ外海に戻っていくまで、この作業が繰り返された。

漁用品や食料品を扱った他の2軒の雑貨店として、オノジロウ・ウチダが所有し経営した**ウチダ乾物店・浴場**と、トクマツ・オワシが所有し経営した**船雑貨・食料品店**があった。オワシの店はフィゲロアとフランクリンの南西角、ウチダの店はフランクリンから少し入ったタイラー通りにあった。ウチダ氏はまた、17マイル自動車道沿いの道路用地を切り開くための木こりと契約する雇用代理店も経営していた。1926年にオノジロウ・ウチダが他界したとき、義理の息子のテイゾウ・ヤハンダ（1924年ウチダの娘タケコと結婚）が店を引き継いだ。ヤハンダの雑貨店で何人かの顧客が信用買いをしたが、彼らは苦しい時代に勘定を払うことがなかった。このためヤハンダ氏は1931年に倒産して、カストロビルに転居し農業を始めた。大恐慌はいくつかの事業に大打撃を与えた。

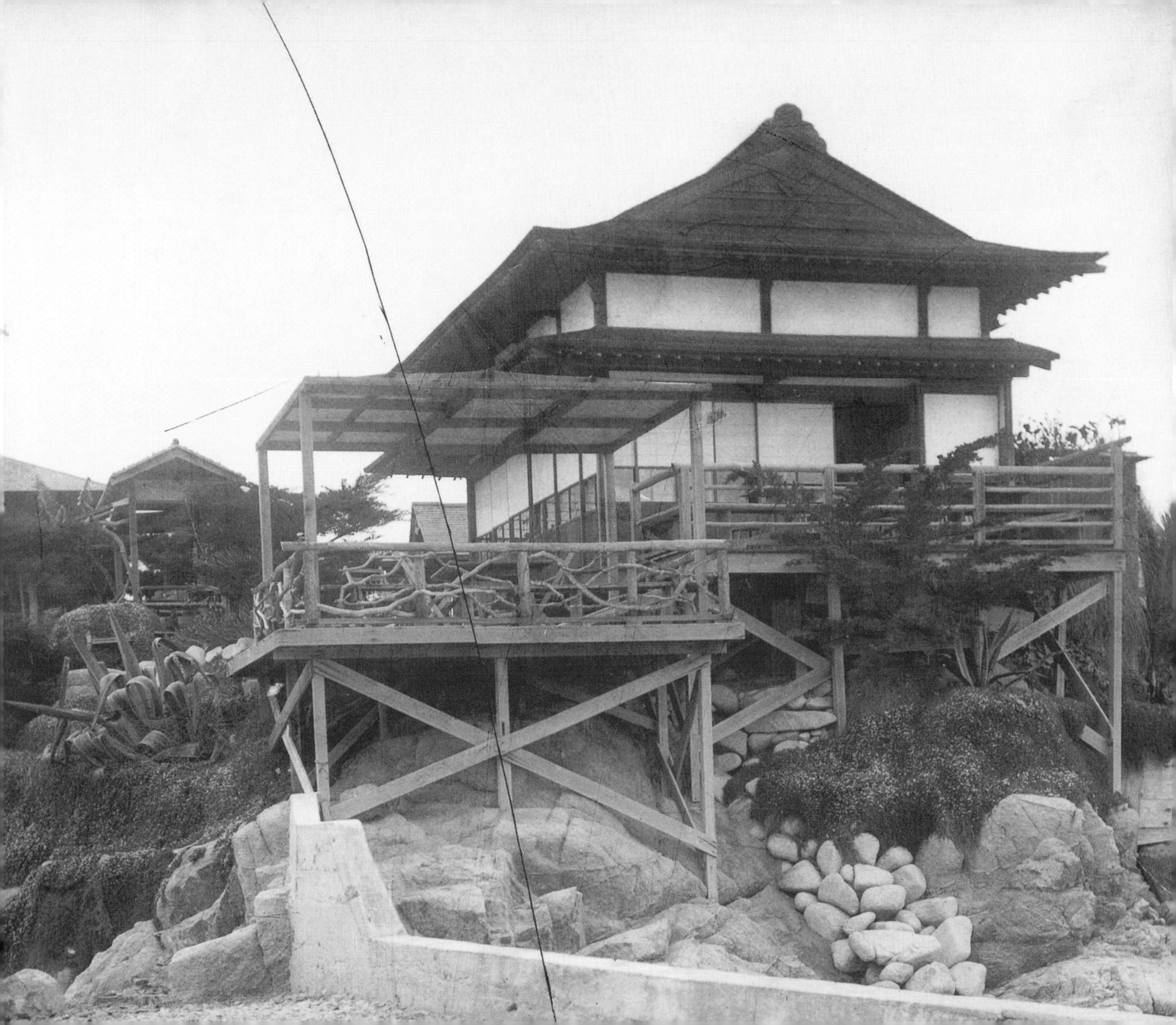

他に類をみない投機的事業の一つに**日本茶亭・庭園**がラバーズ・ポイントにあった。人もよく知り高い尊敬を受けていたゴウタ一族の成員であるジョン・ゴウタが、半島における日本人の初期の歴史について素晴らしい話を書いてくれた。彼の記事はモンテレー半島JACLニューズレターという月刊誌および*日米タイムズ*に掲載された。ゴウタの記事の一つによると、日本から来た大工コハチ・ハンダが、釘一本使わずに1904年に茶亭を建てたという。建ってからの長い年月、茶亭は、継続的にコハチ・ハンダ、ルイチとツナ・ナカムラによって、続いてサダノスケとマツエ・スガノによって管理された。

パシフィック・グローブ自然保護協会の古文書によると、ラバーズ・ポイントのこの土地はウィリアム・スミスのものであった。スミスは、ラバーズ・ポイントの海岸の入り江を造成するためにダイナマイトを使って岩石を吹き飛ばしたとき、パシフィック・グローブ自然保護者の間にかなりの憤りを巻き起こした。スミスから敷地をリースして、オトサブロウ・ノダが資金調達し、コハチ・ハンダが建設にあたった。半島で観光客の目玉となる重要な建物としての茶亭は、10セントで茶と餅を供した。パシフィック・グローブ市は、1918年に期限切れとなるリースを更新しなかった。1919年から1925年の間のどこかの時点で日本茶亭は取り壊され、その土地は他のプロジェクトに道を開くために整地された。

他の港からきた漁師たちが半島で一夜を明かすとき、あるいは町に客が訪れたとき、夜を明かす場所が必要となるであろう。ホテル業を始めた最初の家族の一つがヒガシ一家であった。ヨシカズ・ヒガシは、彼の「祖父がこのホテルを始めたに違いない。事業に強い関心をもったタイプの人だったから」と信じている。**ヒガシ・ホテル**の発祥地はデルモンテ・アビニューとアダムズ通りの角であった。1920年代初期「ヒガシ・ホテル」はアダムズ通り400番地、つまり日本人会ホールの南面に直接隣接していた。

「R・オノ＆カンパニー」から道路を隔てたところに**クマモト屋**という下宿屋がワシントン通りにあった。マルモト一家が所有し経営していたこの施設は、ニュー・モンテレーのオダ魚加工工場で働くウグイの漁師たちを受け入れた。もしニュー・モンテレーやパシフィック・グローブにより近い場所を望めば、簡易宿泊所として見つけることが可能なところが、少なくともあと2軒あった。1軒はヤマモト一家が経営するライトハウス・アビニュー沿いの**食料品店・寄宿舎**と、もう1軒はイチロウとヨネ・ゴウタが経営する**食料雑貨・寄宿舎**であった。

モンテレー、アダムズ通りに建つヒガシ・ホテル、1927年1月撮影。右手に隣接する建物は日本人会ホールで、1925年に日本人会によって建てられ、後年JACLホールと改称された。

マス・ヒガシ収蔵

第三章　陸地職業

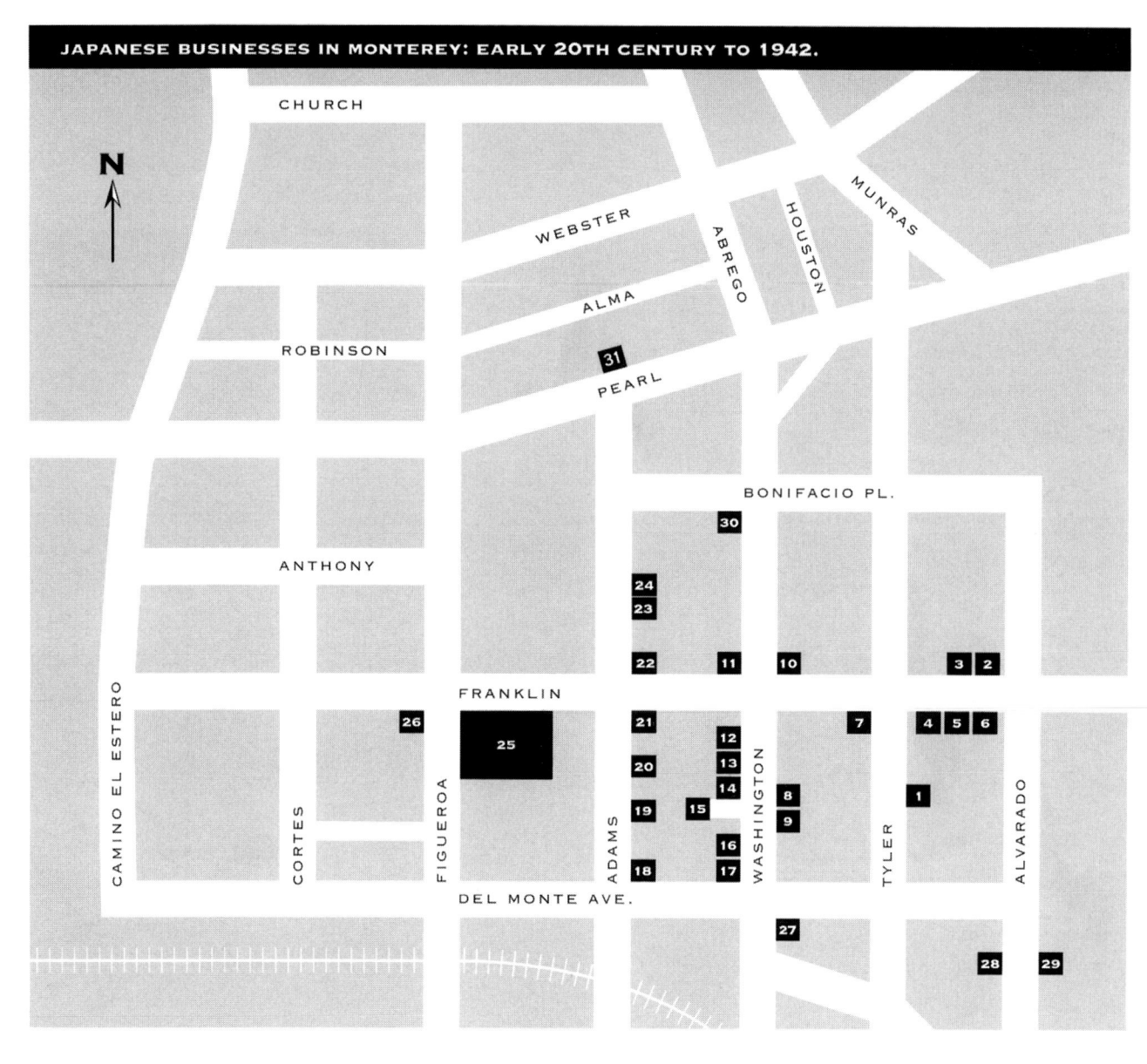

JAPANESE BUSINESSES IN MONTEREY: EARLY 20TH CENTURY TO 1942.

モンテレーの日本人所有の事業所、20世紀初頭から1942年まで

1. スヤマ靴修理店
2. スヤマ靴修理・駄菓子屋
3. ワカバ日本レストラン・バー
4. サンライズ・ブラザーズ
5. フタマセ理髪店・浴場
6. アウル・クリーナーズ
7. ウチダ乾物店・浴場
8. カントン・レストラン
9. 寄宿舎クマモト屋
10. 賭博場
11. 賭博場
12. 日本キリスト教会
13. アパート
14. R・オノ&カンパニー（後にメンダ船雑貨・食料品店）
15. F・E・ブース倉庫
16. タカモト理髪店
17. イズミズ・ランドリー
18. 旧ヒガシ・ホテル
19. オダ宅
20. タキガワ宅
21. ナラザキ宅
22. ヨコハマ・ランドリー
23. 日本人会ホール（後のJACLホール）
24. ヒガシ・ホテル＆アズマ亭レストラン
25. ＰＧ・Ｅプラント（市基準点）
26. オワシ船雑貨・食料品店
27. スリー・スター・マーケット
28. ヤマテズ・オリエンタル土産物店
29. ミウラ日本民芸品
30. スヤマ魚缶詰会社
31. サンライズ・グローサリー

MP/JACL アーカイブ

84 パシフィック・グローブの日本人所有の事業所、1942年以前および1945年以降

1A. パシフィック・グローブ・クリーナーズ、第一用地（カクタロウ・ウチダ）
1B. パシフィック・グローブ・クリーナーズ、第二用地（カクタロウ・ウチダ）
1C. パシフィック・グローブ・クリーナーズ、第三用地（カクタロウ・ウチダ）
2A. パシフィック・グローブ・シュー・ホスピタル、第一用地（キクジロウ・イチウジ）
2B. パシフィック・グローブ・シュー・ホスピタル、第二用地（キクジロウ・イチウジ）
2C. パシフィック・グローブ・シュー・ホスピタル、第三用地（ミッキー・イチウジ）
3. 日本茶亭・庭園（この地図にないが、海岸域のラバーズ・ポイント中心部に位置した）

MP/JACL アーカイブ

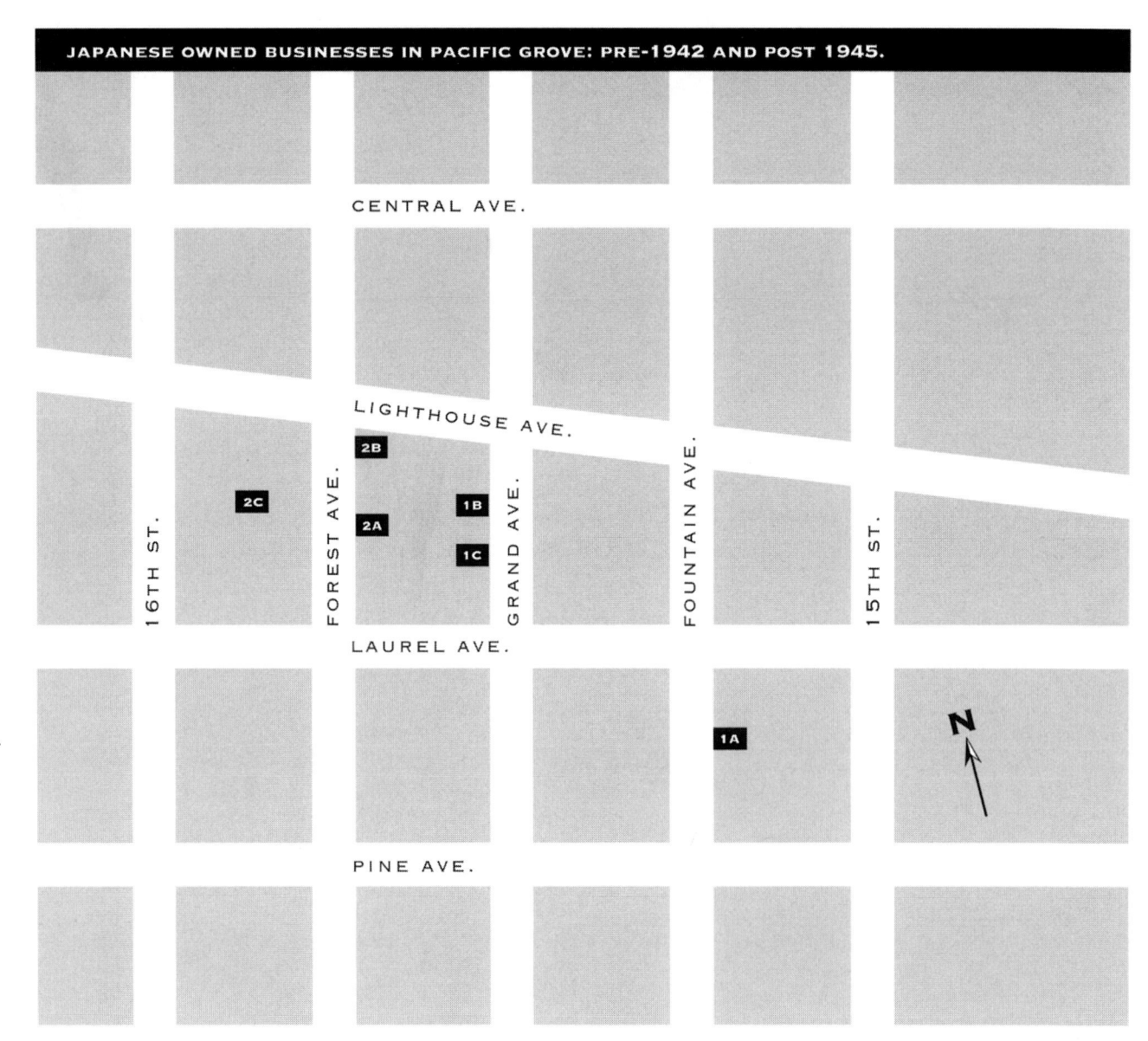

JAPANESE OWNED BUSINESSES IN PACIFIC GROVE: PRE-1942 AND POST 1945.

第三章　陸地職業

　食事に関していえば、大部分の家族は食料品を大抵ジャパン・タウンで求め、家で調理した。昼食か夕食で外食したければ、いい料理を出してくれるレストランが少なくとも2軒あった。ワシントン通りにあるマルモトの下宿屋の隣に**カントン・レストラン**があった。アルバラドとタイラー間のフランクリン通りにはイトウ夫人の**ワカバ日本レストラン・バー**があって、おいしい料理を楽しめた。そこは本当の意味のレストランではなかったが、多くの人々の記憶では、オワシの自家製豆腐の質と味にかなうものはまずなかった。

　モンテレーで最初に開店した日本料理店の一つは、二階建てヒガシ・ホテル一階に位置するヒガシ家の**アズマ亭**であった。長男のヨシカズによると、「日本人一世や二世の漁師がいろんな所から多く来ていたので、彼らに飲食する場所が必要であった。」そこで母親が、ホテルに滞在する人たちに食の好みに合うような日本食を用意した。「家族向けのB&Bみたいなもの」で始まり、「レストランになって、ほどなく白人も来るようになった」という。

　強力なイワシ産業関連の顧客に支えられて、アズマ亭の経営はかなり成功したが、このレストランも戦争と退去の犠牲になった。戦後ヒガシ一家はフランクリンとフィゲロアの角地、現在信用組合の建物がある敷地にアズマ亭を再開した。アズマ亭の屋号に関して、三人の子供たちの末っ子であるマス・ヒガシの説明では、日本のいくつかの場所でアズマは「東」（またはヒガシ）を、亭は「屋敷」を意味する。したがってヒガシ家にとって、アズマ亭には東方のホテルという意味があった。

　陸海いずれの職業についても早晩、靴やブーツは靴底の張り替えを必要とするであろう。需要が決して止まりそうにない製品集積域で商売を始めるのは理にかなっていた。日本人家族が所有する主な靴修理店が2軒あった。一つはモンテレーのジャパン・タウンに、もう一つはパシフィック・グローブにあった。

　第二章で触れたセンジロウ・スヤマは、1906年にモンテレーに到着して間もなく、3軒の家族経営店の中で最初の店、**スヤマ靴修理店**を開いた。初期の頃はすべての店が正面に看板を掲げたわけではなかったが、地域社会の誰もがどこに靴屋があるかを知っていた。この店はフランクリンとデルモンテの間のタイラー通りにあり、道路側に店が、裏に借家があった。スヤマはアルバラドとタイラー間のフランクリン通りの角あたりに移転したときも、店は前面で居宅は裏という配置を繰り返した。

　しかしこの頃までに、新しい靴修理機がこの産業を支配していた。スヤマは、一切手作業でやってい

85

「グローブ・シュー・ホスピタル」のカウンターの背後に立つキクジロウ・イチウジ。1920年代、カリフォルニアにて。

イチウジ家写真所蔵

たときにこの商売を学んでいたので、靴修理の床面積を減らしてキャンデー、ピーナッツ、ポップコーン、たばこを導入した。その結果、二番目の店はスヤマ靴修理店・駄菓子屋となった。スヤマの一人息子で、四人の子供たちの長男であるマサトは高校卒業後、最新の機械技術を学ぶためにサンフランシスコへ行った。彼は帰るとすぐに父親の商売を続け、1930年代から独立して店を営んだが、1940年直前に店は売りに出た。

パシフィック・グローブでは1919年、別の靴修理業がキクジロウ・イチウジによって始められた。（第二章で述べたように）彼の初期の人生には、16歳の若者として郷里の島根県からアメリカへ移住した時期が含まれる。イチウジは、サンフランシスコ、シアトル、サリナス、パシフィック・グローブに立ち寄りながら、無比で異なった満足感を人に与えることができるような仕事を探していた。

イチウジの幼年時代の靴修理への好奇心は、結果として生計と満足源の双方に形を変えた。1919年、パシフィック・グローブの靴修理店が売りに出されたのである。彼は、この機会をつかんでその事業を買い、ライトハウスとローレル間のフォレスト通りに自分の店を開き**グローブ・シュー・ホスピタル**と名づけた。

1936年にイチウジの長男ミッキーが父親の後を

第三章　陸地職業

引き継いで、1984年に退職するまで「グローブ・シュー・ホスピタル」を経営した。戦時中も店は開店していたが、クレー・スパッツという人の靴磨き場としてのみであった。1960年代初期までに、ミッキーは靴修理店の経営ばかりでなく、ミューチュアル・ファンドおよび保険の代理人にもなった。このころ靴修理店が入居していた建物が壊されたので、ミッキーは1962年にパシフィック・グローブのフォレスト・アビニュー222、1-2-B番地に別の靴修理店を開いた。1984年の退職と同時にイチウジ一家は事業を売却したが、「グローブ・シュー・ホスピタル」の名前と場所はそのまま残っていて、キクジロウ・イチウジと息子ミッキーが、陸地での仕事に貢献したことを思い起こさせるよすがとなっている。

毎日仕事が遂行されるということは、他の労働日に備えて衣類の洗濯が必要となることでもある。すべての家に手動絞り機つき洗濯機があったわけではないし、洗濯鋏は今では人によっては工芸品であり、濡れた衣類は風と太陽で乾くように物干し綱に吊さなければならなかったのを、私たちは覚えている。しかるに素材によっては濡らして洗うのでなくドライクリーニングが必要であった。したがって洗濯およびドライクリーニング業が、このサービスの必要性を満たすために現れるのは必然であろう。この分野の仕事に入った日本人5家族は、コダマ家、ウチダ家、イズミ家、タカバヤシ家、イワモト家であった。

セツジとフジコ・コダマは、地域で初めて日本人所有のドライクリーニング業を営んだ。コダマとその妻フジコ（ナガタニ）はともに広島県出身の移住者であった。1902年コダマがサクラメントに到着した後、1914年に彼は結婚のために広島に戻った。同年二人は連れだってモンテレー半島に来て、地元日本人社会の中で大いに尊敬を受ける指導者になった。

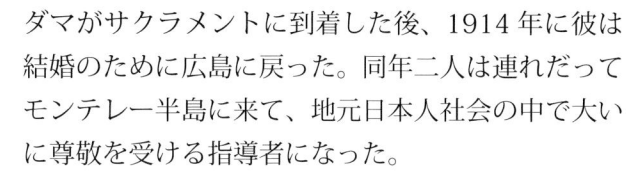

1920年にコダマ夫人は、未亡人になってしまったある婦人から小さなドライクリーニング店を買って、**アウル・クリーナーズ**の誕生となった。その屋号は2回の移転、二世代に渡る家族経営でも続いた。もともと店はアルバラドとタイラー間のフランクリン通りに面してあったが、すぐ後ワシントンに移転し、今はウェブスターに所在する。

コダマの長男で生存しているジョージは、彼の母親がその業務を買ったり営業したりして力を貸したことを想起している。

「母はお針子の仕事がうまかったから、私の推測では、母はその辺にただ座って主婦でいることに退屈だったんでしょうね。で、その業務を買って自分

キクジロウ・イチウジの息子、ミッキー・イチウジ。一世の父親の職業を引き継いだ二世を代表している。1954年撮影。

イチウジ家写真所蔵

20世紀初頭のタカバヤシの「ヨコハマ・ランドリー」配送システムの側に立つセツジ・コダマ。モンテレーにて、1909年撮影。

G・コダマ収蔵

なりに商売の道に入ったんですよ。ところが仕事が非常に忙しくなり自分の手に負えなくなったので、父にむりやり魚市場の仕事を辞めてもらい、洗濯業務に転身してもらったんです。」

活況を呈していた仕事であったが、セツジ・コダマは漁業会社を辞め、妻の側でフルタイムの14時間勤務の新しい家業を始めた。

1929年3月17日、「アウル・クリーナーズ」は、カス通り交差点近くのウェブスター通り153番地の新住所に開店した。サンフランシスコの生活様式がモンテレー半島で流行していた時代にあって、商売も流行を追った。ジョージによると、「私の父は帽子や手袋を手入れすることに、その地域としては、かなりはまっていましてね…。それはサンフランシスコの典型的な影響で、そこでは当時だれでも、そう、紳士はみな帽子をかぶり、婦人はみな手袋をはめていたんですから」という。

長年にわたって「アウル・クリーナーズ」は、事実上コダマ一家の別称となっていた。戦時中を例外としてコダマ一族の「アウル・クリーナーズ」は、モンテレー半島の地域社会では最長経営で成功事業の一つであった。1986年にコダマ一家は、家族の他の財産管理のために退職して、クリーニング業を売却した。

1945年以前に日本人の社会にもう2軒のクリーニング店があった。**イズミズ・ランドリー**がデルモンテとワシントンの角に、また**ヨコハマ・ランドリー**がフランクリンとアダムズの北西の角にあった。もともとババオカ氏所有の「ヨコハマ・ランドリー」は、後にタカバヤシ家が買い、業務を行った。

モンテレーのジャパン・タウンの外側では、パシフィック・グローブ近隣の町で、ウチダ一家が**パシフィック・グローブ・クリーナーズ**を所有し経営していた。モンテレーの地域社会の誰一人として知らない者がいないカクタロウ・ウチダは、半島に来た初期の一世の一人として第二章で紹介済みである。彼はまた、雑貨店と雇用代理店をジャパン・タウン

第三章　陸地職業

で営んでいたオノジロウ・ウチダの弟でもあった。

「パシフィック・グローブ・クリーナーズ」はもともと、ファウンテン・アビニュー300番地に位置するウチダ家の地下室が仕事場であった。洗濯機は地下室にあって、家族はその上の路面レベルに住んでいた。業務はファウンテン・アビニューからグランド・アビニューに移された。その後1926年、ウチダ家は2番目の用地から建物3軒隔てた三番目の用地に、二階建てのクリーニング店を建てた。1980年代初期以降は、ウチダ家の末息子ヒロシが営業を続けてきた。1926年来このかた、戦時中の短い中断を例外として、「パシフィック・グローブ・クリーナーズ」はウチダ一家が所有し営業してきたのである。今日その店はグランド・アビニュー222番地に所在する。

1945年以降、地域外からの家族がモンテレー半島に入って、ドライクリーニングやランドリー業務を始めた。ケイゾウ（ジョージ）・イワモトとヒサキチ（アルトン）・オモトは戦前から親友であった。サリナスの土地の退去命令を受けたとき、オモト一家は最初ゴンザレスのイワモト家に滞在した。

戦後ジョージ・イワモトとアルトン・オモトは**デルモンテ・クリーナーズ**をカサ・ベルデとパロ・ベルデの間にあるデルモンテ・アビニュー沿いに開いた。店は「デルモンテ・プロパティーズ」によるロゴの買い占めの後、1951年に**トウキョウ・クリーナーズ**と改名された。彼らは結局、1950年代末にその店を閉じた。アルトン・オモト自身は、1950年代初期に所有者路線を歩もうと決意し、ボブ・サカモトと共同で**ロイヤル・クリーナーズ**を、チャーチとウエブスター間のアブレゴ沿いに開店した。ドライクリーニングとランドリー業は日本人が代表格であったのは明らかである。

入念できれい好きな日本人男性は、床屋に2週間おきに定期的に通って、襟足や首まわりを整えた。仕事にでかけたり、あるいはデートで自分を最高に見せたい若者たちで、床屋の椅子は一杯だった。ジャパン・タウンでは2軒の店が床屋を営んだ。1軒は**タカモト理髪店**で、ワシントンとデルモンテの角近く、「イズミズ・ランドリー」のちょうど隣にあった。タカモト夫妻は常連客の髪を刈った。もう一つの店は**フタマセ理髪店・浴場**として知られ、アルバラドとタイラー間のフランクリン通りに、「サンライズ・グローサリー」と「アウル・クリーナーズ」に挟まれる格好で位置していた。

フジコとセツジ・コダマが所有および経営した「アウル・クリーナーズ」。モンテレー半島最初の日本人によるドライクリーニング業と思われる。1922年撮影。

ジョージ・コダマ収蔵

状況に応じて贈り物が必要となれば、**日本民芸品・乾物店**か、チャールズ・ミウラ一家が所有し経営する**センダイ商会**に行くことができた。娯楽もまた、みんなの生活の重要な部分であり、人の好みに応じて満足されねばならなかった。演劇風台詞で演じる歌舞伎座の形式、つまり芝居という娯楽が、日本人会ホールで地元の人たちによって定期的に演じられた。多くの日本人に人気の、また別の娯楽源となったのは2軒の麻雀屋で、ワシントンとフランクリンの交差点にあった。そして好みに合えば、アダムズ通りにフローラ・ウッズ経営の家が1軒あって、客は世界最古の職業を実践した。

その翌朝いかなる理由にせよ、魂あるいは贖罪の慰めが必要になったときは、**日本伝道教会**（日本キリスト教団ともいう）がいつでも利用できた。教会はフランクリンとデルモンテ間のワシントン通りにあった。1920年代、伝道教会最初の牧師は日本から来たアキモト師で、ついでクボタ師、カワモリタ師であった。後者のカワモリタ師は日本人社会の過渡期を特徴づける人である。というのは師は、日本人礼拝者が主流をなす祈りの場としてのエル・エステロ・プレスビテリアン教会の方向づけを行う計画において、中心的な役割を果たしたからである。

また漁業、とくにイワシ漁の盛衰は、陸地で働く日本人の商人にとって景気循環を左右する重要な要因であったようである。漁師たちが船倉やデッキを一杯にしてモンテレー湾にこぞって入港したときは、それに応じて商売は、漁業用品店、レストラン、寄宿舎、賭博場で活気づいた。缶詰工場が世界市場に向けて魚の加工と包装を増大させると、缶詰工場での仕事は、職を求める人々をそれだけ多くモンテレー半島に引きつけた。そうこうするうちに、人々が半島を故郷にしようと決心するにつれ、需要と売上げが食料品店や雑貨店で伸びた。

ここ半島でのにわか景気循環期には、1920年代および1930年代を通して万事が景気づいたが、1940年代末期にイワシが消えたとき、状況は破滅した。一つの循環が終わり次の循環が始まるときを確実に知るに十分先見の目をもっている人は、たとえいるとしてもわずかであろう。振り返ってみて、イワシの周期の終わりがモンテレー湾に来たのは、1945年から1950年までのある時期であったように思われるのは確かである。

しかしながら、山のように増え続ける未払いの請求額の支払いに見合った収入が入らない時点を、人は誰しも理解するものである。1945年と1950年の間のどこかで、商業用漁獲の下降が地元の日本人の企業の多くに、ビジネス戦略の調整に向かわせたり、他の種類の仕事に活路を見いださざるをえなくさせた。いざ農業者に、庭師に、自動車整備工に、

第三章　陸地職業

というわけである。

　クマヒコ・ミヤモトの市場向け青果物農業は、1942年早春の強制退去までは順調に続いた。五人の息子たちが成長するにつれて、彼らは農業や配達の雑用を手伝って、ついには日々の農業経営をやった。教育に関して両親は非常に積極的で、子供たちはすべてサンセット小学校（現在のカーメル・サンセット文化センター）とモンテレー・ユニオン高校に通った。ゴーディは例外で、1940年に新設されたカーメル高校に通った。

　1941年に戦争が勃発すると、二人の息子マヤとゴーディだけが家に残って農業の世話をした。長男のアーチィは結婚していて、ウォルナット・グローブで農業をしていた。キーとオイスターは米国陸軍の兵役についていた。軍部側に治安に対する仮想上の恐怖があって、ミヤモト一家は家を離れて、高速道路1号線東側の道路をちょうど超えたところに張られたテントに、移動しなければならなかった。戦後一家はモンテレーに帰還し、再度農業に従事して、1950年代初期に退職した。

　ミヤモト一家とタナカ一家は、カーメル一帯で最も著名な農家の2家族で、モンテレー半島に足跡を残した。しかしながら、彼らだけが今世紀初頭に農業を営む家族では決してなかった。トクイチとセツヨ・カミガワチの家族は、カーメルの南約12マイルのところにあるダウド農場で野菜栽培に従事した。第二章で紹介したイサオ・イケダも農民一世の中にいた。

　モンテレー半島で重要なもう一つの農家は、ソンノスケ・ツボウチ一家であった。ソンノスケは1889年に生まれて、1907年に米国に来た。1919年、日本の同じ村から来た写真花嫁シカと一緒になった。1919年から1932年の間に彼らはロサンゼルスからガーデナに移り、それから仕事をしながら沿岸をサリナスまで上ってきた。1933年にツボウチはカーメル・バリーへ来て、そこのジュリアード農場で市場向け野菜やベリーを作った。ジュリアード一家はモンテレーの町中にサンカルロス・ホテルを所有していたので、ツボウチの農産物はそのホテルに持って行くことができた。

　ツボウチ家は七人の子供を育てた。ジョーアン、マリ、ヨネコ、ジーン、ナンシー、タツオ、ルビーである。1935年に悲劇が家族を2回襲った。父親と息子が病気で倒れたのである。大恐慌の困難の最中に、一人で7人の子供たちを養う必要性に直面して、シカは農場を去り、1935年に家族をモンテレーに移し、イワシとアワビの工場で働くことにした。彼女の犠牲と忍耐は、非常に多くの一世夫人の復元力と不屈の精神を象徴するものである。

92 カーメル・バリー地域の日本人の家族農園地図、1900年代初期

1. ミヤモト農園 No.1（現在のブリントンズ・ハードウェアー）
2. コミヤ農園（現在のクウェイル・ロッジ）
3. アンドウ農園（現在のロウター農場）
4. ツボウチ農園（現在のジュリアード農場）
5. ミヤモト農園 No.2
6. タナカ農園（トム・オリバー農場、現在のオデロ・アーティチョーク畑）
7. カミガワチ農園（ダウド農場）

MP/JACL アーカイブ

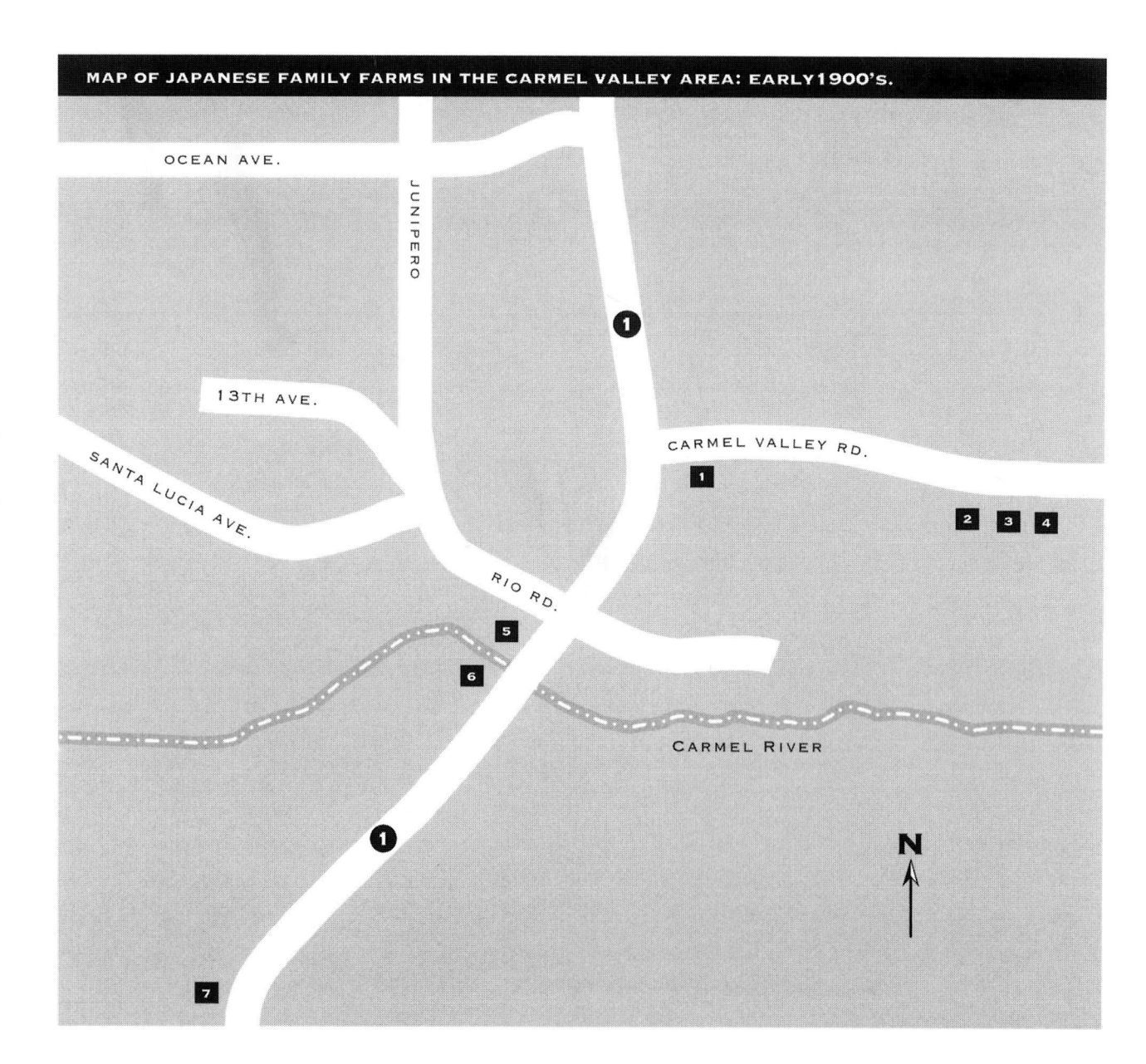

MAP OF JAPANESE FAMILY FARMS IN THE CARMEL VALLEY AREA: EARLY 1900'S.

ツボウチの子供たちの何人かは、ここ半島での生活や仕事を順調にやってきた。多年にわたってジョーアンと夫ヘンリーは、カーメルで**ニシ育苗園**を経営した。ルビーと夫ティップ・ホリは**ホンダ・ホリズ給油所**をモンテレーで営んだ。マリと夫ユキオ・スミダはモンテレーのペリー・レーンにある自営業の**サイプレス・ガーデン育苗園**で仕事に励んでいる。

イチゴとコーンはコミヤ氏が栽培する主な作物であった。彼はもともとメドーズ地帯の小作農をやっていたが後年、現在はクウェイル・ロッジの敷地となっている土地で農業をした。カズオ・ヤマシタ（コウイチ・タナカの弟で、ヤマシタ家への養子）もオリバー農場でジャガイモを栽培した。キンザブロウ・アンドウは、しばらくミヤモト家のために働いたが、最後にはロウター農場で自立した野菜生産農民となった。今日ランチョ・カナダ・ゴルフクラブの東コース、14 番フェアウェーの南方を望むと、丘の上に小さな赤い家が見えるが、それがかつてのアンドウの家であった。

「ポテト・キング」コウイチ・タナカの農家は、1900 年代の最初の 20 年間、第一級のジャガイモを生産し続けた。家族のせいではない経済的困難に悩まされて、1922 年に農業を辞め、その時点でニュー・モンテレーに移った。タナカは家族を養う経済的必要性に迫られて造園業に入った。

1920 年代にモンテレー半島で、15 人ほどの一世や二世が造園業を始めたことを説明する理由がいくつかある。第一に、造園分野は日本人に開かれた初心者向けの仕事の場を与えたこと、第二に、大恐慌のときでさえ半島の裕福な家族は、困難な時代の影響を比較的受けずに庭師を雇うことができたこと、があげられる。そういうことで 1920 年代に、日本人造園師のなかに、サクラダ、アケド、ササキ、カワモト、カトウ、ヒグチ、タナカの姓が見受けられるのである。

1945 年後、日本人家族のモンテレー半島への帰還とともに、あと三つの要因が造園業を職業として選択する上に影響を与えた。この第三にして最も重要な理由は、イワシ産業の衰退であった。1940 年代の終わりから 1950 年代の初めまでにイワシが消えたのである。当時漁に関わっていた人々の何人かが造園業に転職した。第四の理由は、息子は父親の事業を受け継ぐものだという共通の類型であった。1920 年代及び 1930 年代の一世庭師たちの後を二世の息子たちが受け継いだ。多くの二世の息子たちは他の職業を追求したいという熱望があったのは事実であったにもかかわらず、である。

最後五つ目の理由は、年齢の若い帰米者（アメリカ生まれの日本人で、日本で教育の多くを受けた人）の中には、造園であれば、他の職業分野ほどに教育

や言葉の障壁に直面せずにすむ人たちがいたことである。そういうわけで日本人は、自らの選択でなしに、大部分必要性から造園師になったのであり、彼らが土壌や自然に対して何か遺伝的哲学的な親近感を抱いていた、と仮定するのは当たっていない。

アメリカの参戦によって、1942年の2月までにコウイチ・タナカの造園の仕事が終わりを遂げた。二世の息子ジョージは庭園業に就こうと心に決めていたが、ジョージもまた1ヶ月後、その土地を強制退去しなければならなかった。こうしてタナカ一家の造園業への移行は、鋭い音をたてて急停止した。ジョージは庭師の息子である喜びとジレンマを次のように語った。

「子供の頃、私は父さんと一緒に札付けをした…。だって庭いじりが大好きだったからね。造園のデザインか建築の仕事につけたらなあ、と思っていたんだ。そこへ真珠湾が来ちゃっただろう。そんなことが何もかも邪魔をしたんだよ。」

ジョージは合衆国陸軍の兵役を終えた後、1947年に、一部は自らの選択で、大部分は運命によって造園業を再開した。彼の仕事は半島で素晴らしい名声を博し続けた。

造園業を再度選んで手助けしてほしい、と父親がジョージに求めたことへの献身的な気持ちから、ジョージは教育の道でなく造園を始めた。父親の退職で彼は業務を完全に引き継ぎ、1987年に退職するまでその道を歩んだ。造園デザインか景観設計に入る夢は決して実現しなかったけれども、彼の仕事には無限の満足感があった。ジョージは次のように締めくくった。

「三人の男の子の中で、心底庭仕事が好きだったのは私だった。それは他のどんなことよりも楽しかった。妻と私はいつもこう言っていた。私たちは二人とも大学教育は受けられなかったけれども、子供たちがいたら身を挺して働いて、私たちにできなかったことをやらせる機会を本当に与えてやりたいものだ、とね。私たちは家に投資をしなかった。子供の教育に投資したんだ。」

タナカ家はここ半島で三人の子供たちを育てた。テリル、ミヨ、チャールズである。テリルとミヨはスタンフォード大学を、チャールズはサンタクララ大学を卒業した。今日彼らは専門職者となってシリコンバレーの会社で働き、それぞれ家族を順調に養っている。ジョージとナオコ・タナカは、彼らの一世両親を鏡として「子供たちの教育に投資をする」ために正真正銘懸命に働いてきたことに、誇りを持つことができるのである。

第三章　陸地職業

　モンテレー半島の庭園師に資するために、**モンテレー半島造園師協会（the Monterey Peninsula Landscape Gardeners Association, MPLGA）**という組織が1955年に設立された。MPLGAを組織した主な理由は、1950年代初期に庭師たちを労働組合に加入させようという州の立法努力に反対するためであった。約30人の、全員日本人からなる支部委員たちがMPLGAに加わった。創設委員の中にジョージ・タナカ、ギイチ・カゲヤマ、ジャック・ニノミヤ、ロイヤル・マナカ、ビル・スミダ、ユキオ・スミダ、アキオ・スギモト、トム・タナカが入っていた。

　MPLGAにはいくつかの趣旨と目的があった。初期の頃、MPLGAは一種の頼母子講として活動し、日本への火急の帰郷といった何らかの個人的理由でローンを必要とするメンバーに、ローンを提供した。**北カリフォルニア・プロ庭園師連盟（the Professional Gardeners Federation of Northern California, PGF/NC）**の支部として、地元の協会は会員に対し、健康保険、職人賠償給付金を保証した。アダムズ通りのJACLホールの月例会で、MPLGAは給料の改善を交渉したり、職業紹介組織として活動したり、新しい造園製品や技術について会員を教育するために、セミナーを継続的に開催した。

　この教育機能の中で、ゲンゴ・サカモトとタダシ・オガワは、協会の会議の講義内容を明確化する役割において、特筆と賞賛に値する。両者とも二カ国語に通じていて、造園の技術的な解釈を英語が十分に理解できない一世や帰米者に通訳する上で助けになった。MPLGAは、よそで働き場所を見い出せないでいる人たちが多い日本人の庭園師を訓練したばかりでなく、仕事の求人先の情報をすべて提供した。

　1950年後、モンテレー半島の経済環境が変化したことで、また一世や二世の庭園師の成功もあって、MPLGAの性格は時とともに急激に変わった。1960年、PGF/NCの差別のない政策に従って、MPLGAの会員資格が人種と無関係にすべての人に開かれた。以前はもっぱら日本人だけの組織であったものが、白人の会員を入れる組織になった。開かれた会員制は、ポール・ニールセンのような人々の、力強い指導力の恩恵があったことは明白であるが、一方で何人かの年輩の会員たちの、MPLGAと関わっていたいという欲求を低下させた。ある場合には、いったん仕事が協会の職業斡旋制度を経て手に入ると、会費や会員の身分が途絶えた。協会の世話はもはや不要になったからである。

観光産業の盛り上がりで経済的土壌は造園の仕事の形態を急速に変えた。今日ホテル、モーテル、オフィス用建物向きの造園が、受注の件数および契約の価値の点で、個人の地所の仕事を遙かに凌いで業務契約を押し上げてきた。さらに、たとえ植樹した場所が突然劣化するとしても、すべての樹木や灌木を取り替える方が、定期的に注意深く管理してくれる造園師を雇っておく費用に比べれば、安くつくこともしばしばであろう。

　困難な取引、競争入札、景気後退期は依頼主を慎重にさせ、より安い入札に向かわせた。加えて、新しい移住者集団（ラテンアメリカ系住民やヴェトナム人）や、若干の昔からいる人々（ポルトガル人やスペイン人）はMPLGA会員より安い値で絶えず受注でき、MPLGA会員は、個人の地所に住む得意先を失いかねない立場に置かれた。その結果、旧態依然とした個々の日本人の庭師によって占められていた造園業は、形を変えつつある。新しいスタイルの造園請負業者が競争入札で勝利を修めているのである。この分野の変化を示す指標として、次のことを考えるとよい。現在1990年代初め、半島に約250人の庭師がいる。そのうちわずか35人がMPLGAに所属している。35人そこらの中に日本人は一人もいない。

　しかしながら、三世代に及ぶ日本人庭園師の成功そのものは、一世の息子たちや娘たちの能力を証明している。教育の重視によって三世や四世は、彼らの両親が懸命に働き提供した教育の機会を手にしてきた。以前は通過不能だったガラスの扉や天井は、市民権の法律や実践に道を譲り、今やよりよい仕事を手にできる扉が若い世代に開かれているのである。

　MPLGA支部創設に関わった会員の世代は今や、その大部分が造園業の活動から身を引いた。しかし彼らの遺産は残っている。彼らの貢献が目に見える形で、半島の様々な場所に存在している。昔も今も会員たちは**モンテレー青少年センター、JACLホール、仏教寺院、エル・エステロ教会**といった場所で、私たちが目にする美に景観を施し、それを維持し続けている。また一般の人たちは今日、モンテレー・ペニンシュラ大学装飾園芸学部で受講できる。これらの授業は、装飾園芸学プログラムを立ち上げようとMPCを説得したゲンゴ・サカモト、ジョージ・タナカ、ポール・ニールセン、フランク・タナカの先見と努力によって続いているのである。

　MPLGAのもとからの初期会員の中には、独自で育苗園を開いて、初期の造園技術を用いた庭造りをしてきた者もいる。ジョージ・ウエダは以前、パシフィック・グローブで「ワトソン育苗園」を経営していた。ディック・タナカは現在「バレー・ヒルズ育苗園」をカーメル・バレーで経営している。トム・

第三章　陸地職業

タナカは他界したが「タナカズ・ガーデン・センター」は営業中で、場所はキャニオン・デル・レイと高速68号線との角にあり、彼の未亡人、娘ジョーアン、息子ダーレルが経営に当たっている。ヘンリー・ニシと彼の妻は、カーメルに「ニシ育苗園」を設立した。ユキオとマリー・スミダはモンテレーのペリー・レーンで「サイプレス・ガーデン育苗園」を経営している。

造園業とMPLGAは、多数の日本人家族のここモンテレー半島での自立を援助してきた。陸地での他の職種と同様、造園業はたしなみのいい素直な暮らしを提供する。庭園完全管理サービス──芝生の世話、花の世話、灌漑、施肥、剪定、苗の購入──を提供した日本人は、地域社会に計り知れない貢献をしてきた。彼らは、他の人たちの日本人の見方を改善した。彼らは懸命に働き、頼れて信頼でき、器用で、献身的である、と人の目に映る。彼らは、多くの日本人家族の生活を経済的に実現可能にし、精神的に耐えられるものにした。また、子供たちのために、教育と仕事の機会へ通じる扉をより広く開いてきた。自分たちはこれをやり遂げたのだと知って夜床につくことができれば、彼らの陸地での仕事は価値があったと分かって、十分心休まるのである。

ゴクイチとアヤメ・ウエダを含む一つの家族の物語が示しているのは、非常に多くの日本人一世とその子供たちが、陸地での求職にあたって実際的な復元力を有していたことである。ゴクイチ・ウエダは1886年広島の米農家に生まれた。1900年代初期にこの国に移住し、サンフランシスコに住んでからサリナスに移り、大恐慌時代にレタス、豆、トマトを栽培した。1936年に彼はモンテレー半島に来て、シーサイドに購入した4エーカーの土地で、市場向けの青果物栽培をした。ニンジン、ラディッシュ、パセリ、カボチャを生産し、主にセーフウェイやピュリティーの店に販売した。

ウエダ一家は、沿岸警戒地帯からの強制退去になるまでは市場向けの青果物の栽培を続けた。家族には六人の息子（ノボル、ミノル、ジミー、ジョニー、ジョージ、フランク）と三人の娘（フミ、アリス、ヘレン）がいた。みんなそれぞれに手伝った。例えば上の娘二人、フミとアリスは農場でトラクターを運転している。

1942年3月、ウエダ一家はコロラド州ロングモント地帯に自発的に退去した。軍部はロングモント一帯を「立ち入り制限区域」に指定していて、ウエダ一家がそこでテンサイ工場の農業労働者として働くことを許可した。三男のジミーは米国陸軍に引っ張られ、1944年から1946年まで兵役に就いた。ジョニーとフランクは1950年代の終わり頃入隊した。

1946年秋までにウエダ一家はモンテレーに帰還した。農地を失っていたので、庭仕事とか家事といった雑用の仕事をした。1947年5月、五人のウエダ兄弟（ノボルは1930年代に死没）は、**パシフィック自動車整備場**をパシフィック371番地に開店した。そこはフランクリン通りの真東、旧サンカルロス・ホテルの側になる。1952年4月、兄弟提携を解消してミンが事業を保有し、四人の弟たちは他の店で働いたり陸軍に入隊した。

　1963年6月、これら四人の弟たちは、アブレゴ870番地に**ウエダ兄弟自動車整備場**を開店した。愛想のいい素晴らしい仕事ぶりで半島中に知られている自動車修理業である。事業は盛況で、アブレゴ店の作業空間は手狭になった。そこでウエダ一家はトランスミッション専門の別館をフレモントに開き、フランクを責任者にした。市場向けの農産物生産から自動車修理業への移行が成功した後、ウエダ兄弟は退職して、1990年11月にアブレゴの事業を売却した。フランクが営んだトランスミッション別館は今日でも営業を続けている。

　重要なことは、ウエダ一家が、他の日本人が機会を捉えて自動車業へ移行する道を拓いたことである。マス・シンタニとケイ・ナカムラは**ベイ・シティーズ給油所**を営業した。後にケイ・ナカムラは自身の給油所**ベイ・サービス**を開いて、モンテレー半島での自動車リース業の先駆けとなった。カズ・オカとヨウ・タバタは**ラス・ティエンダス・オート・ショップ**を所有し、今度はそれをスタン・ホンダとティップ・ホリに売却した。ラス・ティエンダスがあった場所に、今はモンテレー・マクドナルドが建っている。現在シグ・ヨコミゾは**ドックス・オート・ボディ**を所有、経営しており、キヨシ・イオウは**K＆H自動車修理店**を所有、経営しているが、両店ともシーサイドのデルモンテ・アビニュー沿いにある。これら自動車店はともかく開店はしたであろうが、ウエダ一家は信用、信頼、仕事の質で名声を得ることによって事業を一層容易なものにした。

　「デルモンテ・プロパティーズ」もまた、ここモンテレー半島で日本人に陸地での仕事を提供する役割を果たした。20世紀の変わり目に中国人漁師たちが、スティルウォーター入り江の側のペブル・ビーチにあるペスカデロ用地に村落を形成していた。後に日本人労働者がこの地域に連れてこられて材木伐採に当たり、文字通り17マイル自動車道を拓いた。とくに1945年後、観光産業や住宅地の開発が進むにつれて、オーティス・カダニの名前が写真広告に掲載された。

第三章　陸地職業

　1924年サンフアン・バウティスタで、ジョージとナカヨ・カダニとの間に生まれたオーティスは、両親がレタス選別小屋で働くサリナスで成長した。戦争が始まると、家族はサリナス集合センターへ行き、ついでアリゾナ州ポストンの第2キャンプへ行った。オーティスは戦時転住局から許可を得てキャンプを離れ、アイオワ州デモインで、後にシカゴで働いた。シカゴにいるとき、1944年の終わり頃、徴兵の呼び出しを受けた。ミネソタ州フォート・スネリングで言語の訓練を受け、東京へ行き、そこで軍事情報部に配属され、米国陸軍のための尋問者、解説者、通訳を務めた。戦後カダニ一家は、1948年半ばにモンテレー半島に移転した。

　オーティスと彼の父親は、すでに「デルモンテ・プロパティーズ」で仕事をしていた友人トモ・タキガワを通じて、そこに志願してすぐさま仕事を手にした。オーティスはデルモンテの森林で木々を剪定したり切り倒したりして、労働者として出発した。4年後彼はジャック・バトルの助手になった。1956年ジャック・バトルが病気で亡くなったとき、オーティスは昇進して林務長、保安長としての任に就いた。

　1948年にカダニが初めて「デルモンテ・プロパティーズ」に雇われた頃は、漁業と庭園業以外に仕事の場はほとんどなかった、と彼は回想している。「デルモンテ・プロパティーズ」の木こりと労働者は時給わずか85セントであった。もっとも、雇用人の付加給付は極端に恵まれていた。雇用の全責任を任されてカダニは、仕事の需要があれば多くの日本人を雇い始めた。カダニの管理下で働く40人以上にのぼる人々の中に、以下のような姓が見受けられる。タキガワ、ワタナベ、ヨシダ、オワシ、ヒガシ、サキノ、オダ、コマツ、ニシジマ、ヤマモト、サイキ、ヤマハラ、その他大勢である。多くのものがそこですでに働いていたが、オーティスは「そのうちの約半数を、私の着任後に私が雇った」と言う。

　オーティスはピーク時には60人もの雇用人を管理した。これらの中には守衛、剪定をしたり木を切ったりする者、ロッジの庭師、保安職員がいた。オーティスは完全代理を勤める保安官であったので、巡視員たちの責任も負っていた。デルモンテ・ショッピング・センターが「デルモンテ・プロパティーズ」によって建設され開店したとき、オーティスはこの用地の造園と維持管理の責任を負った。1971年オーティスはこの仕事から退職したが、それは、日本人社会の多くの人々が必要とする仕事を与えられるのを見届けてからのことであった。

　さらに陸地で別の形態の仕事――株式会社――が第二次世界大戦終結後に現れた。ケイ・ノブサダとケン・サトウが提携して一つの企業が始まったのはこ

の頃であり、それは今日まで続いている。彼らの事業は常に乾燥食品加工、卸売り、輸出に焦点をおいた。彼らの実績が示すところは、事業のビジョンと懸命な仕事が成功をもたらすこと、また二世の企業家がこの国で成就するのにほとんど制約はない、ということである。

知人からは分かりやすくケイとしてよく知られているキヨシ・ノブサダは、1916年にテツシとコウ・ノブサダの間に生まれた。ケイの両親は和歌山出身の移住者で、最初はサンフランシスコに住んだ。そこで母親はH・Nクック家の家庭教師として、父親はその家族のシェフとして働いた。ケイはカリフォルニア州アルモナで育った。そこの小学校に通い、その後ハンフォード近くの高校を卒業した。

1930年代初め、ケイはカリフォルニア州立大学バークレー校に入った。バークレー在学中、1年生野球チームで遊撃手をやった。コーチは、以前ニューヨーク・ヤンキーズの一塁手だったハリー・キングマンであった。ケイの野球への愛着が、後年ここモンテレー半島での青年活動への献身につながるのである。ケイは食品化学を専攻して1938年同校を卒業し、カリフォルニア州キングズバーグの「ルイ・マルティーニ・ワイナリー」で化学者としての職に就いた。

1941年から1942年の戦時中は多くの一世の生活を混乱させたが、皮肉にも二世の幾人かには機会が開かれていた。戦争の勃発でノブサダ一家はヒーラ強制収容所に送られた。1944年ケイは、大学教育を再開したり政府認可の職業を求める個人については、キャンプ早期退出を認める政府の政策を利用した。彼はそれからコロラド州デンバーへ移転した。彼の企業家としての職歴が始まるのはここであった。ほどなくして彼はモンテレー半島に赴くことになる。

ケイは、キャンプの友人でありUCLAで経済学を専攻したゲンジ・カワムラと一緒に、ハワイ向け乾燥食品専門の食品加工工場を起こした。ケイがほとんど金もなく、デンバー辺りに商売のつながりを全く持たない若者であったことを考えると、これは当時としては勇気のいる決断であった。しかしケイに何がしかの経験があったとすれば、戦時中の米国海軍に保存食品と不可欠食品を製造した「アンブローズ・ワイン・カンパニー」の顧問として務めたことがあったことである。干し大根、らっきょう、*日本酢*といった製品で、ケイとゲンジは**乾燥食品会社**を立ち上げた。

ケイは、それからモンテレー出身のケン・サトウに会って、二人は1945年、コロラドで共同事業を始めた。この偶発的な共同関係は、他の多くの人たち同様、幸運と友情で始まった。ケンはケイの義理

の父をよくスポーツフィッシングに連れて行った。結果として、共同関係は概念的にうまく適合していた。というのもケイは化学を知っていたし、ケンはイワシ漁船の船長を務めたことがあり、レストランを所有していたからである。この知識の総和が最初のベンチャー・ビジネス、つまりハワイへの乾燥イワシの輸出につながった。

1945年にケイとケンの共同関係は場所をモンテレー半島に移して、**シー・プロダクツ・カンパニー**という海産物会社の設立をみた。イワシの乾燥は脂肪が多すぎて困難であったため、代わってイカの乾燥に移った。中国人が戦前、イカを路上（現在モンテレー空港がある場所）でよく干していたのとは違って、ケイの方法は乾燥皿を用いるものであった。彼らの最初の工場は灰色の建物で、キャニオン・デル・レイとウィリアムズ通りの角に現在もある。乾燥イカの大部分はフィリピンや上海に貨物船で運ばれたが、これらの市場は戦後日本の産業に飲み込まれた。

ケイが信じるところでは、変化を遂げる市況への迅速な適応が企業世界で生き残る鍵である。「シー・プロダクツ・カンパニー」が海産物の冷凍へ移行するのに大して時間はかからなかった。1950年代後期、ケイはモス・ランディングの古い魚加工工場を手に入れ、冷凍設備に変えた。これで、彼らは様々な冷凍海産物を内外の市場に輸出できる事業を持ったのである。主要な製品はイカ、イワシ、サバ、サーモン、メカジキ、ニシンの魚卵であった。

その次に来たのが事業の拡大であった。彼らは「シー・プロダクツ・カンパニー」の販売軸として**総合ファクターズ**を形成した。1970年代後期にケイとケンは、オレゴン州との境界から20マイルほど南にあたるクレセント・シティで工場を手に入れた。この工場ではエビとカニを加工できた。1980年代初期、彼らはオークランドに販売事務所を開設し、魚をレストランやスーパーマーケットに卸した。1992年にカリフォルニア州オックスナードに工場を増設し、季節の魚や海洋資源を一年中入手できるようにした。ついに1993年7月、会社はサンフランシスコの地域に2つの施設——一つはフィッシャーマンズワーフで魚加工用の、もう一つはボデガベイでの魚の荷下ろし用の施設——を獲得して一体化構造を完了した。

1990年代半ばである今日、この多角経営の会社は国内の企業への卸売りだけでなく、海産物や農産物を世界中に輸出している。ストローベリー、アスパラガス、チェリー、レモンといった農産物は日本市場に目標を絞っている。ケイによると、彼らのグローバルな市場は「モンテレーからニューヨーク、フロリダ、カナダ、ドイツ、ギリシャ、スペイン、

英国、イタリア、ポルトガル、日本、フィリピン、ハワイに至るまで、あらゆる場所」に及んでいる。

　ノブサダーサトウ共同事業の一部に「ギンザ・レストラン」の所有がある。それは、ヘリテージ・ハーバー団地側のオリビエ通りにあった。1955 年に開店し、今は閉ざされているが、人気があったこのレストランは、地元の日本人社会の多くの人々に仕事を提供した。

　シーズン絶頂期の「シー・プロダクツ・カンパニー」には、90 人の正社員に支えられた 600 人ほどの季節労働者がいる。1970 年にウォーレン・ノブサダが、彼の父親とケン・サトウに加わり、会社内では三人目の一般共同経営者となった。

　ノブサダーサトウの共同事業と彼らの企業戦略の成功はどう説明できるか。ケイの見解では、それには五つの要件がある。長くて困難な労働時間、幸運、到来する機会をつかむ積極果敢な態度、急速に変動する市場への適応能力、そしてうまくやっていける相棒である。ともに 50 年以上に及んで生き延びていることが、ノブサダーサトウの共同経営の素晴らしさを最もよく証明している。

　議論の余地はあるにしても、人生の成功は、地域社会に何か還元するものがなければ長続きしないものである。ケイ・ノブサダは、とくに地域社会の青年を情熱をもって援助することで、それをやってきた。彼の市民参加には、シーサイドに新しい青年センターを建てるための資金調達係、シーサイド商工会議所理事、モンテレー・レクレーション委員会の委員長、モンテレー半島商工会議所会頭、カリフォルニア雇用者協会会長がある。彼は「デニス・ザ・メニス公園」の建設を助け、「リトル・リーグ」をモンテレーに持ってきた支部委員であった。18 年にわたって「モンテレー・ジャズ・フェスティバル」委員会に奉仕してきた。

　現在ケイは大学時代に出会い 1941 年に結婚した妻、エミと住んでいる。彼らには、共同事業者である一人息子ウォーレンと、オークランド学校区で教師をしている一人娘のアーリーンがいる。ケイは戦争の体験に、また自分の家を建てる夢を脅かす 1950 年代初期の拘束性を持つ契約に、心底苦り切ったことはあったであろう。ところがケイは、彼の才覚と活力を仕事と市民参加に向けた。日本人の受け入れを達成する方法としては、これが一番だという信念があったからである。ケイは、彼の哲学を分別ある言葉で「私の目標はアメリカ人となってこの国の習慣に適応すること、そしてできるだけ善良な市民になることであった」と明言した。

第三章　陸地職業

　陸地での仕事で日本人が成功することは容易ではなかった。農業であれ、町中での店の所有であれ、造園の仕事であれ、育苗園であれ、自動車修理や給油所であれ、林業保安の仕事であれ、彼らが顧客の獲得競争に勝ち、より大きい地域社会に受け入れられるためには、人の２倍以上働かなければならなかった。ここモンテレー半島では、他の地域もそうであったが、文化的な仕切りや人種的偏見が日本人に墓穴を掘らせ、その企業的能力と質を証明するのに一層の労働を強いた。

　然り、モンテレー半島の日本人は陸地での職業に成功したが、代償があった。一世は、カリフォルニア州の外国人土地法のために農地を所有できなかったのである。一世たちは、人種に基づく拘束的な契約をさせる不動産の営みによって家を買えなかった。一世たちはこの国の市民になれなかった。州法や最高裁の決定が白人以外の外国人の市民権を拒否したからである。そして一世たちは、子供たちに譲り渡そうと必死に働いてきたものを失った。それは戦争が彼らから、一生をかけて蓄えてきたものの多く、いや、すべてを奪い去ったときのことである。一世と二世の両世代はともに、法的社会的偏見によって自尊心をはぎ取られ、いかなる補償をもってしても十分とはなり得ない剥奪を経験したのであった。

　過酷な犠牲を払ったにもかかわらず、モンテレー半島の日本人は、彼らの事業活動でがんばり通した。公平な言い方をすれば、忍耐が良い結果を生んだということであろう。一世と二世は企業社会の中で仲間の尊敬を獲得してきた。今日、二世とその子供たちの三世は、陸地での仕事のほとんどの分野にもいる。二世の父親が持っていた仕事ばかりでなく、ホワイトカラーの職、サービス業、経営、専門職を手にしている。

　陸地での仕事は、一世やその家族に対して食卓に食べ物を並べる以上のことをした。挑戦と困難の双方を耐え抜くことで、剥奪と仕事への献身が、これから先のさらに厳しい時代に備えて、彼らの性格を実際に強靱なものにした。剥奪は人に苦しい思いをさせる。だがそれは人を動機づけもする。公然と辛辣さを示すことをほとんどせず、大方大きな度量で、常に忍耐心を持って、一世は人の２倍働いた。彼らは二世の子供たちに手本を示して教えた。そして彼らは、いかなる額のお金でも買えない一番大切な贈り物、すなわち陸地での仕事に対する威厳と尊敬心を獲得し、それを二世の子供たちに託したのである。

「デッキに積載」 漁船のハッチが約200トン以上の魚で一杯になると、デッキにさらに50トンから70トン積んで加工工場へ運んだ。

フランク・マナカ収蔵

第四章
漁　業

106 私の父（トメキチ・マナカ）は…、兄のロクマツ・オノの雑貨店の商売が非常に順調にいっていてイワシ漁船も操業していたので、その状況を見にモンテレーに来たんです。それでモンテレーに移って漁を始めようと意を決したんですね。それは1915年のことで、私が7歳ぐらいでした。私を印象づけたのはモンテレー湾の広々とした場所と大洋のそよ風、そう、昆布と魚の匂いがする新鮮な大洋のそよ風だったなあ。
——フランク・マナカ

岩に砕ける波の力と、森のようにイトスギやマツがはえた断崖の美が、モンテレー湾一帯には何か非常に特別なものがあるという確信を、日本人たちに抱かせた。岩だらけのビッグ・サー沿岸が、チャイナ・ポイントから、ポイント・ピノスとサイプレス・ポイントの周辺をぬってウェイラーズ・コーブまで伸び、ポイント・ロボス周辺を包み込むように、曲がりくねって続くこの自然の贈り物は、日本からここに来た移住者に、暮らしの手段と仕事を提供した。

日本人漁師たちは常に海の美、深い恵み、力に敬意を払ってきた。ポイント・ロボスの美しさは、部分的にも和歌山の海岸線や瀬戸内海に驚くほど似ており、一世移住者に励ましと慰めを与えてきた。海の恵みは生活を与え、支えた。その力は生活を打ち砕き、奪い去った。この章では、生活が本質的に海での仕事と関係したモンテレー半島の一世及び二世について一瞥する。

20世紀前半の大部分の間モンテレーは漁の町であった。これまでに見てきたように、多くの一世は漁師になるために、あるいは漁業に結びついた事業を始めるために当地に来た。日本人漁師の第一世代には港の設備はほとんどなかった。フィッシャーマンズワーフは1874年に建てられたが、港を保護する防波堤は皆無であった。市営1番波止場は1925年になってできた。しかし一番の価値は、何といってもアワビと魚が大量にいて、漁船や用具が手頃な値段で手に入ることであった。こうして1900年代初期には、繁栄を続ける漁業が様々な種類の商売や仕事とともに、モンテレー湾周辺で活況を呈した。

アワビ漁業は、ゲンノスケ・コダニの開拓的な偉業によるところが大であるが、1910年代までにフル稼働していた。第一章でみたように、コダニは潜水服と堅いヘルメットを修正して、モンテレー湾の冷たい海原にそのシステムを適応し、アワビ潜水に革新的役割を果たした。1910年代初期のレストランのアワビ需要は、ポップ・アーネストがたまたま、アワビステーキをたたいて柔らかくする方法を見つけたときに、とてつもなく増加した。

商業用アワビ漁の全盛期は20世紀の最初の30年間であった。ほぼ確実なところでは、1900年代初期の商業用アワビの産出量は、コダニ－アラン共同所有の「ポイント・ロボス缶詰会社」が占めていて、ウェイラーズ・コーブから操業された。1890年代の終わりから1915年の間に、アワビ漁潜水夫の大部分が、ゲンノスケ・コダニが千葉県周辺にもっていた縁故を通して日本から補充された。例えば初期の到来者の中に、コダニの個人的な友人の一人であるカンジ・ワタナベとその息子タジュウロウがいた。その後商業用アワビ漁師になっていったのは、

経験を積んで独自で事業を起こした地元の人々であった。

1930年代までに、半島に住む日本人家族の多くがアワビ漁に関係した。ほんの一部の名簿からではあるが、以下の家族名から、日本人社会の中でアワビ漁がいかに大規模であったかが伺える。アワビ漁師の中にいたのは、セイゾウ・コダニ（ゲンノスケの息子）、タジュウロウ・ワタナベ、サイイチロウ・カゲヤマ、ヤキチ・タカバヤシ、ヤゴイチ・オクムラ、イクタロウおよびトイチロウ・タキガワ、ゲンザブロウ・ニシグチ、セキサブロウ・ハットリ、ウノスケ・ヒガシ、ジャック・ハマグチであった。乗組員は典型的には一隻に5人当たりを数えたことから、このことはまた、日本人社会の他の人々にも仕事があるということでもあった。

アワビ漁の仕事をもっとよく理解するために、ダイバーの一人、**ロイ・ハットリ**の目を通してさらに詳しく見てみたい。ロイに焦点を当てる理由が三つある。まずロイは、アワビ漁の潜水に豊かな知識を備えた、この上ないダイバーの一人と見なされていたからである。次に、彼はアワビ漁潜水をした最初の、かつ最年少の二世の一人であったからである。そして最後に、新種のアワビを発見し、それに彼の名前がつけられるという、モンテレー半島が生んだ唯一人のアワビ漁のダイバーであり、彼ほどの人は、多分いるとしても数名ほどと思われるのである。

ロイ・ノブヨシ・ハットリはモンテレーで1919年3月7日に生まれた。一世の両親で、愛知県出身であるセキサブロウとタマ・ハットリについては先に第二章で紹介した。兄姉にジェームズ・コウジ、ヨネコ、アイコ、ヨシコがいた。ロイは六人兄弟の五番目で、末っ子はタカシであった。

セキサブロウ・ハットリがアワビ漁業を始めたのは1931年で、アワビの商業用加工が多忙で好景気のときであった。ハットリ氏は半環式網のサバ漁船をサン・ペドロの人たちから買い、アワビ漁の母船に改造した。彼は、すでにボートにあった船名タナミ号をそのまま使ったが、ロイの説明によると、それはツナミ（津波）の地元なまりで変わったものだという。豊かなアワビ床の探索は、ときに乗組員にとって、ビッグ・サーを過ぎて沿岸を下る夜通しの旅となることがあったので、母船は乗組員が夜眠る場所に使われた。より小型の昇降用ボートが潜水に使われた。

ここモンテレー湾でアワビ漁が始まった当初はアワビが非常に豊富にあったので、缶詰工場が建っている場所の水際まで櫓を漕いで出て、5－10フィートの深さにアワビを見つけることができた。ダイバーたちはアワビを岩からたたき落として、腰に結

ハットリ家のアワビ漁母船。長さ50フィートのタナミ号。

ロイ・ハットリ写真収蔵

わえたサックスに入れた。ダイバーが一杯になったサックスを頭上に乗せているのを、上にいる船上の人たちが長い竿を使って引っ張り上げ、ボートに降ろした。ボートの乗組員たちはダイバーに手動ポンプで空気を送り、ダイバーは水深最大10フィートまで下降できた。こういった状況下で、周囲の大海がダイバーに与える圧迫は最小限のものであった。

1937年にロイは高校を卒業し、18歳の若者に見受けられるように大学進学を考えもした。しかしそうせず、アワビ漁の潜水を始めた。父親や兄のジェームズは体力的に丈夫ではなかった。医療費を支払わなければならなかったし、家族は食べていかなければならなかった。家族を助けるためにダイバーとして働いてくれるかと父親に求められたとき、ロイは答えた。「いいよ、タクを進学させてくれたらね。家族の中で少なくとも一人の子供は教育を受けなくては。」こうしてロイは海で働くことにした。高校時代に潜水をやったことは何度かあったけれども、彼がれっきとした商業用アワビ漁のダイバーとなったのはこの時である。1938年までに家族船の潜水長になっていた。

ハットリの船タナミ号は、長さ50フィート足らずであった。50フィート以上の船はすべて沿岸警備隊から詳細な証書の交付を受け、かつ妥当な書類を備えた公認の船長を置いていなければならなかった。この大きさの船だと5人の乗組員でよかったし、調理設備や備品一切を積み込むことができ、大抵の嵐を乗り切ることができた。船は、ときに海で1週間を過ごす乗組員にとって、第二の家であった。

乗組員は、母船と平行して、それより小さい長さ25－35フィートの潜水ボートに乗り込んだ。この潜水ボートは1日分の漁獲量を保つのに充分な大きさでなければならなかったが、岩間をうまく操舵し、スカルないし日本語の櫓で制御できるほどの大きさでなければならなかった。このスカルないしスウィープは小さな軸に取り付けられた長いオールみたいなもので、一本の小さなロープがデッキからハンドルまで伸び、スカルの先端を貫くことで張りを与え制御されているものであった。この手首で制御するスカルは、たぶんもともと中国人がデザインしたものだろうが、ダイバーについていくボートを先導するために使われていた。他の漁床へ比較的長い距離を移動するときは、潜水ボートや母船を推進するのにエンジンが使われたものである。

ロイ・ハットリの生命は乗組員の力量次第であった。彼が水面下に潜るとき、彼の安全と命は全くのところ、上で構える乗組員の手中にあった。アメリ

第四章　漁　業

カ製潜水服には空気弁がついていて、ダイバーは空気の流通を調節できた。これとは対照的に、日本人のダイバーは空気弁がボート側にある方式を用いた。弁は朝正確な点に開かれた。そしていったんロイが海水に潜ったら、絶対に誰も弁に触るべきではなかった。ロイの手元にある唯一の装置は、吐いた息の空中への放出を可能にした、潜水ヘルメットについた排気弁であった。

　危険は大きかったが、潜水関連の死亡では、日本人のアワビ漁ダイバーに一度の事故もなかった。ロイは、潜水をやった年月全体で2回、身を屈曲できなくなったことがあった。面白くなかった。彼の言葉でいえば「誰かが私の腕をがっちり押さえてねじり込むような感じ」だった。1930年代末の潜水病治療といえば、完全に潜水服をまとって再び水中30－40フィートまで潜り、投石具で投石された石の上に2時間座り、再圧縮を待つことであった。水面下の神秘的なこの世界を、ロイはこう描写する。「君はぶら下がっている、一片の大きな餌のような感じで。真っ暗がりに形状をもったものが通り過ぎるのが見える。いい気持ちはしない。」ロイの生存はまさに、彼自身の技量と粘り強さだけでなく、乗組員の質の証でもある。

　アワビ漁師にとって海での仕事は日の出前から始まった。乗組員は朝食を食べてその日の準備をした。太陽が地平線に昇るとすぐにダイバーは水中に入った。労働時間は日の出から日没まで、あるいはダイバーの視界が及ぶ限りであった。機械によるエアーポンプの導入で、ダイバーはそれまでよりずっと深く潜ることができた。しかし法律では、商業用アワビ漁は20フィート以上の深さは認めておらず、殻も長さ8インチ以上でなければならなかった。

　水深20－50フィートまでは視界はまだかなり良好であった。しかしロイはときに、不気味な暗がりに包まれる80－90フィートまで潜った。ダイバーが90フィートの深さで対処すべき最大の難点は視野の欠如ではなくて、ゴムで引っ張ったキャンバスの圧力が増加して、それが体にかかることであった。唯一金属の部分は胸当てとヘルメットであったから、ロイの胸にかかる圧力の増加は呼吸を困難にした。

　1938年に「カリフォルニア州フィッシュ＆ゲーム委員会」は、ペブルビーチ域の沖、ヤンキー・ポイントの北での商業用アワビ漁潜水を禁止した。これがアワビ漁業を制限する最初の法律ではなかった。いくつかの州条例が、今世紀最初の20年間に課せられた。さらに、この1938年の裁定は、主としてアワビ床を保存するための生態学上の決定ではなさそうであった。おそらくそれは、この地域や州における反日感情の高まりに対する政治的反応を含んだ様々な理由が合わさって作られた、と言えそうであ

コダニのアワビ漁母船オーシャン・クイーン号。酒類の製造販売禁止の間、密輸入船として誰かがが使用していたもの。コダニは米国財務省の競売でこの船を購入し、アワビ漁船に改造した。

コダニ家収蔵

る。いずれにせよ、商業用アワビ潜水が可能な場所はただ一つ、ヤンキー・ポイントの南であった。こういうわけでモンテレーから操業に出る漁船はビッグ・サー沿岸沿いを南へ進んでいった。

ロイ・ハットリによると、1930年代のモンテレー湾域で、商業用アワビ漁に従事する日本人家族所有の漁船は10隻以上あった。その所有者と漁船名を全体ではないが、ここに挙げておく。ゲンノスケ・コダニ（オーシャン・クイーン）、タミノスケ・カゲヤマ（E・S・ルーシド）、セキサブロウ・ハットリ（タナミ）、イクタロウ・タキガワ（キクミ）、ゲンザブロウ・ニシグチ（ネレイド）、ウノスケ・ヒガシ（ニュー・モンテレー）、タジュウロウ・ワタナベ（エンプレス）、ヤゴイチ・オクムラ（ハーバード）、ヤキチ・タカバヤシ（ジュネーバ）、トイチロウ・タキガワ（スタンダード）がそうである。商業用アワビ漁は、恐らくこの頃が全盛期で、これら家族だけでなく他の人々の生活も支えたのであった。

風が強く荒れ狂う海は真っ暗な海原と化した。ダイバーがみることができなければ、当然アワビを見つけることはできなかった。そういうときはダイバーも乗組員も空が晴れるのを待って、漁船は全隻一緒に出漁して、一緒に帰航するのが普通だった。アワビ漁は夏場が一番よくて、冬場は最悪であった。ロイの概算では、典型的な1日のアワビ漁獲量は

「40ないし50ダースにのぼった。」5日間出漁したとすると、1回の出漁で1隻あたり約200ダースになるので、10隻が満載して帰港するとして、フィッシャーマンズワーフは2,000ダースのアワビで、個数にして、なんと24,000個分の貝殻で溢れかえった！

　日本人の6家族が、モンテレー湾域でアワビ加工会社を操業した。どの会社もフィッシャーマンズワーフにあって個人で所有されるか、ジュンイチ・オダ、ウノスケ・ヒガシ、トノスケ・エサキ、イクタロウ・タキガワ、ジャック・ハマグチ、セキサブロウ・ハットリによる共同事業の形で所有された。その中にはもっぱらアワビ加工業に徹した者もいれば、副業でアワビを扱う魚卸業者もいた。各加工業者は1、2隻の漁船とアワビを手に入れる契約をしていて、それぞれの船は特定の会社のために仕事をし、アワビを直ちにその市場に届けた。

　商業用アワビの加工は、第一章で述べたように、ゲンノスケ・コダニが最初に用いた初期の乾燥法や缶詰の方法と比べて全く異なっていた。どの加工業者も男女を雇ってアワビをきれいにし、薄く切って叩き、レストランや市場への配送に備えた。

　男たちは概して貝殻から肉を取り出した。というのも、この最初の段階が一番体力を必要としたからである。女たちは内臓を取り除いた後、外套膜と黒い外側の端を薄く切り取った。ロイ・ハットリの指摘では、大きな白いステーキ用切り身は、1ポンドにつき50セントという最高値の小売価格で売れたが、黒いステーキはそれより10セントないし15セント安かった。機械のスライサーを使ってアワビを厚さ二分の一インチのステーキに切った。次の段階が重大であった。女たちも混じって、肉がレストラン用のステーキの厚さにきちんとなるまで木槌で叩いた。概ねアワビステーキ10ポンドが木箱に詰められ市場やレストランへ配送された。

　ロイ・ハットリによると、最上質のアワビが見つかる場所は、モンテレー湾とサン・シメオンのほぼ

コール・シュート・ポイントでのアワビ乾燥床。カリフォルニア、1905年。遠景にポイント・ロボス缶詰工場が見える。乾燥は日本人が用いた本来の方法で、カリフォルニア州法がアワビ乾燥を禁止するまで続いた。

ジム・ベル提供

小型の潜水用ボートの側で、潜水用具を身にまとったロイ・ハットリ。ロイは業界で最年少かつ最初の二世アワビ・ダイバーの一人であった。

ロイ・ハットリ収蔵

ハツ・シバサキとキヨ・ウチダが、3インチ四方の木槌を使ってアワビステーキを叩いて柔らかくしている場面。

イーブリン（・ヤハンダ）・ヤギュウ家収蔵

中間にあたるケープ・サン・マルティン辺りであった。最大のアワビ床はスレーツ・ホット・スプリングス、今でいえばエサレン・インスティテュートの真下であった。ここは禁酒時代、密売業者がウィスキーの密売をやっていた辺りである。この辺から南は「アワビが見つからない場所はまずなかった。海中に飛び込んだら必ずアワビが見つかった」とロイは語った。

アワビステーキが市場価値で定義される最上質のアワビとは、殻が平らで非常に白い肉質をもった若いアワビであった。比較的年数の経った大きいアワビは厚味があって殻が丸かったが、身がより黒かった。フィッシャーマンズワーフの麓のレストラン支配人として名高いポップ・アーネストが、叩いたアワビはより柔らかくて美味であることを発見したとき、アワビステーキの需要は相当伸びた。

それに比べて日本人のやり方は、塩水の入った大きな樽の中でアワビを煮て、覆いのないラックの上で日干しにした。このジャーキーのような乾燥アワビは日本人には、噛むような歯ごたえをもった風味豊かなご馳走となった。1930年代末までに、黒いステーキはポンド当たり約90セントの稼ぎになったが、大きなアワビの市場向けステーキ——大きさ、白さ、厚さが最高のもの——は、ポンド当たり1ドル50セントで売れた。

もし海洋博物館に足を運んでハットリあるいはソレンセニという名のアワビ展に出くわしたら、その登録番号標から、2種類のアワビの発見はロイ・ハットリに辿れることが分かるであろう。ロイがサンタ・バーバラ沿岸の沖合、水深約60フィートのところで潜水しているときに、彼の目に異なって見える2種類のアワビがいる床に出くわした。大きい方の種類は厚さがあって殻は薄く、外套膜は、ロイの描写では「斑点混じりの灰色っぽい白黒で、実にまだら模様だった。」小さい方の殻は白アワビのタイプで、それよりずっと深い所で発見された。

新種の発見だと感じてロイは、18個の標本を持ち帰り、殻収集家（ソレンセン氏）と調べた。それら殻を同氏は後年スタンフォード大学に寄贈している。ソレンセン氏が両方の標本をワシントンD. C.のスミソニアン研究所に送って識別してもらったところ、大きい方の標本は新種と証明されソレンセニと命名、小さい方の殻はハットリと命名された。その後小さい方の殻は大きい方の雑種である亜種と考えられた。こうしてハットリという名称は登録簿か

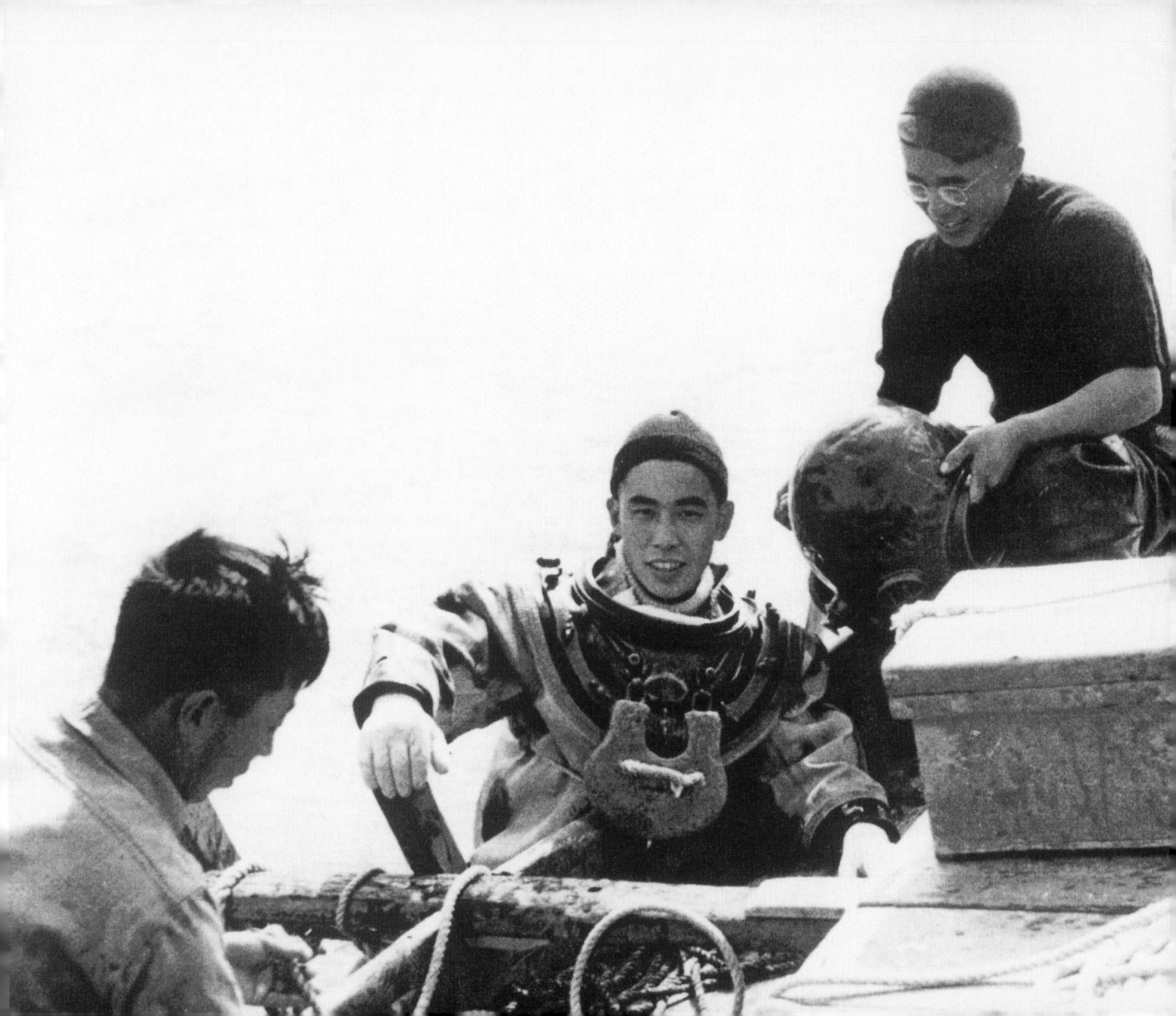

ら消され、今日ソレンセニの名称だけが残っている。もし科学的正義が真に評価されるべきであれば、ロイ・ハットリのこの発見は、ハットリーソレンセニと認定されてしかるべきである。

　第二次世界大戦の勃発は、商業用アワビ産業の衰退の始まりを特徴づけたばかりでなく、ハットリ一家に大きな財政的損失を与えた。買い手市場の処分特売が行われる状況の下で、ハットリ家のアワビ漁船は、当時の市場価格で25,000ドルから35,000ドルの価値をもっていたのが、350ドルのはした金で売られた。漁船、潜水用具、船内の設備など、すべてを合算して350ドルとは！

　戦争は人の物質的所有物を奪うことはできる。しかし功績の記憶まで奪い去ることは決してできない。ロイ・ハットリの家族への献身は、弟タクが大学に進学する機会を持てるように、父親のアワビ漁潜水事業を引き継ぐことになったのであった。彼の仕事への献身が、彼を業界トップの一人にしたのである。彼は商業用アワビ漁を遂行する、最初で最年少の二世であった。そして彼の鋭い観察力は新種のアワビの発見へつながった。こういったすべてのこと、いやそれ以上のことを勘案して、ロイ・ハットリはモンテレー湾沖合の海で働いた日本人アワビ漁師集団の最高の美徳の数々を代表している。

　日本人漁師の海での仕事が、モンテレー半島の漁業の発展に大いに貢献することになった第二のカテゴリーがある。20世紀当初、50人以上からなる勇敢な男たちの集団が和歌山県から来て、漁コロニーを作った。財政的にも文化的にも困難があって、コロニーは解散し、全員日本に帰国している。第二のカテゴリーに入る一世たちがここにやって来て、漁をし、留まり、モンテレー半島に永住の故郷を築いた。これらの人々は一世および二世の漁師であり、公海に勇敢に立ち向かい、魚の恵みを持ち帰った。

　多くの一世の名前は漁師の名簿によるものである。単なる名前の列挙では個々人の、あるいは総合的な貢献を正当に評価するものではないが、それは漁業の規模と、この漁業が日本人に海での仕事を提供する上で、いかに重要であったかを示すものである。

サイイチロウ・カゲヤマ	ヤスマツ・マナカ
トラゾウ・クワタニ	イワグス・タバタ
ロクマツ・オノ	トメキチ・マナカ
セイゴロウ・シオザキ	トクマツ・オワシ
キクマツ・ナラザキ	タジュウロウ・ワタナベ
イチマツ・エノキダ	カメタロウ・タキグチ
ヒチマツ・オノ	マツサブロウ・カワサキ
トタロウ・ヨコガワ	S・オヤマ
リュウスケ・アケド	ゴラマツ・ミヤモト

　多くの場合、彼らの二世の息子たちも父親に続い

第四章　漁　業

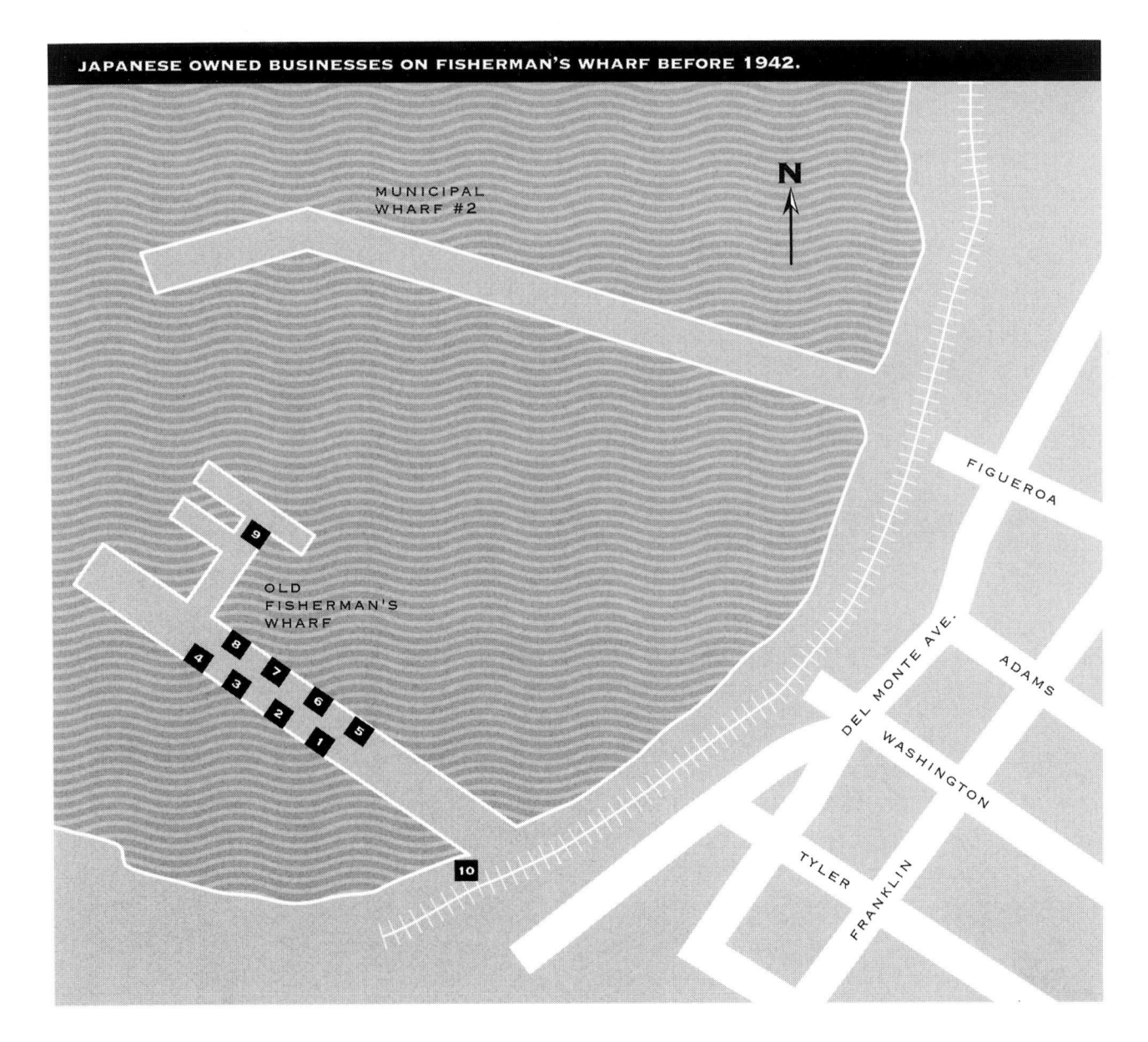

JAPANESE OWNED BUSINESSES ON FISHERMAN'S WHARF BEFORE 1942.

1942年以前のフィッシャーマンズワーフにおける日本人所有の企業。第二次世界大戦前、日本人は波止場の全小売り魚市場と卸加工工場の50％以上を所有していた。

ワーフ西側の店舗
1. セントラル・カリフォルニア魚会社（ジャック・ハマグチ）
2. 新魚市場・配送（リューゾウとハツヤ・ハヤセ）
3. モンテレー魚市場・トラック配送（イチロウとヨネ・ゴウタ）
4. コースト・アワビ加工工場（イクタロウ・タキガワ、トノスケ・エサキ）

ワーフ東側の店舗
5. インターナショナル魚卸問屋（セキサブロウとタマ・ハットリ）
6. ウェスタン魚卸問屋（ジュンイチ・オダ）
7. パシフィック相互魚卸問屋・アワビ加工工場（ウノスケとユキエ・ヒガシ）
9. シグナル給油所（ハル・ヒガシ）
10. サザン・パシフィック・デルモンテ急行。毎朝午前8時に、波止場の日本企業からの魚がデルモンテ急行に積載され、モンテレー北部の市場へ配送された。

MP/JACL アーカイブ

て、父親たちに劣らない重要な貢献をした。その漁師の妻たちも同様に重要な役割を果たしたことを加えなければ、この物語は不完全かつ不正確なものになるだろう。彼女たちは家族を養ったばかりでなく、家計を補うために、しばしば他の仕事についたり、缶詰工場で働いた無名のヒロインたちであった。

モンテレー湾の日本人漁師の歴史は非常に豊かなので、それは一概に描写が困難である。他の多くの民族集団が地元の漁業に貢献してきたが、日本人がイタリア人とともに、一番貢献してきたことは議論の余地がない。1942年以前は日本人とイタリア人がモンテレー湾域の商業用漁場を支配していた。

海はモンテレーの町中やモンテレーの埠頭の日本企業と共生関係を形成した。海を手にした漁師たちは漁を必要としたし、タバタ家、オノ家、メンダ家によって営まれた商店が提供する食料品を必要とした。日々の魚の捕獲は代わりに、卸売業者や小売業者に魚を加工して売る必要性を生み出した。こうして波止場には一つの企業集団が出現した。

1930年代と第二次世界大戦が勃発する少し前までの間に、一世たちはフィッシャーマンズワーフで、魚の卸売り会社と魚の小売り市場の大部分を所有していた。波止場には、明らかに国際的かつ競争的な雰囲気が漂っていた。レストラン、魚の卸売業、海産物市場はイタリア人、ポルトガル人、ギリシャ人、アイルランド人、ユーゴスラビア人、中国人によって所有されていた。しかし、波止場の戦前の全企業の50％以上は、日本人家族に所有され営まれたという事実に変わりはなかった。

1930年代と1940年代初期に波止場を平日に散策したら、多くの地元の日本人が忙しく働いている日本人所有の市場のいくつかを目にしたであろう。市場のすべてが漁業と結びついていた。波止場の東側で人がまず出くわすのは、セキサブロウとタマ・ハットリが経営する**インターナショナル・アワビ加工工場**であった。同じ東側で建物を数軒隔てたところに、ジュンイチ・オダのアワビ加工事業である**ウェスタン魚卸問屋**があった。その次にあったのが魚のビジネスでは最大手の、1915年ごろの設立になるイクタロウ・タキガワの**パシフィック相互魚卸問屋**であった。最後に波止場のT字型道路の角にウノスケ・ヒガシ所有の**ヒガシ魚会社**が建っていた。漁船や会社が燃料を必要としたとき人々は、「ヒガシ魚会社」のちょうど角を曲がったところにある、ハル・ヒガシの**シグナル給油所**へ行った。

ワーフ西側にはまずジャック・ハマグチの**セントラル・カリフォルニア魚会社**があった。次にリュウゾウとハツヨ・ハヤセ経営の**新魚市場・配送**という家庭用魚小売と餌・釣り具を兼ねた店があった。波

止場をさらに下ったところに**モンテレー魚市場・トラック配送**があって、イチロウとヨネ・ゴウタが操業していた。それから、イクタロウ・タキガワとトノスケ・エサキが所有し経営した**コースト・アワビ加工工場**があった。

　海から帰港する漁船やアワビ漁船は、波止場の加工場の一つに捕獲物を運んだ。JACLニューズレターの1980年代終わり頃の刊行物に掲載されている、「海の男たち」と題する素晴らしい連載記事の中で、ジョン・ゴウタとギイチ・カゲヤマが、モンテレー湾域で日本人家族が所有し船長を務める、多くの漁船について述べている。モンテレー湾沖合いで操業している漁船名はことの他多種多様で、チバ、エマ、オハイオ、アイオワ、ユタ、メリーランド、ノルマンディ、ジュネーブ、サクセス、タッド、クレッセント・ベイ、ミシマ、トキワ、イコマ、オーシャン・クィーン、エンプレスといった具合であった。またゴウタとカゲヤマは、漁船につけられたいくつかの面白い名称の背後の謎を明かしている。例えば7人の一世が所有したタッド号は、キリスト教徒の家族がキリスト12使徒の一人であるタダイに因んだ名前をつけて、漁船を大切に扱ったのであった。

　加工場では、地元の市場やレストランへの配送用に、魚やアワビをきれいにして包装した。ヨシト・ヤマハラ、シゲオ・ホンダ、トイチロウ・タキガワが個々に独立して所有していた事業と並んで、ハヤ

「ヒガシ魚会社」内でのヒガシ一家と従業員。ここに確認されるのはウノスケ・ヒガシ（左から2人目）、ケイ・ヒガシ（左から4人目）、（計量器に肘をついている）ハル・ヒガシ、ユキエ・ヒガシ、（かがんだ姿勢の）ヨシ・ヒガシとフロレス氏（右端）。1932年撮影。

マス・ヒガシ収蔵

船の舵柄を操る船長フランク・マナカ。

フランク・マナカ収蔵

セやゴウタの企業はトラックを走らせて、サリナス・バレー、ワトソンビル、サン・ベニトやサンホゼ辺りの、モンテレー外郭の地域へ魚を運んだ。毎朝8時ごろ波止場のふもとでは、サザン・パシフィック・デルモンテ急行が加工済みの魚を積載し、鉄道でサンフランシスコの地域や、さらに北の地点へ運んだ。

海の恵みと波止場の日本企業との共生は、いくつかの経済的、社会的、政治的理由で重要であった。波止場の市場は100人以上の地元の日本人に仕事を提供し、それは仕事と収入の重要な源泉であった。人々は連日波止場にやってきたので、日常的な相互作用が地域社会の強い一体感を強化する上で役立った。みんな互いに知り合っているように見えたので、友情や安心感を与えたのである。漁業ビジネスの半分以上が一世家族に所有され、万事首尾よく営まれたので、これら事業の資産価値が、地域社会の問題に関して、一世所有者に指導的地位を与えた。しかし、モンテレーの漁業における日本人の役割は、戦争によって激変した。

おそらく地元の一世漁師たちは、次世代の卓越した二世であるフランク・マナカの人生を通して、彼ら一世の物語を語っても気にしないであろう。徹頭徹尾、フランクの英雄的行為ともいえる漁は伝説的で、漁師の殿堂入りに値する。フランクは個人的な勇気、信念、専門的技術、決意、業績によって賞賛を得た。彼は信念のために立ち上がり、それら信念を守るために戦った。彼は使徒パウロ以上の数々の危険に直面し、それから逃れた。彼は、太平洋沿岸全体の中での漁業指導者の筆頭者であった。したがって私たちは、モンテレー湾の全漁師の記憶、伝統、貢献に謝意を表し、フランク・マナカにまつわる話を通して、彼ら一世の話を述べる次第である。

トメキチとキン・マナカの息子であるフランクは1915年、7歳のときモンテレーに来た。マナカ一家がここに来たのは、フランクの叔父ロクマツ・オノが雑貨店とイワシ漁船を所有していたからである。フランクのモンテレーの第一印象として、彼は「モンテレー湾の広々とした場所と大洋のそよ風——昆布と魚の匂いがする新鮮な大洋のそよ風」が好きであった。彼の父親は直ちに漁を始めた。立派な体格で「ビッグ・マナカ」として知られるトメキチは、日本人漁師のリーダー格だった。フランクは漁師として海で働くように運命づけられているかのようであった。

海の力と猛威についてフランクが初期に学んだ教

船のテクノロジーに関して常に最先端にいたフランク・マナカは、この94-フット巾着網漁船ウェスタン・エクスプローラー号を自らの漁用に作らせた。250トンから300トンのイワシが船倉やデッキに積載できた。

フランク・マナカ収蔵

訓の一つが、1919年の感謝祭を目前にした初冬の嵐の中で起きた。その4年前の1915年、モンテレー湾は別の猛烈な嵐にみまわれていた。しかしフランクはとくに1919年11月26日に襲った嵐を覚えていた。大嵐の間、波は鉄道の線路をたたきつけ、デルモンテ・アビニューに向かって猛然と突き進み、鉄道とデルモンテの間は数日間水に浸かった。

嵐の間漁師たちは彼らの漁船と命を――ときにその順序で――守ることを本能的に考える。フランクの父トメキチと叔父のヤスマツ・マナカは、嵐のうねるような音に目が覚めて、夜中に起きた。巨大な砕波の猛襲を食い止める防波堤は、まだ建設されていなかった。嵐に勇敢に立ち向かい彼らの漁船に乗りこんで、エンジンを始動し最悪に備えた。そして最悪の事態がきた。エンジンを全速力にすると、嵐の先頭について、風とその次に来るうねりと平行していくチャンスがあった。そうすれば彼らの漁船を守れるかもしれないのだ。

湾内に錨を降ろしていたけれども、90から100隻の漁船は浜に打ち上げられていた。凪が戻ったときフランクは浜に降りていって破壊の写真を撮った。わずか2隻だけ無傷であった。1隻はトメキチ・マナカの、もう1隻はヤスマツ・マナカのものであった。フランクは海に立ち向かってあのようにして生きていくことを早くに学んだ。それは、何が来て

いるかを予期すること、懸命な仕事、大いなる勇気、そしてわずかばかりの運にかかっていた。運がフランクの命を救ったのは、後述するように、一度ならずあった。

フランク・マナカの漁業歴は12歳という早い時期に始まった。その年頃の大部分の少年たちが夏休みを楽しんでいる頃、フランクは父親について南カリフォルニアへマグロ釣りに行った。しかしマナカ一家は、フランクに教育を受けさせる必要があるとも考えていた。フランクがモンテレーのパシフィック・アビニュー沿いにある小学校に通い始めた頃、両親が家庭で日本語しか話さなかったので、英語がほとんど分からなかった。12歳で父親と海に出るようになるまでのフランクの英語力は、少年たちが遊び場で使う悪い言葉すべてを含めて、まあまあであった。ある日、フランクは、罵言を浴びせている最中に校長に捕まって訓戒を受け、二度とこのような言葉を使わないと約束した。その出来事以来今日まで、彼は決して罵りの言葉を使ったことはないし、そうしないと誓っている。

12歳のときのフランクの興味はスポーツ、とくに野球に向けられた。野球に関する雑誌や新聞をことごとくむさぼり読んで、全選手の、とくに彼の大好きなチームであるニューヨーク・ヤンキーズの選手に関する統計を知り尽くしていた（この時期はベーブ・ルース、ルー・ゲリッグの時代であった）。1926年、ヤンキー農場クラブのサンフランシスコ・シールズが、モンテレーの野球場、今日のジャックス・パークでトレーニングを始めた。フランクはシールズが町にやってきたときぞくぞくして、ジョー・デイマジオやフランキー・クロセッティといった未来のヤンキーのスターに会う機会をもった。

フランクの野心は、まさにデイマジオとかクロセッティのようなプロの野球選手になることであった。そこで彼はモンテレー・ユニオン高校で野球に専念し、うまい、固めのスライダーを投げるピッチャーになった。バッターはその球に手が出なかった。高校生チームには、今は退職した上級司法裁判所判事のゴードン・キャンベルとかモンテレー郡の前保安官であるジーン・トレナーといった地元の名士が入っていた。

しかし野心と運命が衝突した。高校を卒業したある日、フランクの父親が彼に言った。「野球をやって遊び回るなど、いい加減にしたらどうだい。家業の漁業を続けるんだ。漁の世界に入るんだ。」そこで善良な日本人の息子は、彼の家族に忠実かつ父親の権威に素直に、トレーニング・キャンプでなく海への進路を選んだ。運命というものは不思議なやり方をとる。おそらくフランクはメジャーで成功を成し遂げたであろうが、漁業に秀でていたことは疑いない。

第四章　漁　業

　1920年以前の初期の漁では、日本人の漁師の大部分はマグロ漁にジグボートを使った。ジグボートは30-35フィートの長さのボートで、人間一人が動かし、出力4から12馬力のガスエンジンを使った。マグロの夏期シーズンは南カリフォルニアで始まるので、フランクやその他地元の漁師たちは、あちこちから5隻から10隻がグループを作って、沿岸を下っていった。日中は走り、夜は小さな港に錨を降ろし、この日本人漁師の年恒例の移動に、5日間をかけてサンペドロに到着した。

　漁船はサンペドロを活動の拠点にして出漁し、ジグ用の糸のついた釣り針を使って、流し釣りでマグロを捕った。平均6本のジグ糸で、1隻当たり1日1トン、あるいは1匹20ないし25ポンドの重さとして80から100匹釣った。釣り糸は手で引っ張られた。最初フランクの柔らかい両手は、ラインの張りと摩擦で血が流れたので、父親はタイヤの内側のゴム製チューブを切って息子の両手にかぶせ、指を保護した。マグロはフランクには幸いにも、さして暴れなかった。

　その日の捕獲が終わったら、魚の缶詰会社が、マグロを買うためにバージ（平底荷船）を海に出した。バージは、大漁が報告される場所によって、サンクレメンテ島かカタリナ島の近くにいた。日本人漁師たちは、漁船をバージの所まで移動して荷を降ろした。小さなジグボートには無線通信も冷凍用アイスもなかった。暑い光線から魚を保護するために濡れた南京袋を使って、その日の捕獲物はジグボートのデッキの真上に置かれた。安全がゆるすかぎりサイドボードを高く使って、マグロを積み上げた。

　どのボートもその日収穫したマグロを夕方にはバージに持って行った。缶詰会社はバージから魚を買い、どこであれトン当たり200ドルから350ドルを支払った。夏の7月、8月の2ヶ月間はマグロ漁獲の一番いい時期であった。この2ヶ月間は毎日が、それ自体同じ調子で循環した。その後、漁船はグループを再編成して、乗組員たちは北に向かって5日間をかけて、モンテレー湾の母港へゆっくり集団移動した。1日の収穫量1トンとして、2ヶ月間の労働日40日間で、漁師たちは、必要経費を除く前で1隻当たり14,000ドルの稼ぎになった。もしマグロ操業がうまくいけば、モンテレーの漁師たちは、満ち足りた裕福になった気分で帰宅するのである。

　他の季節では地元の乗組員は、モンテレー湾沖合で漁を営んだ。1920年代および1930年代を通してイワシ、メバル、サケが豊富にいた。ランパラ船や半環式漁船は、漁が順調にいけば、船の手すりからこぼれんばかりの魚をデッキにも積んで帰港した。はしけやバージにさえ満載していたので、船の側面が海面すれすれだったりした。

通常「フィッシュ・バッグの中」といわれる巾着網の中のイワシ。ネットから魚は船のハッチへ移された。その作業をブレイリングという。

フランク・マナカ収蔵

　フィッシャーマンズワーフに持ち込まれた魚の荷下ろしの技術は時とともに変化したが、魚を船から缶詰工場に移すという基本的な行程は同じであった。ブース・キャナリーの桟橋は、よりモダンな機械化によって、大量の魚をパイプで工場にどっと流し、つぎにエレベーターとベルトコンベアーで切断テーブルに運ぶシステムを用いていた。波止場では、船の荷台から取り出した魚で一杯になった巨大な網が、滑車つき巻き上げ機で加工のために埠頭に引き上げられた。

　漁船は予測出来ない時間にモンテレー湾に帰ってきた。漁船が着くと、缶詰工場や商業用魚加工工場から呼び出しがかかった。イワシはいつも夜捕獲されるので船荷は日中戻るのだが、それ以外の魚の群れは、船がそれらを発見したとき、いつでも捕まえられた。作業員たちは意外な時間に、ときに真夜中に呼びリンに応じた。彼らは駆けつけて魚を洗浄し準備をした。まず頭と尾を薄く切り取り、内臓を取り除き、最後に大きさによって箱詰めにした。当初は手とナイフでした仕事も、後にはこの全行程が機械で行われた。

　モンテレー湾の漁師たちのグループには、何人かのお馴染みの名字と、同じくいくつかの面白い漁船名がみられた。フランクによると、叔父のヤスマツ・マナカは娘の名前に因んでエマと名づけた。トラゾウ・クワタニの漁船には*TKM*の文字があった。「TK」が何を意味するか多くの人たちは知っていたが、「M」はなぞであった。クワタニ氏は尋ねられて、誇らしげに「トラゾウ・クワタニ・モンテレーでござい！」と説明したことを、フランクは思い出した。サイイチロウ・カゲヤマと息子のギイチはイズモ号という名の漁船をもっていたが、おそらく家族の日本の故郷、出雲半島を指しているのであろう。

　セキサブロウ・ハットリもそのグループの常連であった。彼は一度旅に出て霧で迷ったことがあった。ハットリのボートは座礁しオックスナードのそばの波打ち際に打ち上げられた。そのときは運よくその斜面をはい上がって生還した。オハイオという名称

漁船のハッチにどさっと降ろされるイワシ。

フランク・マナカ収蔵

は、トメキチ・マナカがハットリのジグ・ボートを買ったときにすでについていたので、フランクは、彼が後に手に入れてイワシ漁に使うことになる、もう2隻の漁船の名前のためにその名前を残しておいた。漁師と漁船名にまつわる面白い関係が、ジョン・ゴウタとギイチ・カゲヤマ共著による「モンテレーの海の男たち」と題する記事の中で議論されている。この記事は1980年12月のパシフィック・シティズン紙休日版に掲載されている。

イワシ、モンテレー湾、キャナリー・ローは同義語である。パシフィック・サーディーンないしサーディノップス・サガックスはモンテレーの漁業と関連した最もなじみ深い魚製品であった。イワシという名称は、地中海、サルディニアというイタリアの島の沖合で初めて釣ったニシン漁一家の一員にまで辿ることができる。20世紀初めに導入された新しい技術を用いて、小さなすずの缶に密閉された、これら9インチのイワシが世界中で有名になった。イワシはまた、1900年代の初期から1940年代終わりにかけて地元漁業の要であったが、不思議にもイワシは消えてしまい、缶詰業もなくなっていった。

20世紀最初の10年間にシチリアの移民漁師ピエトロ・ファランテが、モンテレーの漁師たちにイタリアで使われるランパラ網を紹介した。同じく最初の10年間の後半に、イタリア人たちがイワシ漁をするために、サクラメント川沿いにあるピッツバーグ地域からモンテレー半島に移住してきた。ランパラ網は5、6人一組の乗組員で扱うことができた。網が一杯になると、はしけが主船と並んできた。イワシはすべて困難な肉体労働で、巻き上げ機も機械もないままに、ネットからすくってはしけに移された。30トンから50トンを入れることができたはしけは、それから缶詰工場へ引かれていき、加工のために荷を降ろした。

1920年代初期フランクの父親はイワシ漁を決意し、ランパラ網を備えたより大きな半環式の漁船を買って第二オハイオ丸と名付けた。半環の装置は、ネットの底半分に直径10インチのリングが取り付けてあって、それぞれのリングをぬうようにケーブルを通してあったことから、この名前がついた。半環とランパ

ラ網を合わせもっていると、約12人からなる乗組員たちが、海中のネットを通っているケーブルを堅く縛ることができ、イワシにとっては唯一の逃げる道となるネットを閉じることができた。船体の長さ約40フィートで30トンから40トンの漁獲ができるので、これら半環式漁船の大部分は、もはやはしけを必要としなかった。

ランパラ半環式イワシ漁船は、イワシのシーズンである8月1日から2月15日まで、主としてモンテレー湾内の海で漁をした。イワシ漁には暗がりが必要だったので、船と乗組員たちは闇夜を待って、ときに逃げを打つイワシの追跡を始めた。いくつもの巨大なイワシの群れが湾の中に入ってくると、海面の微生物が、生物発光と呼ばれる化学反応で輝いた。この大洋の光のショーは、通常イワシがいる確かな兆候であったが、ときに船長が騙されて、アンチョビやその他の魚だったりした。

モンテレー湾でランパラ半環式漁船を使ったフランク・マナカやその他の日本人漁師にとって、1926年にやってきた2隻の巾着網漁船は、困惑と機会の両方をもたらした。ピュージェット・サウンドやシアトルから操業に来る巾着網漁船は、ランパラ半環式漁船を卑小にした。50フィート以上の船体をもち、ディーゼルエンジンを動力とし、機械化され、70トンから80トンの積載が可能なように造られた巾着網漁船は、モンテレー漁船の限界を遙かに超えて操業できた。その巨大な網は長さ100ヤード、水深100フィートに達した。

巾着網漁船は、ハーフ・ムーン湾近くの北カリフォルニア沿岸で、イワシがモンテレー湾に到着する前に、イワシの群れをうまく遮って漁をした。モンテレーの漁師たちが浜に腰を下ろして、イワシが湾に入ってくるのを待っているのに、結果として80トンのイワシを満載した巾着網漁船が、次から次にモンテレーの缶詰工場に荷下ろしに来るのを目の当たりにしたとき、彼らはどんなにか挫折感を抱いたことであろう。

腰を深く下ろして機会を逃がしてしまうような人ではないフランク・マナカは、生き残りをかけて、大きな漁船に対処する他に術はないと実感した。巾着網漁船はモンテレーの未来の漁業に重要であると考えて、フランクは、サンフランシスコの「エンタプライズ・エンジン社」と交渉し、新世代のディーゼルエンジンを動力とする巾着網漁船の建造を依頼した。*第二オハイオ丸*を頭金に、フランクはその仕事の契約に署名した。船名を*第三オハイオ丸*とつけて、フランクの新しい大洋の宝石が1929年11月に完成した。なんというタイミングであろう！1929年10月に何が起きたか思い出していただきたい。

株式市場の大暴落があって1ヶ月、フランクは21歳で素晴らしい漁船の所有者になったが、同時に莫大な借金を負わされた。続く2、3年は全く容易ではなかったが、フランクは、今もそうであるように闘志があり、逆境に負けない人であった。さらに大恐慌の真っただ中、ほとんどが一世で、生活のより所をフランクの漁船に頼ってきた12人の漁師たちに、重い責任を感じた。1930年代の初めトクマツ・オワシ一家もイワシ漁用に装備されたロビン号という巾着網漁船を買っていた。当時日本人漁師が所有する巾着網漁船は、モンテレーでは第三オハイオ丸とロビン号の2隻のみであった。

　ところで、フランク・マナカが直面した主な危機は漁ではなくて財政であった。「エンタプライズ・エンジン社」は、フランクの漁船契約を「コマーシャル・クレジット」に売却してしまっていた。債権取り立て人にうるさくつきまとわれ、抵当流れが切迫する状況下で、フランクは彼の漁船をサンフランシスコ湾のある島の背後に隠して、1週間以上債権者の目にとまらないようにした。

　その時点で、「エンタプライズ・エンジン社」の社長フランク・ギルマーは「コマーシャル・クレジット」から契約を買い戻し、フランク・マナカと条件を再交渉することに同意した。漁の状態が改善されたことから上がる利益が、借金を減らすのに役立った。1936年までにフランクは元本を完済した。しかし驚きと無念きわまりないことに、彼はいま更に3万ドルの請求書に直面した。この新しい借金は、6％の複利による利子とする約款に基づくものであったが、それは2回目の再交渉が行われた契約書に書かれていたのであった。フランクは、ビジネス契約で詳細な印刷物を読むのに、二度と失敗しないであろう。

　フランク・マナカはどのようにしてこの借金を完済したか。この質問に対する答えは、この人物の驚くべき人生に触れる別の章へ譲らねばならない。フランクは第三オハイオ丸を売却したあと、モンテレーで漁をするために他者の漁船をサン・ペドロから

「家路」。船の両舷の先端の高さが海面5、6フィートという水際までイワシを積載して、仕事を終えた漁師たちはやっと家路に就く。

フランク・マナカ収蔵

借り上げ使用した。1941年、イタリアの移民漁師がほとんどを占める「モンテレー・イワシ工業有限会社」（Monterey Sardine Industries, Inc., MSI）が、すべての外部の漁船に対してモンテレーの港を閉鎖する決定をした。ある日フランクは、モンテレーの「デル・マー缶詰工場」のために漁をする契約で、サン・ペドロからオーシャン・ギフト号を持ち込んだ。すると、MSIに「待った、君はここでの漁はできないぞ」と告げられた。MSIからの圧力を受けて「デル・マー缶詰工場」はフランクとの協力を拒否した。

ビル・ホソカワが「おとなしいアメリカ人」と描写する非常に多くの二世と違って、フランクは闘志をもった人であった。何かが間違っていると見たら、彼は屈せず反撃した。彼は、モンテレーの故郷で漁をする権利がある、と感じていた。フランクが言ったように「私にはこれに最後まで戦う以外の選択肢はなかった…。自身のためだけでなく、生計をモンテレーでのイワシ漁に頼る12人の漁師のためにも、何かやらなければならなかったんだ。」12人の漁師からなる乗組員に対するフランクの責任感は、彼らが全員日本人であり、モンテレーの住民である、という事実によって強化された。

フランクは、自分の勝ち目は芳しくないと実感した。「イワシ漁協会」は背後に多くの資金をもった強力な組織であった。フランクはモンテレーにいる地元の法律家の助力を求めたが、この訴訟に誰も触れたがらなかった。彼自身の乗組員たちも巻き込まれないことを望んだし、友人たちも同じような忠告をした。フランクの父親も「ばかなことするな」とか、「何百万ドルももっている協会を相手にしては戦えないから、彼らに挑戦するのは愚かなことだ」と警告した。

原則的な問題について折れる人ではないフランクは、ついにサンフランシスコのカル・シングルという弁護士を見つけた。彼は喜んでフランクの代理人を務めた。米国地方裁判所に、MSIを相手取って損害額28,875ドルで提訴が行われた。フランクによると、MSIの所感は「日本人が日本の将軍に送金できるような金は払わない」というものであった。この引用部分は、次第に吹き寄せる戦争の嵐に強化された、誤報による人種差別を反映している。フランクの弁護士は、「フランクはアメリカ市民であり、彼の乗組員の半数も然り」と答えている。

1941年10月23日付のモントレー・ペニンシュラ・ヘラルド紙の第一面に「マナカ、漁船所有者たちに勝訴」という見出しの記事が掲載されている。連邦判事ジェームズ・アルガー・フィーは「フランク・マナカに有利な判決を下し」、「モンテレー・イワシ工業有限会社」に不利な判決を下した。フィー判事は、MSIは独占企業的な統制を行使しており、

第四章　漁　業

事実、フランク・マナカがモンテレー湾での漁をしないように企んだ、と考えた。3倍の損害賠償金が、裁判所の最終判決で裁定して与えられた。

いうまでもなく、フランク・マナカはMSI好みの英雄ではなかった。戦後彼がモンテレーに帰還したとき、MSIとつながりのある昔の連中の中には、まだ腹を立てていて、彼と話をするのを拒絶した。しかし若い世代は、フランクが何をやったか、またその理由を理解しているようであった。事実、アート・ブルーノーはフランクを慰め支持し、「フランク、漁に出たいときはいつでも私に知らせてくれ。漁船に乗せてあげるからね」と言ってくれた。アート・ブルーノーのおかげで、フランクは DP クチノ号の船長を1年間務めた。フランクはまだ、第三オハイオ丸のエピソードに由来する負債3万ドルが頭からぶら下がっていた。彼の弁護士が1万ドルにまで下げるように交渉をしてくれたので、フランクは連邦裁判所の損害賠償金で完済した。

フランク・マナカの人生の中で、法律にまつわるこのエピソードは、いくつかの理由で重要である。この訴訟は、裁判に勝訴し借金が決着したという個人的な満足以上に、国籍を問わず何人もモンテレー湾で漁をする権利を持っていることを意味した。フランクの原則を求めて戦う勇気と意志は、二世や三世の世代に訪れる重要な変化の前兆でもあった。二世が立ち上がって非日本人の協会の権力に挑戦するのを見るのは、まれであった。

二世の子供たちの多くは、「*出る釘は打たれる*」という言い習わしを両親から聞かされていた。この表現を言い換えると、「突出している釘はハンマーで打ちこまれなければならない」となり、人は個人主義を見せないで、むしろ群衆に混じり合うのを良しとする、という意味であった。しかしフランク・マナカは違っていた。多分彼は、サンフランシスコにいた少年の頃、父親が日本人であるという理由で、バーテンダーの仕事を失った時のことを思い起こしたのかもしれない。今やフランクは、すべてのアメリカ人にとって何が正しいかを弁護するために、立ち上がって非難を受けることを潔しとした。彼が1941年になしたことは、日系アメリカ人全体に対する正義と救済を求める、より大きな苦闘につながっていく前触れであったことを、フランクは二つの世代の後に直視することになるのである。

戦後フランクはモンテレーで1年間、短期の漁をした。それからウェスタン・スカイ号という大きな巾着網漁船をワシントン州のタコマからチャーターした。「バン・カンプ海産物社」から3万ドルの網を得てから、メキシコ沿岸沖でマグロ漁に乗り出した。長さ100ヤード、深さ80ヤードの網を走らせる巾着網漁船は、なんとマグロの一群丸ごと、

重さにして100トンから350トンも捕まえることができた。利益がフランクに上向いていた。それはバン・カンプに3万ドルの支払いを可能にし、またウェスタン・スカイ号で50対50の共同経営を始めることを可能にした。

フランクの乗組員だけでなく、漁船の全乗組員はシェア方式の支払いを受けた。一回の漁獲高にして30パーセントが船の所有者に渡った。燃料、支給、認可、器材にかかる費用を差し引いて、12人の乗組員が決められた手法に従って、差額を分け合った。漁船の船長は2シェア、マスト操縦者は1.5シェア、その他は1シェアであった。漁師が健康で懸命に働き、船酔いしなければ、上々の立派な生活ができた。

フランクは1956年5月14日の悲劇的な事故で、海の力と冷淡さを知らされた。カボ・サン・ルーカス近くの島の側に停泊し、夜警の乗組員がぐっすりと眠り込んでいたのは明らかであった。まれな嵐が彼らの不意を突いて、漁船は錨を引きずり、礁に打ち上げられた。乗組員たちがスキフに乗り込む準備をしていたとき、フランクはキャビンの頂上に立って考えた。「まずい、海に呑まれたら運の尽きだ。」スキフは何とか胴蛇腹から礁に落ちたが、乗組員がもっと深い海にこぼれ落ちていった。続いて、安全を求めて先を争う場合は、みな、我が身のためであった。

フランクは泳ぎ方を知らなかった。午前3時、嵐の夜の暗がりの中、約100マイル沖、沈みゆく船とともにあって周りは一帯が水。フランクは、次の瞬間、奇跡的に何が起きたかを描写した。

「船が沈没するとき背を伸ばすようにした。すると頭上に空の50ガロンのドラム缶があった。私はそれに素早く捕まった。次の瞬間、波浪で私は岩に打ち上げられたと分かったんだ。」

あの50ガロンのドラム缶がフランクの命を救ったのである。ウェスタン・エクスプローラ号は沈没してしまっていた。生存者たちは救命ブイと浮動コルクで助かったが、悲惨にも5人の船員が嵐の海に呑まれた。大洋は漁師の生活に深い恵を与えたが、嵐の海は人の命をも奪った。海は与え給うものを、取り戻し給うのである。

ほとんどの漁師たちは、海に出ていると肉体的危険にさらされるので、魔法の力で9回の命を生きながらえる猫の命を望むに違いない。フランクは確かに、これら命のいくつかを使い切った。泳げない彼はオレゴンのアストリアで水の中に落ちたことがあった。少年の頃、服の襟がサンフランシスコの路面電車の前輪に引っかかった。オレゴンのクース湾で彼と乗組員が、バットを振り回して「ジャップ」と呼ぶ15人から20人の脅迫集団に直面したこともあった。ユタのソールト・レイク・シティーでは、

第四章　漁　業

政府関係のプロジェクトに日本人を雇用することを拒絶する組合に勤めて、身体的危害にさらされたこともあった。そして彼は、これまでに2回凶器で襲われたことがあった。

にもかかわらずフランクは、漁師として伝説的ともいえる生涯を通して危機を乗り越えて生きた。彼はさらに数年間、メキシコのエンセナダにある漁業会社に助言を与える仕事や、エクアドルのマンタ近郊の、あるバン・カンプの営業所で経営の任に当たる仕事に関わった後、1977年についに漁業を退いた。

外見上は調和を保った家族に見えても、一世の父親と二世の息子は衝突することがしばしばあった。それも、とくに強い意志をもった二人が含まれるときはそうであった。とはいえ、親の権威への子供の服従という日本の文化的伝統によって、ほとんどの葛藤は比較的抑えられた。最後には真に必要とあらば、家族の支援がいつもそこにあった。

それを示す一例を挙げてみよう。1937年6月18日、フランク・マナカとミツヨ・マツシタがアリゾナのユマに駆け落ちをした。フランクの父親は、この関係を認めないと息子に明言していた。それで、フランクによると、「私たちが結婚することを知ったとき、父は私を家から追い出した。」フランクは、彼の父親が家族全員を引き込んで反対させたと感じた。しかし1956年の海難で家族の真価を悟った。

フランクにとって苦悩そのものは、漁船の事故に関して、一人で5家族の所へ赴いてそれを説明し、家族の命の喪失に対して哀悼の言葉を表明しに行かねばならないことであった。このときルイス・マナカが、兄を慰め彼に同伴するためにロングビーチまでついてきてくれた。この行為に心から感動したフランクは、「私と一緒にいてあげようと、仕事を辞めてモンテレーからやって来てくれ、私を温かく支援してくれたルーイには、それは当時の私には言葉に尽くせないものがありましたよ」と言った。家族の成員に違いこそあれ、フランクの弟は、フランクが彼を一番必要とするときに、そこにいたのであった。

マナカがしたことに何一つ平凡なものはなかった。二世代目の日系アメリカ人としては、並外れた精力を有していた。彼は漁師になるべく運命づけられているように見えた。彼は人生の40年以上を海での仕事に関わった。彼は胸の内を自ら語った。「陸に上がると私はまるで別世界、外国にきたよそ者のようでね。」しかし彼はまた、一人の漁師を遙かに超えた人物であった。独立心をもち、権利のための闘志家であり、革新者であり、乗組員に対して忠実な船長であり、逆境に負けない人であり、漁業の指導者であった。

ロイ・ハットリとフランク・マナカについての二つの下位物語の中に実際に見えてくるのは、海で生計を立ててきた他のすべての一世や二世の個々の描写をより大きく描いた物語である。一世たちは漁師として、加工業者として、輸出業者として商業用アワビ漁業を開拓し、潜水技術の改良で漁業に革命をもたらした。1920年代および1930年代初期にかけて商業用のアワビ漁の市場が拡大するにつれ、さらに12家族以上の一世と二世がこの事業に参入している。

刺し網とジグボートで漁を始めた漁師集団もいた。市場の競合と漁獲技術が、ほとんどの漁師にランパラ網と半環式漁船を使うことを強いた。そのうちに漁師のわずか2、3家族が、発展を遂げる競争産業で生き残るために、巾着網漁船に移った。多くの年月と季節を通して、彼らは数え切れないほどのトン数のイワシ、メバル、サケ、ビンナガ、マグロを持ち帰って、フィッシャーマンズワーフの埠頭に降ろした。

さらに、日本人家族所有の漁業ビジネスを営む別の集団がモンテレー半島に現れた。これらはフィッシャーマンズワーフの店で、漁師からアワビや魚を買い取った。地元の日本人社会の100人以上が加工業務に雇われた。そこで彼らはアワビと魚の汚れを落とし、加工し、包装し、市場やレストラン向けの卸売りに備えた。その他小さな店も実際に、魚や海産物を地元のレストランや周辺地域に配送した。

モンテレー半島の一世や二世がカリフォルニアの漁業の歴史に著しく貢献したことは、実にはっきりしている。1897年から1942年までのほぼ半世紀の間、彼らは、商業用アワビ漁、公海での商業用漁、フィッシャーマンズワーフでの魚加工業において、先頭に立つ指導的地位にあった。漁を制限する法律、アワビや魚の資源の減少、第二次世界大戦、および強制収容が重なって、この時代は終わりを遂げた。戦後に帰還してしばらくの間漁をする者もいたが、1942年は、地元のアワビ漁と漁業への日本人の参加の終焉を記した一章であった年である。

彼らは海の自然力に命を賭した。命を失った者もいた。多くのものが子供時代の野球選手や医者になりたいといった夢を犠牲にして、家族の経済的善のために漁に転じた。彼らは、困難な時代を大きな度量で戦い抜き、よき時代には謙虚な生き方で栄えた。彼らは、笑い楽しんだ。彼らは、漁の諸々の経験と結びついた喜びと悲しみを共有した。彼らは、共に働き、まともな生活が出来るように懸命に働いた。彼らは賞賛すべき人たちであった。彼らは漁師であったからこそ、彼らの仕事は海にあった。

WEDNESDAY, FEBR

MONTEREY PENINSULA HERALD. MONTEREY. CALIFORNIA

Fifteen Local Japanese Aliens Rounded Up in FBI

「15名の地元日系外国人をFBIが検挙」
1942年2月11日、モントレーの一世15人がFBIに一斉検挙され、司法省入国帰化局特別監禁収容所への移動命令待ちをしている。日本人社会で著名な、尊敬を集めた一世の指導者たちがこの中に多く含まれる。ヤキチ・タカバヤシ（1列目、左）、セツジ・コダマ（3列目、左から2人目）、ウノスケ・ヒガシ（1列目、中央）、イクタロウ・タキガワ（3列目、左から3人目）、タジュウロウ・ワタナベ（1列目、右端）の諸氏。

ジョージ・コダマ収蔵

第五章
強制収容

> わたし、どうして大学を辞めて収容所に行かなければならないの。わたしの教育はどうなるの。わたしたちの両親に、どうして、どうして、どうしてなのよ、と言うだけでした。
> ——エディス・ヨネモト・イチウジ

なぜだ。我々の家、学校、職場から我々を根こそぎ追い出してしまうのは、なぜだ。これまで何一つ悪いことはしていないのに、アメリカの砂漠の孤立した収容所に我々を監禁するのは、なぜだ。これまで我々は妨害行為やスパイ行為のかどで裁判沙汰になったことなど一度もないのに、我々を監禁し移動させる理由は、何だ。この国にやって来て、懸命に働き、どうにか生計を立てている一世の夢を粉々に打ち砕いてまで、我々を排除し強制収容するように、我々の政府が命令したのは、なぜだ。彼らが強制収容所での生活の恐怖と不安に直面したとき、じつに多くの「なぜ」が、モンテレー半島の途方に暮れた日本人の心の中を駆け抜けていった。

日本との戦争が、一世家族の非常に多くの生き方を変えた。彼らは、アメリカの砂漠のような地帯の収容所に風のように飛ばされていった。ほとんどのものが自分の財産、土地、事業の多くを失った。自国の市民や合法的な外国人から憲法上の保障を奪い去った政府に、忠誠心をなくしたものもいた。絶望のあげく錯乱寸前に追いやられたり、中には希望を失って自殺を考えたり、自殺をしたものもいた。そしてすべての人が二度と完全に回復されえないもの——人間としての威厳と自尊心——を失った。

人間の歴史がもつ皮肉の一つは、勝利は悲劇と対をなしていることだ。戦時の剥奪に結びついた苦痛と喪失にもかかわらず、いや多分そのために、一世およびその二世の子供たちは、彼らの生活を修復するために、長い道程の旅を引き返してきたのである。戦後多くの家族がモンテレー半島に帰還した。なかには結果的に、アメリカの他の地域に移動するものもいた。また戦前どこか他の場所に住んでいたものが、新しい人生を求めてこの半島に来た。強制収容と個人的な悲劇の灰の中から、再定住と勝利への長い行進が始まったのである。

この章では、戦前戦後ここに住んだ一世および二世の記憶のいくつかが紹介される。彼らの目と言葉を通して、彼らが見たままの世界を記述するものである。すべての人たちが、その内側にいた人でさえ、同じやり方でその経験をしたわけではない。外部の多くの人々、とくに日本人以外の人々は、その経験を見たことも理解したこともまるでなかった。

寸描は、モンテレー半島の現実の思いと言葉から引用された。彼らは、決して完全に癒されることのない感情的な傷、永久に消え去った失われた機会、名誉に駆られた忠誠心と剛勇、決して消えない監禁の屈辱、希望に再び灯がともった収容所からの退去について描写している。この章は、新しい夜明けを待つ人間の精神の復元力と忍耐について記している。それは強制収容と再定住に関するものである。

第五章　強制収容

歴史には時間が凍りついてしまったように思える瞬間があるものだ。ある出来事の記憶は、その出来事の人生に与える衝撃が強力すぎて心の痛手となるために、強烈である。ダラスで暗殺者たちが大統領の命を奪った1963年11月のあの嫌な日、また1989年の10月にロマ・プリータ地震がサンフランシスコ湾域からモンテレーまでを破壊したとき、私たちは自分がどこにいて何をしていたか、過去の場面に瞬時に戻って正確に思い出すものだ。

ある出来事と関連した苦悩や絶望がとくに激しいと、その記憶を押し殺して、それについて語ることを拒絶する場合もある。日系アメリカ人の戦時中の強制収容の記憶は、40年以上もの間抑え込まれたままである。

ここモンテレー半島に住む日本人の血統をもつ人々にとって、1940年代初期のいくつかの出来事は、時間のなかに凍りついたままである。これら出来事の中に含まれるのは、1941年12月7日の真珠湾からのニュース、大統領行政命令9066号に続いて、日本人家族の退去を伝える近隣中に張られた文民排除命令、収容所内での政治的な混乱と日常生活、しゃばの社会での再定住と人生再構築のための収容所からの出所、である。どの出来事も疑念、戦慄、怒り、屈辱、挫折、希望といった人間の感情が一緒くたになって、人々の心は激しく揺さぶられた。それは悲劇と勝利の両者を生み出す定石であった。

第二次世界大戦へのアメリカの必然的参戦は日本の真珠湾攻撃が引き金となった。1890年代中頃にモンテレー半島沿岸に来始めた日本人移住者とその家族に対する反撃は素早く過酷であった。戦時緊急事態に関する軍事規定に基づいてフランクリン・ルーズベルト大統領は大統領行政命令9066号を発令した。それは西部防衛司令部に対して西岸の戦略的軍事上の権益を確保する権限を与えるものであった。

戦時緊急政策で想定していたことは、一世および、米国市民が三分の二を占める二世は、日本の天皇に忠誠心をもって米国政府に敵対するであろう、というものであった。米国軍司令部は、部分的に反日圧力団体に呼応して、アメリカの日本人は米国に対して破壊行為やスパイ活動をするかもしれない、と証拠もないままに想定した。したがって陸軍省とホワイトハウスは、一世と二世は戦時中西海岸から排除し、強制収容所に連行すべきだ、と結論づけた。

戦争のニュースが最初、モンテレー半島の一世と二世の耳に届いたとき、彼らは驚きと疑念と恐怖に包まれた。ヒロシ・ウチダは、彼の家族がパシフィック・グローブのグランド・アビニュー222番地、つまり一家のドライクリーニング店がある場所に住んでいたときのことを覚えている。

「これが、真珠湾攻撃が、起きていた事実を私も覚えている。周知の通り、それが日曜日に起きたのは当然だった。両親が教会から帰ってきて、父が私に最初に言ったのは、日本が灯台を爆撃したということだった。誰かが間違った情報を伝えたのだろう。実際爆撃したのは真珠湾だったからね…。数日経って、2人のFBI関係者がここにやって来た。そして私が母と一緒に階段を下りていったら、連邦捜査局の男が、父にこう言ったことを覚えている。何か重い服をもって行くほうがいいぞ、お前さんが行くところは恐ろしく寒いからな、って。」

ヒロシはその時まだ14歳だった。父親が連行されるのを目の当たりにするのは、彼にはどんなにか理解に苦しみ悲しかったことか。

ヒロシの父親は警察での尋問のあと釈放された。しかし日本人の血統をもつ一世としてカクタロウ・ウチダは、家族を高速道路99号線の東数マイル内陸に強制的に移された。それからウチダの家族はカリフォルニアのハンフォードに移って、そこで農場をもっている友人のところに身を寄せた。家族は結局、アリゾナ州ポストンのコロラド・リバーのキャンプに入れられた。

「恐ろしく寒い」と言われた場所はノース・ダコタのビスマルクで、そこは治安上危険度が高いと判断された一世たちを司法省が管轄する、特殊な拘留キャンプの一つであった。治安上の危険度の高さは政府の基準で定義され、それには治安上の兼ね合いから、日本人社会の組織や職業における指導的役割が含まれていた。その他の特別キャンプは、ニュー・メキシコのサンタフェやローズバーグ、ルイジアナのアレキサンダー、テキサスのシーゴビルやクリスタル・シティにあった。

アリゾナ州ポストンの抑留キャンプは、司法省管轄のキャンプとは別に、戦時転住局（the War Relocaion Authority）の管轄下に置かれた10カ所のキャンプの一つであった。他の9カ所のWRAのキャンプは国のあちこちの荒涼たる地域に分散していた。アリゾナ州リバーズのキャンプ・ヒーラ・リバー、カリフォルニア州マンザナーのキャンプ・マンザナー、カリフォルニア州ニューエルのキャンプ・トゥーリ・レイク、ユタ州トパーズのキャンプ・セントラル・ユタ、ワイオーミング州ハート・マウンテンのキャンプ・ハート・マウンテン、コロラド州アマチのキャンプ・グラナダ、アイダホ州ハントのキャンプ・ミニドカ、アーカンソー州ダーモットのキャンプ・ジェローム、アーカンソー州マギーのキャンプ・ローワーがそうである。

タルノ・クワタニが、日本の爆撃機が真珠湾で数隻の米国船を撃沈したことを始めて耳にしたとき、

漁師の夫トラゾウと子供たちのことが心配だった。

「あの日、主人は沖合に出る準備をしていたんです。人々が埠頭にやって来てこう言ったの。お前さんたちは海へ出られないぞ、って。それで主人は家に戻ってきたの。ショックを受けていたわ。何が何だかさっぱり分からなくて。彼らは、モンテレーに漁師は一人もいらない、と言ったわ。私たちは2月15日までにモンテレーの地から出て行くように告げられたの。いま私たちは子供をたくさん抱えているのよ。私たちには悪夢だったわ。」

クワタニ夫人は当時37歳で赤ん坊、ヤエがいた。次女のサチは1才上であった。長男ジョージが缶詰工場で働いて貯めたお金で買ったばかりのフォード車に乗って、クワタニ一家は8人の子供たち（あとの3人は後に出生）とともにモデストに移動した。それからマーセッド集合センターから、コロラド州グラナダのアマチに抑留された。

場合によって年長の子供たちは、一世の両親が立ち退きを強制された後に残って、家族の店や財産の世話をした。ジョージ・タナカはやっと19歳になる1942年2月、父親コウイチと母親ヤエが、半島を出て行かなければならないことを始めて知った。タナカ夫妻は末娘トモエをつれてトゥレア郡のディヌーバへ移動した。

タナカ兄弟のジョージとフランクは当初、父親の造園業を引き継ぐためにここ半島に残るとき、大きな責任感と誇りを感じた。しかしその気持ちは、ジョージが思い起こすように、長続きしなかった。

「私には景観デザインか建築の道に進みたいという希望があって、大きな夢を抱いていました。あと1学期残っていたけれども、父が去るとき私は退学して父の道を引き継いだんです。生活費は稼げるという自信は、うーん、少なくともあったなあ。だが3月になって私たちは立ち退かねばならなくなって、ここでの生活がおしまいになったんです。そしてディヌーバの両親と妹のところで家族全員が一緒になったというわけです。」

1942年8月2日、タナカ一家全員、トゥレア郡のビセーリアを出て、ポストンの第3キャンプで終わったが、両親は1945年までここに残った。

ジョージは続いて合衆国陸軍の兵役に就いた。後にモンテレーに帰還して、日本人社会の指導者の一人になった。彼は造園業および、彼の仕事に関係し

サリナス集合センターで発行された週刊紙「ビレッジ・クライアー」からの文面。前文の記事「アリゾナよ、こんにちは」は、アリゾナのキャンプに発つ第一団を意味する。モンテレー半島の住民の多くはアリゾナの2カ所のキャンプ、ポストンとヒーラで終わった。

デイビッド・ヤマダ家文書

1942年、サリナス・ロデオ場がサリナス集会センターに変えられた。1942年4月27日と1942年7月4日の間に、日系アメリカ人3,586人がモンテレー半島、ワトソンビル、サリナス、ギルロイ、サンベニート・コウからここに拘留された。

JACL忘れ得ぬ日アーカイブ

た専門家組織の中での経歴は卓越していた。妻のナオコとともに3人の素晴らしい子供たちを育てた。ジョージ・タナカは自身の仕事と業績を誇りにしているし、そうであって然るべきである。しかし戦争は明らかに、建築ないし景観デザインへ進みたいという人生の野心を絶った。他の多くの人たちにも当てはまるが、戦争と強制収容は多くの一世と二世の夢を粉々に打ち砕いたのである。

1942年2月11日の朝、FBIがモンテレー半島の日本人社会をくまなく急襲し、15人の一世が一斉検挙された。圧倒的多数の日系アメリカ市民と一世の両親が、10カ所の戦時転住局管轄のキャンプのどこかに送られた一方で、数百人の人々が司法省管轄の強制収容所の一つに拘留された。

FBIに逮捕された一世たちは、国家の治安に危害を与えると信じられた。この信念は、ある人々を治安上の危険分子と見なす政府の指導方針によるものであった。その指導方針は、日本人社会の組織の指導者、無線通信機器を備えた漁船をもつ漁師、仏教徒の教師、日本語学校教師、前日本帝国陸軍の所属者を標的にした。米国政府は戒厳令を宣言していなかったので、民事法廷は開かれ機能していた。エクスパルテ（一方的）・ミリガン訴訟における最高裁の先例によって、一世たちは正当な手順と民事法廷を利用する機会を与えられるべきであった。とくに戦争と危機の最中には、もろもろの基本的な自由は最も重大な挑戦にさらされる。この場合は自由が損なわれていた。出生国、職業、地域社会での地位によって15人の一世たちは、1942年2月初めのあの早朝、あっという間に連行された。

1942年の春モンテレー半島では、日本人の血統をもつ人々が家からことごとく追い立てられた。不穏な文民排除命令について噂が広がるにつれ、当地の日本人は、その運命をある種の悲しみと諦念で受け止めた。文民排除命令第15号は、モンテレー郡に住む1,578人の人々に強い衝撃を与えた。文民排除命令第16号はサンタクルーズ郡の1,160人に影響を与えた。地元の大部分の日本人は最初サリナ

第五章　強制収容

ス集会センター、現在のロデオ場へ送られた。西海岸やその他の地域からきた人々、合わせて12万人の日系アメリカ人と合法的な外国人居住者が、WRAや司法省のキャンプへ送還された。

　外見的には、規則や権力の遵守は期待されえた。日本人は、ほぼ半世紀の間ここにいるにもかかわらず、多くの面で依然文化的によそ者だと見られている土地で、波を立てようとはしなかった。それはしかたーがーないの別の現れであった。手の打ちようがなかった。抵抗する力がなかったのである。

　彼らの内なる魂は怒りと挫折感と屈辱感でむせび泣いていた。恥の文化の中で育った年輩の日本人にとって、家族、友人、近所の人々の目の前でFBIや軍当局によって連れ去られることは、困惑と屈辱であった。彼らは何一つ罪を犯してはいなかった。彼らの逮捕を正当化した密輸品というのは、文化的な手工品や仕事と趣味を兼ねた備品、例えば剣道の竹刀、日本弓術用の弓矢、カメラや短波放送ラジオであったのである。

　一世の父親たちが連行されるのを目の当たりにした妻たちや幼い子供たちにとって、その記憶は恐ろしくも痛ましいものであった。これはジューン・ワタナベ・グリーンの記憶である。

　「父（タジュウロウ・ワタナベ）が戦争中に連れ去られるとき、母は家の中に立ちすくんで泣いていたわ。だって商売をやってくれる父は、これから先いなくなってしまうでしょうから。」

　それはまるで巨大な真空の空間がワタナベ家に出現したようであった。というのも日本の家庭では父親は道徳的権威の源であったからである。司法省のキャンプの一つにあっという間に連行されたタジュウロウは、妻と二人の娘から引き離された。ジューンが司法省に「どうか私の父を返してください」と嘆願の手紙を書いた後、タジュウロウは最後には、アーカンソー州ジェロームのWRAのキャンプで家族と一緒になった。

　家業が行き詰まった事例もいくつかあった。1941年12月7日以降、日本人の漁師は出漁することを許されなかった。太平洋につながるモンテレー湾については、ここは外国人である日本人の立ち入り禁止区域であった。この制限がタバタの「サンライズ・グローサリー」に影響を与えたのは確かであった。ジム・タバタはこう説明した。

　「我が家の商売の大部分は日本人の漁船に食糧雑貨を供給することに結びついていたから、彼らが漁を辞めたら当然その分、商売も停止したんです。」

マンザナーに建つ慰霊碑。モンテレーの真東約180マイルに位置し、オーエンズ渓谷にぽつんとある松の木の近くの、カラスが飛来する場所に建つ。マンザナーに収容された日系アメリカ人と合法外国人居住者の碑。

JACL LEC 写真アーカイブ

ワシントン通りにあるその店は、軍専用域内にあった。したがって外国人であるジムの父親トラキチは、立ち退かねばならなかった。

1942年3月の家族会議で「できるだけ多くの在庫品を売り、売ることができないものはすべて保存しておこう」ということになった。同月タバタ一家はカリフォルニアのレイトンに移動した。ある友人が大きな古い家を見つけてくれて、そこが5家族が一緒に住む家になった。タバタのモンテレーの親友ジャック・マローウェイが、タバタの保存品が入っている家を監視しておくことを約束してくれた。1942年3月タバタ一家は、フレズノ集合センターからアーカンソーのジェロームに送還された。1937年12月にカリフォルニア州立大学バークレー校の卒業生で経営学士号を取得していたジム・タバタは、戦争と抑留によって彼の未来全体が変わった。

いくつかの例では、戦争体験の苦痛があまりにも大きくて、それが一世や二世の心に永遠の傷を残した。とくに一世たちは深く傷つきがちであった。というのも彼らの大部分は、それまで州法は彼らに市民権を否定してきたにもかかわらず、善良で、法律を遵守し、懸命に働いてきたからである。そしてこの深い苦痛は、西海岸の日本人たちの大量排除と監禁という犯罪行為を、もし一世の息子や娘が十分理解できる年齢に達していたら、さらに大きかったにちがいない。いずれの場合も、非常に多くのものを失うという厳しい苦い現実は、人種差別の刺すような痛みと混じり合って、これらモンテレーの日本人住民を絶望と発狂寸前にまで、また自殺にさえ追い込んだ。

リュウゾウとハツヨ・ハヤセには2人の息子ツトム（トム）とサトル（サット）がいた。トムは1916年にカリフォルニア州ロサンゼルス郊外のエルモンテで生まれた。1941年12月にトムの父親は、FBIによってノースダコタの司法省のキャンプに連行された。1942年の最初の数ヶ月間のうちに、母親はサリナス集合センターに出頭しなければならなかった。

両親がいなくなってトムが残され、埠頭にある家業の疑似餌‒釣具・珍品ショップを経営した。3月になって、日本人の血統をもつ市民はすべて移動せよという命令が来たとき、トムには突然、途方に暮れるほどの疑問が矢継ぎ早に起きた。この商売を貸すか売るか。契約書はどう書けばいいんだ。言葉による契約は信頼できる取引か。家族の所持品はどこに保管しようか。結局トムは、「何でもかんでも一部屋に入れて、板でふさいで釘打ちした。」トムは、レンタルの契約については「1セントも手に入らなかった」ことを覚えている。

第五章　強制収容

父親が急に連れ去られた理由がトムに分かったのは、人生もあとになってからのことである。

「後に分かったことだが、父は仏教徒の教師だったんでね。聖職者はみんな、地域社会の指導者は全員、すでにFBIのリスト、確証済みのリストに挙がっていたんだ。で、時間をかけずに急襲した。父に予告はなかった。（彼らは）踏み込んできて父に、スーツケースを一つ持って俺についてこい、と言ったんだ。」

トムはこの一部始終を見ていた。そしてこう描写した。「私はそこに立っていた。すると一人（連邦検察局員）がカーテンの背後に回って、カーテンをわきへやり、いわゆる破壊活動分子と呼べるものを見ているのを、私は目の当たりにしていた。私は怒りで煮えたぎって——そう、その時までに怒りは募る一方でさ、そこに座り込んでしまったんだ。」トムは十分に物事を理解できる年齢に達しており、怒りで反抗にでる若さであったが、両親を守るほどの力はなかった。

ハヤセ一家は善良な地域社会の成員で、働き者で、息子2人のためにいい生活を築こうと努力していた。「どうしてさ、アメリカの市民がキャンプ送りされるんだよ」とトムは問い、怒りは激怒に変わった。「私は完璧なアメリカ愛国者と自認し、国を愛し、国旗にまつわるものすべてを愛し、国のために命を捧げることを愛していた。そこへもってきて、一般の罪人のように召喚されたら、怒り心頭に来るさ。とくに、不実で信頼に値しないと言われることに非常にぴりぴりしてきた人間にはね。信頼されていないと思うことほど、私の心を傷つけるものはなかった。だから母が行かねばならなくなるなんて考えもしなかったよ。でも3月にそうなった。そのとき私は心底腹が立った。すると今度は私たちが行くのだという話があった。私は、いやだ、行くものか、絶対に、って言ったんだ。」

両親が別々に連れ去られていくのを目の当たりにすること、彼らの安寧を気遣うこと、強迫下での家業閉鎖に責任を感じること、それに手の出しようがない大きな無力感を覚えること、これだけでトムの怒りと反逆に火がつくのは十分であった。

トムがアリゾナ州ポストンのキャンプに到着したとき、気温は126度であった。荒い息を吐き続けながら、窒息してしまいそうな熱気から感覚を楽にしようと努めて、トムは言った。「これでは、まるで人を狂気に陥れるようなものだ。」トムは怒りと絶望を表すために、キャンプを焼き討ちにするぞ、と脅した。法執行官たちは、トムと、自殺を試みたことのあった別の人を、ロサンゼルス郡立総合病院の精神障害監房へ監視のために連れて行った。医者の一人がトムの行為は異常でも危険でもないと証明

したので、トムは軍警察に戻されてキャンプに返された。

トムは、ポストンに送り返されるという考えを受け入れることができなかった。記憶が苦痛きわまりなく、そんなところに戻るくらいなら死んだ方がましだ、と感じていた。サンタ・アニタ集合センターで3ヶ月間過ごした後、アーカンソー州ジェロームへ行くことを選んだ。アーカンソーでトムは、ポストンに戻って母親と一緒にいることにしなかったことに罪の意識を感じたが、その罪悪感は今日まで続き、彼を悩ましてきた。そうしているうちに、彼の父親がノースダコタからルイジアナ州アレキサンダー近くの軍のキャンプに移されていたので、トムは州境を超える許可を得て父親を訪ねた。結果としてトムの両親はポストンで再会し、終戦までそこに滞在したのであった。

トム・ハヤセは感受性豊かな人で、深い洞察眼をもち、執筆には天賦の才能と能力を備えている。青年の頃、モンテレーの埠頭によく腰を下ろして、手当たり次第に古典書その他の本を読んだ。彼の移動型性格と米国海軍の職務が、彼をボストン、ニューヨーク市、トレド、デトロイト、ハンツビル、チャタヌーガ、サンディエゴその他の土地に赴かせている。そして最後にモンテレー半島に帰ってきた。怒り、激怒、キャンプ生活の体験と結びついた罪悪感があってもなお、トムは国家のために役に立ちたかった。戦争と抑留の運命に遭遇していなかったら、トムは作家として成功していたか、文学を教える教授として立派になっていたかもしれない。彼の人生に最大の影響を与えた出来事を一つだけ挙げるように尋ねられると、トムは「12月7日…」と言って、声を落として黙した。

戦争の中心的な逆説は不当と忠誠の対置である。一世とその家族が不当に連れ去られキャンプに監禁されながら、二世の息子たちは国家への忠誠心を示すために米国軍隊に入隊した。ウノスケ・ヒガシがFBIによってビスマルクの特殊キャンプに連れ去られようとするまさにその瞬間、マス・ヒガシの記憶では、父親が彼に向き直って言った。「マサミ、お前はアメリカのために戦ってくるんだ。」

多くの若い二世男子が志願し、他のものは徴兵された。しかし彼らは全員、両親や兄弟が投獄されている、まさにそのキャンプから出てきた。そして悲劇的にも、彼らの相当多数が戦場で献身と忠誠の、最後の正真正銘の判断基準を実行に移した。彼らは生きて帰ることはなかったのである。

しかし生還出来た人々は、大きな武勲の証拠を持ち帰った。ヨーロッパを舞台とした軍事行動で、第100歩兵師団の第442連隊戦闘部隊（the 442nd

第五章　強制収容

Regimental Combat Team）は勇気の道を燃え立って進んだ。第442 RCTは人種的に分離された米国およびハワイ出身の若い日本人から成り立っている部隊であった。これら兵士は米国軍の歴史上、規模において最も誇り高い陸軍部隊として、ヨーロッパを舞台に現れた。別の全日系アメリカ人部隊である第522機甲師団は、ドイツのナチ強制収容所のいくつかに最初に突入してユダヤ人たちを解放した。そして陸軍情報部は、太平洋戦争時に通訳と尋問で決定的な役割を果たした。

日系アメリカ人のこれら三つの軍隊は、武勇と忠誠心と武勲をもって米国に奉仕した。彼らは全員、日系アメリカ人が評価される——皮膚の色によってでなく、名誉の色で評価される——新しい基準を持ち帰った。彼らの業績は、とくに40年くらい後になって、国家による賠償と正義の探求において、日本人社会全体に十分貢献することになるであろう。これこそ彼らの真の遺産であった。

1920年1月25日生まれのロイヤル・ルイス・マナカは、生誕地モンテレー半島に運よく帰還できた一人である。21歳の漁師としてサンディエゴ地方で働いているとき、1941年11月、米国陸軍に徴兵された。カリフォルニアのキャンプ・ロバーツで移動砲の基本訓練を受けているとき、日本の真珠湾攻撃のニュースが届いた。ロイヤルが思い起こすところでは、直ちに「日本人の血統をもつアメリカ兵士は全員、ライフルを返却しなければならなかった。それからサン・ルイス・オビスポのキャンプへ送られた。」

これは、ロイヤルの家族が10カ所の強制収容所の一つに送られるということを、彼が初めて耳にしたときであった。マナカ一家が住んでいたところは、当時はレークサイドといったが、今日ではカリフォルニアのシーサイドとして知られている地域のウィリアム・アビニュー590番地であった。ロイヤルの父親トメキチ・マナカは一世の法律上の外国人であったため、州法で財産の所有を禁止されていた。したがってロイヤルの父親と兄フランクは、家の所有者をロイヤルの名前にしていた。彼らの財産を守るにはこれが最も安全なやり方だと考えたのは、ロイヤルがアメリカ市民として米国陸軍に仕えていたからであった。家具や家族の所持品を家の隅の部屋に入れて施錠し、マナカ一家は高速道路99号線の東側にあるデラノへ発ち、それからアリゾナのポストンへ向かった。

ロイヤルと、モンテレー半島出身の他の6人の若者が基本訓練のために出発するちょうど前に、日本人社会が、彼らのためにJACLホールで「さよならパーティ」を開き、デルモンテ急行が出るモンテレー駅まで見送りに出た。この国に戦争はまだ起きて

いなかった。ロイヤルが軍事訓練へ向かうために翌朝早く起きたとき、父親が彼に向かって言った。「なあ、ルーイ、どんなことがあっても家族に恥をかかせることはするなよ、日本人社会に恥とならないようにな。お前にできることは何でもやれ。」ロイヤルはこのメッセージを携えて行き、父親の言葉を履行することになるのである。

ロイヤルはキャンプ・サン・ルイス・オビスポからカンザス州のフォート・ライリーへ送られた。今国は交戦していた。日系アメリカ人兵士たちは便所掃除、皿洗い、トラック運転、ごみ収集、炊事当番、補給係といった──常に武器なしの──最も下賤な仕事を当てられた。ロイヤルは、こういった副次的な仕事から逃れるために、陸軍ボクシングチームに加わった。モンテレー高校でフットボールや野球選手として飛びきり優れた運動選手であったロイヤルは、いくつかの栄誉を獲得していた。

ロイヤルはフォート・ライリー・チームを作ったばかりでなく、現在の重量級ボクシング世界チャンピオンであるジョー・ルイスと一緒になって訓練をした。全黒人軍隊もフォート・ライリーで訓練をしていた。彼は、ジョー・ルイスによる指示や忠告を武器に、全陸軍ゴールデン・グラブズのトーナメントのミドル級部門に出場するために出かけた。トーナメント出場の準備でネブラスカ州のオマハにいる間に、直ちにフォート・ライリーに戻って再度任務に就け、という命令を受けた。荷物をまとめよ、と告げられたので、召喚状を開いたのは汽車に乗ってからであった。

行き先：ミシシッピー州キャンプ・シェルビー。ロイヤルには、自分に何が用意されているのか知るよしもなかった。ロイヤルによると、汽車から降りたときペンス大佐が一行を迎えて言った。

「諸君をここに召喚したのは、全日本戦闘チームを組織するためだ。それぞれ異なった中隊に配属される。君たちは再度徹底的に基本訓練を受けて、ハワイや強制キャンプから新兵が来たら、彼らに基本訓練を施す隊となるように。」

1943年1月28日、陸軍省は全二世戦闘部隊を編成する計画を発表した。こうしてキャンプ・シェルビーは、ハワイや強制キャンプからの新兵の主要な基本訓練キャンプとなった。ペンス大佐の挨拶が第442連隊戦闘部隊（the 442nd Regimental Combat Team）の誕生となるのである。

ロイヤルは第442 RCTの大砲操作中隊の一等軍曹として仕えた。彼の仕事は生易しくなかった。というのも相異なる下位文化層出身の新兵を受け入れて兵士に育て上げねばならなかったからである。軍のしきたりでは欠点のない寝台、ピカピカの真鍮、

ボタンの位置、きびきびした敬礼が求められた。このしきたりは、何人かの新兵のより安易なやり方と衝突を起こすことがあった。マナカ軍曹は厳格だったが公平であった。最後には部下たちに、部隊が団結してともに行動するように教えた。

アリゾナ州のパーカーはロイヤル・マナカにとって時間が凍りついた記憶をもつ場所の一つである。第442部隊がキャンプ・シェルビーでの基本訓練と師団内大演習を終えたとき、マーシャル大将が、演習のすべての面で第442部隊に等級3A——あたう限り最高の格付け——を与えた。海外へ行く命を受けてロイヤルは、両親、兄弟、姉妹をポストン・キャンプに訪ねる賜暇を与えられた。短くはあったが優しい家族との再会の後、ロイヤルの父親が彼に頼んだのは、シーサイドの故郷に戻って家族の家がどうなっているか見て欲しいというものであった。そこでロイヤルはバスに飛び乗って、カリフォルニア州のシーサイドに向かった。

途中散髪のためにアリゾナのパーカーで下車した。軍服をまとって見るからに明敏なロイヤルが、床屋に入り調髪を依頼した。床屋と交わした会話が、いまだにロイヤルの記憶に焼きついている。
床屋：「外のサインを見なかったかい。日本人お断りだぞ。」
ロイヤル：「いいかね、私は日本人のように見えるかもしれないがアメリカ市民なんだ。軍服を着ているが、散髪を頼む。」
床屋：「いや、ジャップは所詮ジャップだ。お前さん、ジャップに見えるぞ。散髪なんぞ、してやるものか。」

不必要な風波を立てたくなかったので、ロイヤルは侮辱をこらえてシーサイドへ向かった。人間標的の人種的な侮辱は、当然苦痛である。しかし標的が、市民が侮辱を浴びせる、まさにその国のためへの奉仕で軍服を着用している者に向けられるとき、侮辱は二重である。ロイヤルは彼の基本原理に固執した。耐えよ、短気をおこすな。怒りは後悔につながるだけだ。いずれ状況はよくなるのだ。

フランスのブルーヤース——1944年10月。第442部隊は米国陸軍の命令で、フランスに入って新たに猛攻撃をかけるために、イタリアから南フランスに配備された。常に「矢の先端」である第442連隊が敵の砲火の矢面に立ち、次に撤退して全白人部隊を入り込ませて残敵を掃討するのが普通であった。ブルーヤースでは第36師団が第442部隊を引き継ぎ、第442連隊は先頭を動いた。そのときである。第36師団の大隊の一つがドイツ軍に包囲され、敵陣の背後に追い込まれ、組織的な壊滅に直面した。これがいわゆる「失われたテキサス大隊」であった。

第36師団の大将は、第442部隊が前線に戻ってきてドイツの隊列を突き破りテキサス大隊を救助せよ、と命令を出した。第442部隊の司令官であるチャールズ・ペンス大佐は、司令長官の命令を聞いたときにひるんだ。ペンス大佐には、部下たちがドイツの重装備した砲兵隊に完全にさらされてしまうことになるので、自殺行為に等しいことが分かっていた。しかし長官は命令を発してしまっていたので、ペンス大佐は、彼の部下たちが戦闘に引き返してくるように命令する以外道がなかった。第442部隊の中隊IとKが中心に向かって押し進んで強力な砲火を浴びせ、他の隊が側面から入り込んで「失われた大隊」の生存者211名を救出した。

　犠牲は非常に大きかった。中隊IとKから、450名がほとんどなんらかの死に追いやられた。生還したのはわずか35人から40人ほどであった。この戦闘の最後に第36師団の大将は、「失われたテキサス大隊」救出の役割に謝意を表明するために、第442部隊の閲兵行進を求めた。第442実戦部隊が長官の閲兵壇を通過するとき、兵士たちは「頭（かしら）右！」「中隊、集合終わり！」と、てきぱき告げた。

　行進が終わって長官はペンス大佐に怒鳴った。「私は第442部隊全員に来い、と君に告げたのだ！残りの部下はどこにいるのか。」ペンス大佐は辛辣に答えた。「長官、あれが残り全員でありました。」ロイヤルはこの話をしながら声が震え、両眼に涙が溢れた。

　戦争を通して第442 RCTは、彼らの闘志と勇敢な行為に対する米国司令部の賞賛と尊敬を勝ち取った。国家最高の名誉章であるパープルハート勲章から、第442連隊の兵士たちに18,000個以上もの軍人勲章が与えられたことが、彼らの英雄的行為を力強く証明している。戦場での血の代償は高かった。死傷者数は約1万人に上った。儒教の諺にいうように、平和と戦争の違いは、平和時には息子たちが父親たちを埋葬するが、戦時には父親たちが息子たちを埋葬するのである。悲しいことに、一世の父親の多くが強制収容所で息子たちを埋葬したのであった。

　ロイヤル・マナカは、モンテレー半島のわが故郷に運よく生還した一人であった。第442部隊の兵士であったマイク・マサオカは後に、アメリカの日本人社会の指導者や代弁者の一人となった。彼の著書「人は私をモージズ・マサオカと呼ぶ」の中で、ロイヤル・マナカについてこう書いている。

　「私にロイヤル・マナカという、もう一人いい友達ができた。彼は以前カリフォルニア州モンテレー出身の漁師だった…。賢くて物わかりのいい一等軍曹は、快活な仲間と堅苦しい仲間との中間に入る人物かな。マナカは最高の友人の一人だった。」

ロイヤルは運よく生きてアメリカに帰ってきたことだけに留まらない。彼は最高の人たちの一人であったし、現在もそうである。ロイヤルは一世と二世の下位文化が混合した諸価値の最高のものを体現している。彼は父親の言葉を覚えていた。「ルーイ、マナカ一家や日本人の社会に恥を持ち帰るな。」ロイヤル・マナカが持ち帰ったのは名誉の旗であった。

　第二次世界大戦中、米国陸軍で武勲と剛勇で奉仕したモンテレー出身者が他にも多くいたのは当然である。有名な第442 RCTの「とことんやれ」部隊には多くの、現在あるいは以前の住民が加わっていた。この中で現在生存している人たちは、ノボル・カトウ、ディック・カワモト、ユージーン・コダニ、ビル・オモト、ハルミ・オワシ、ユキオ・スミダ、タク・ササキ、ヨシオ・ヨコミゾの諸氏である。ミヨシ・サイトウとミッチ・スミダは第442部隊の衛生兵としての任に当たった。ジョー・イチウジは第442部隊を支援する第522野戦砲兵部隊に所属した。ティム・ミゾカミはヨーロッパでの戦闘の一つで戦死した。戦前のモンテレーの男性で第442部隊に仕えた人たちが他にもいたが、現在亡くなっているのは、ハルオ・エサキ、トム・カキモト、キー・ミヤモト、ハリー・オオタニ、イサム・サカイ、カズ・スガノの諸氏である。

　他の三人のミヤモトもまた、国家のために奉仕をした。オイスターは一等軍曹にまで昇った。マヤは1944年から1950年の間、諜報活動に従事した。ゴーディはポストンで徴兵され、1944年から1946年まで兵役に就いた。ヒガシ兄弟のヨシカズとマサミの二人は1941年3月に徴兵された。ヨシュは後、陸軍士官学校を卒業して太平洋で服務し、陸軍中佐の階級で退役した。大学へ行くためにキャンプを後にしたタク・ハットリは医学部を修了する前に、二等軍曹として仕えた。彼は最後の割当期間をウオルター・リード病院、およびドイツで過ごし、1963年に大佐の階級を持って軍隊を退いた。

　戦時中、兵役とは異なった、しかし同様に重要な形で国家に奉仕した人たちがいた。これらの人たちは陸軍情報部語学学校（the Military Intelligence Service Language School, MISLS）で教育に当たり、太平洋戦争中、言語教育をして支援し、米国の軍事行動にとって要となる情報をたぐり寄せる上で重要な役割を果たした。MISLSは、1941年サンフランシスコのクリセイ・フィールドから、1942年ミネソタ州のキャンプ・サビジへ、また1944年ミネソ

一等軍曹ロイヤル・マナカが、ロデリック・マザソン大尉から軍務功労賞を受け取っている場面。賞は、マナカがヨーロッパ戦闘中、補給品の調整で第442RCTに指導性を発揮したことに対して、第三陸軍、陸軍中将トルスカットの権限で贈られた。

マナカ家収蔵

故アルとアイコ・イトウの息子、幼いデイル・イトウが、米国陸軍に徴兵されたキー・ミヤモトに手を差しのべて、さようならを告げている。モンテレー駅でデルモンテ急行に乗り込もうとしているキーは、米国が戦争に突入する9ヶ月前の1941年3月19日キャンプ・ブートへ向かった。

ゴーディ・ミヤモト収蔵

タ州のフォート・スネリングへと移り、国防語学学校（the Defense Language Institute, DLI）に形を変えた。今日DLIはモンテレーのプレシディオに所在する。

　MISLS卒業生による尋問と情報収集の仕事は前線で役立ち、それによって米国軍隊の命を救い、戦勝への貢献を意味することがしばしばあった。それに対する感謝の気持ちを表すために、カリフォルニア州モンテレーのDLIで、三棟の建物が戦死した言語学者に献じられてきた。ナカムラ・ホール、ハチヤ・ホール、ミズタリ・ホールである。傑出したMISLSの指導者の中にシゲヤ・キハラとゴロウ・ヤマモトがいた。二人ともDLI教職員で、教授として秀でた経歴を勤め上げてきた。彼らは今日モンテレー半島に住んでいる。

　第二次大戦における二世の役割に別の側面があった。この側面に「ノーノー・ボーイズ」（No-No Boys）の問題があった。これらは入隊年齢に入る267名の二世男子で、すべての被抑留者の忠誠心をふるいにかけるために使われた質問紙の問27と問28に、「ノー」と答えた少年たちであった。工夫を凝らしたこの審査には、次の二つの質問事項が入っていた。

　問27　あなたは米国陸軍に仕え、いかなる場所

第五章　強制収容

でも命令とあらば、戦闘の義務を負うことを潔しとしますか。
問28　あなたはアメリカ合衆国に無条件の忠誠を誓い、海外もしくは国内の勢力によるいかなる、あるいはすべての攻撃から、米国を忠実に守り、日本の天皇や、その他外国政府、権力、組織に対するいかなる形の忠誠や従順も否認することを誓いますか。

これらの2つの質問に「ノー」と答えた人たちは、「ノーノー・ボーイズ」として知られるようになった。彼らは米国陸軍に疑念をもたれ、徴兵抵抗者と見なされ、特殊キャンプや施設に振り分けられた。

二つの質問に「ノー」を選んだ若い日系アメリカ人の一人がジャック・ニシダであった。ジャックはロイヤル・マナカの義理の弟であった。ロイヤルは第442 RCTに仕えたが、ジャックは「ノー」と言った。なぜジャックがこのような返事を決意したのか、またその危険性を知らなかったのか。この難題を説明するには、ジャックの若さと、日本人家庭の文化および権威の役割との兼ね合わせを、ひもとかねばならない。

ジャックは1926年2月、カリフォルニア州インペリアルで生まれた。彼の両親であるゲンベイとワキ・ニシダは二人とも熊本県出身の移住者であった。ニシダ一家は少しばかりの農業をするためにインペリアル・バレーに落ち着いた。ジャックは戦争が始まったとき、カリフォルニア州エルセントロに住んでいた。ジャックは高校2年生として、自分のことを普通の16歳のアメリカ人と考え、世界の問題に別段関心を払っていなかった。

「私は日本やアメリカについて何の考えもなかったんです。普通の高校2年生だったしね。そのとき戦争勃発だ。すると突然、な、みんなが指を突き出して、お前はジャップだ、って言ったんです。それはひどい偏見だった。その時になって私は、彼らに関する限り私は、アメリカ人ではないんだ、ってことが分かったんです。」

ジャックが言うには、「約1週間で私たちの持ち物を片付けた」あと、家族にいくつかの品目をまとめるのに24時間が与えられ、それからバスでアリゾナ州ポストンのキャンプへ直接連れて行かれた。

やっと17歳の年齢になって初めて過酷な人種的悪口雑言に直面し、また周囲の混沌とした状況に途方に暮れたジャックは、二つの質問に「ノー」と答えたばかりでなく、米国市民権を放棄した。以下はジャックの当時の記憶である。

「えっと、17歳のときだったっけ。父はねえ、私に徴兵の声がかかったら、親類を敵にして戦うことになるからと、それはもうやかましかったんですよ。

私たちはそのことについて大激論をやった。父は、私が米国陸軍に入隊することを望まない、と言うんです。親類と戦うのだから。そのことでずいぶん意見を戦わせて、最後に私は、分かったよ、父さんの言う通りにする、と言いました。私は市民権を放棄することまでやりました。」

ジャックにとって、それは火急の問題ではなかった。そのときは本当に、政府が家族の憲法上のいろんな権利を奪い去るのが悪い、と思った。しかしジャックの目には、この問題は「非常に些細な部分」でしかなかった。ジャックが言うには、むしろこうだった。
「私は野球、バスケットボールやフットボールといった運動競技にかなり没頭していて、そんなのたいした問題ではなかったんです。」

ジャックは自分の行動に代価を払ったし、また二重の義務を果たした。戦争の最後6ヶ月間、キャンプ・ポストンから引き離され、他の「ノーノー・ボーイズ」と一緒に、ニューメキシコのサンタフェにある司法省の特別治安キャンプへ送られた。父親の権威を尊敬することが彼の最初の義務であった。これはどの二世の子供も学んだものである。両親や目上の者の権威に服従することは自動的であった。結局ジャックは父親に屈して、言葉上の不一致や葛藤の苦しみを避けたのであった。

彼の二つ目の義務は、彼の国家つまり合衆国に奉仕することであった。彼の父親は個人的には戦争で打ちひしがれていたが、戦争が終わったときに、兄のニシダが息子に言った。「なあ、お前も好きなことが何でも出来るぞ。」そこでジャックは、1946年の初めに家族とモンテレー半島に帰還してから、米国陸軍に志願して入隊し、ワシントン州フォートルイスで18ヶ月間兵役に就いた。なぜか。「それは私がやりたいと思っていたことでした。それをやってみたいと、いつも思っていたんですよ。」ジャックはこう説明した。結局彼は、意図的であれ事情によってであれ、父親に対する服従と合衆国への忠誠の双方をやってのけたのである。

戦争の第一の犠牲者は真実であるといわれてきた。日米間の戦争の熱気の中でもう一つの犠牲は、一世の父親と二世の息子との関係であった。この関係は三つの理由で苦悶した。第一に、「ノーノー」問題に目と目を合わせて見ることができなかった、二世代間の苦い不一致が引き起こした苦悩であった。第二は、一世の父親の苦悶で、心の内なる忠誠心の葛藤であった。第三は、二世の息子の怒りで、青年期特有の天真爛漫さが、成長盛りを楽しむアメリカ少年の喜びを否定された苦悩であった。

ジャックは戦後モンテレー半島に帰還して、最初はイタリアの漁船員と一緒にイカ漁に従事し、結局

は造園師としての職業に落ち着いた。彼の最初の妻ジューンを1975年に失ったが、二人の間にナンシー、ペギー、デイビッド、コニーの四人の子供が生まれた。ジャックは愛する妻を失って苦悩したが、1980年9月にタケコ・タカハシと再婚した。ジャックの言葉では「人生を二度生きる喜びであった。」地域社会の人々はジャックが、JACL、エル・エステロ教会、その他の組織に大きく貢献してきたことを知っている。ジャックは戦争と人生の悲劇からさらに賢くなり、自分の信念から慰めを得て、現在平穏に暮らしている。

　振り返ってみると、「ノー」の答えの理由はさまざまである。それは時代の脈絡の中で意味を持つ。ジャック・ニシダが「ノー」と答えたのは、父親とのそれ以上の激しい口論を避けたかった面もあったし、父親の権威を尊重したためでもあった。他の人たちが「ノー」と答えたのは、政府が彼らの基本的な憲法上の権利を剥奪するに及んで、その悪行について正当な過程や証拠を示す恩恵も与えないことに抗議するという、市民的な不従順の表明に他ならなかった。一世の中には、軍事上の危険を全く有しない一方で、深くしみこんだ文化的絆をただ断ち切れないものもいた。さらに、日本に生存している親類をもつジャックの父親のように、息子が戦争で敵対して戦い、他方で家族関係を抹殺してしまいかねないのを見るに忍びなかった人もいた。こういった観点で見ると、ジャックが「ノー」と答えたのは多分理解可能であるし、勇気ある行動であったとさえいえよう。

　被収容者の見方では、10カ所のWRAキャンプ内の生活は非常に似通っていたようである。家屋や事業の喪失、集合センターの狭苦しい居場所からくる最初のショックをいったん通過すると、次のショックは、キャンプの彼らの新しい「家」に入ったとたん、個人のプライバシーの喪失に直面したことである。

　一律に建てられた仮設小屋は長さ約120フィート幅20フィートで、長さに沿っておおむね5ないし6家族単位に仕切りがあった。標準20フィート×24フィートに多少のばらつきを持った広さから、ちょっと変化を持たせた部屋が、家族規模に従ってあてがわれた。割り当てられた仮設小屋に足を一歩入れるやいなや、多くのものが悲しみ、絶望、不信でため息をついた。彼らが目の当たりにしたのは、後にしてきたモンテレー半島の彼らの居心地のいい家とは著しく対照的な、殺風景な建物であった。食器棚も、プライバシーのための仕切り壁も、家具も、器具も、浴室も全くなかった。一個のストーブと政府支給の簡易ベッドとマットレスだけが被収容者を迎えたのである。冬の冷気がタール紙と外部の木材の間からヒューヒューと音を立てて入ってきて、強

152 アリゾナ州ヒーラの第1キャンプのブロック編成マップ。物理的配置はキャンプによって異なったが、ブロック編成は基本的に類似していた。このキャンプにいた13,000人のほとんどはサンガー、トゥーロック、トゥレアー、サンタ・アナの各集合キャンプから来ていた。

デイビッド・ヤマダ家文書

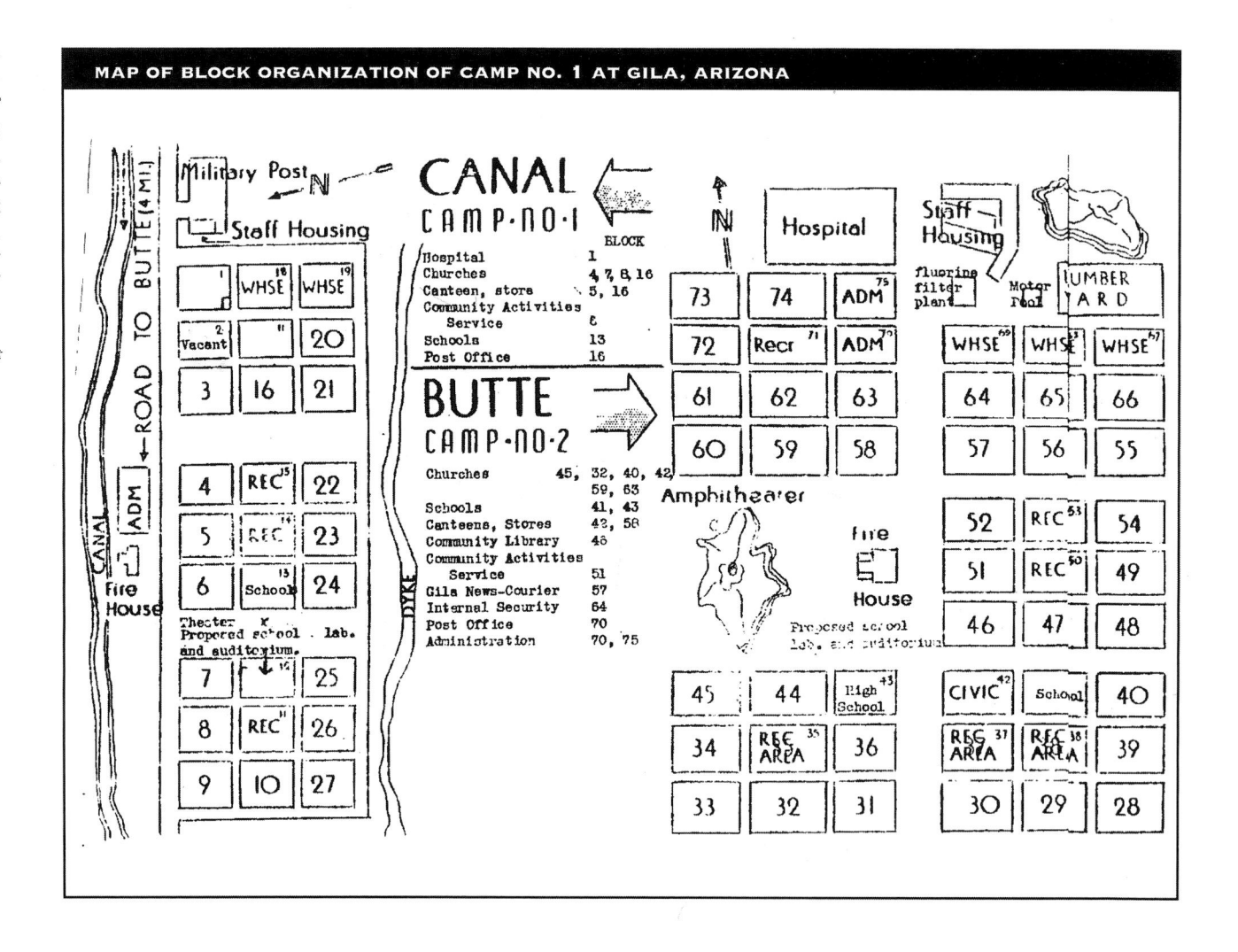

第五章　強制収容

風はしばしば壁の割れ目から砂を吹き込んだ。ああ、懐かしの我が家よ。

　各キャンプはブロックに分けられ、各ブロックは郵便物やキャンプ管理のための番号が付してあった。各ブロックは男、女、子供、平均約600人を目途に約24の仮設小屋が設けてあった。一つのブロックはさらに二つの区域に細分された。各区域には共同の食堂と、入浴や洗濯、レクレーション用の中心施設があった。多くの被収容者は彼らのブロックの番号を覚えている。というのもこの番号は、戦時中の強制収容による残りの年月の間、「家」の役割をしたからである。キャンプの住宅は全く殺風景であったが、個々人の創意や限られた支給物の創造的な使い方によって、次第に住めるものになっていった。

　コダニ一家はアリゾナ州ポストンの第2キャンプへ行って、ブロック番号219-13-Hをあてがわれた。コダニ一家の強制収容に先だって、ゲンノスケ・コダニの共同事業者の妻であるA・M・アラン夫人が、親切にもコダニ一家の忠誠心と良心を証言する一通の概括的な書簡を書いてくれた。キャンプにいる間に彼らの息子セイゾウは、第442連隊RCTで奉仕する徴兵に志願したが、身体検査の要件に合格しなかった。キャンプの管理人ジェームズ・D・クローフォードと陸軍少将J・A・ウリオは、セイゾウの忠誠心ある行為に敬意を払い、これからの雇用確保に力を貸した。

　セイゾウ・コダニの書簡の中の二枚のメモは注目に値する。いずれも1942年2月1日の日付で、カーメル・ハイランズ消防局（the Carmel Highlands Fire Department, CHFD）の局長、ジャック・イートンの署名がある。最初のメモは署長補佐マーク・チベッツとの共同署名で、CHFDはコダニの消防車と装備を検査した結果、「これまでに破壊行為を試みた証拠なし」と示されている。明らかにいえることは、破壊行為の可能性という推定が、一消防署の信頼され、頼りにされている成員にさえも行われていたことである。

　二枚目のメモは、消防委員会の委員長である海軍大将J・S・マッキーンとの共同署名で、コダニに、CHFDの職務上の地位に有給休暇を認めたものであった。さらにコダニは、モンテレー半島に帰還したらすぐに、キャンプに向かうときに維持していたCHFDの同じ地位を続ける権利を有することを合法的に保証されていた。多くの人が知っているように、実際コダニはカーメル・ハイランズに帰ってきてCHFDの警防指揮官になった。

　いったんキャンプ生活が似たような日々の生活に落ち着くと、市民生活の諸相の多くが再現した。例えば1943年2月6日、セイゾウは、キャンプ内で

セイゾウ・コダニとフミエ・サコダの結婚許可証と証明書。1943年2月6日、ポストン第2キャンプにて結婚式挙行。

コダニ家文書

　プレスビテリアンの儀式にのっとってフミエ・サコダと結婚した。結婚証明書へのヨネオ・ジョン・ゴウタの署名は、彼が、セイゾウの結婚式で立会人と新郎の付添人の両者の役割を果たしたことを示している。

　日常のキャンプ生活以外に、被収容者の黙した心に去来するものが何であったかを想像するのは困難である。無理矢理に引き離された家族が再会するかどうか皆目見当がつかないという精神的衝撃は、ここの日々の生活で癒されうるのか。ここにこうしていて、物質と魂の損失が償われうるのか。ここにこうしていて、モンテレーの広大な空間とキャンプの有刺鉄線の柵との間の極端な心情的差を、十分に克服できうるのか。

　タジュウロウ・ワタナベの家族の成員の胸の内をよぎっていったに違いないものが何であったか、考えてみよう。戦争が勃発したとき彼は、FBIに一斉検挙されたモンテレー半島の合法な外国人居住者15人の中の一人であった。最初は釈放されたけれども、すぐに家族と引き離され、ノースダコタ州フォート・リンカーンおよびニューメキシコ州ローズバーグの司法省管轄の特殊キャンプへ送還された。ワタナベは1942年7月13日、スーツケース三個、12ドル9セントが入った封筒、箱一つ、バッグ一つをもって、ローズバーグのキャンプで入所の記帳

をした。

　ワタナベは最後には、1943 年遅くにアーカンソー州キャンプ・ジェロームで家族と再会した。モンテレー湾の広大な海原とは対照的に、またアワビ漁師として楽しんだ成功とは裏腹に、彼に割り当てられた仕事はキャンプ内食堂の手伝いで、月 16 ドルの支払いを受けた。彼のアワビ母船エンプレス号と潜水備品一切がっさい含めて、なんと合計 200 ドルで売られたことを、モンテレーの友人コタード・ロエロからワタナベ一家に知らせる 1943 年 7 月 8 日付の手紙を受け取ったとき、彼はどんな思いであっただろうか。別のモンテレーのアワビ漁師一家ハットリ家は、彼らの漁船タナミ号と用具一式でわずか 350 ドルしか手にできなかった。戦時中の市場は被収容者に好意のかけらもなかった。

　1942 年 5 月のことであった。シバサキ一家はモンテレーのデイビッド・アビニュー 141 番地の借家を後にして、家族の友人たちとカリフォルニア州ルーミスへ行った。七人の娘たち（息子一人は後キャンプで出生）とともにトクハキとハツエはすべてのものを後に残してきた。長女トシコが覚えていたのは、「母がミシンといくつかの個人的な所持品を持って行った」ことだった。それから一家全員はメリースビル集合センターからトゥーリ・レイクへ送還された。

　キャンプ生活を体験できるだけの年齢に達していれば、そのイメージを忘れえないであろう。トシコはキャンプ生活がシバサキ家にとってどのようなものであったかを回想している。

　「木造の仮設小屋の天井ときたら仕切りがなく、何もかも丸見え、筒抜けに聞こえ、電灯の明かりは素通りだったわ。浴室は一方に男性用、もう一方に女性用があって、その間に一枚の壁があるそんな構造だったの。それに歯を磨く場所ときたら飼い葉桶みたいな細長い箱で、水は一方の端から他方の端へ流れ落ち、その箱を覆うものなど何もなかったの。」

　トゥーリ・レイクは一年のほとんどが埃っぽく、

「所持品の申告」にタジュウロウ・ワタナベの個人的な所持品目が列挙されている。ニューメキシコ州ローズバーグの司法省管轄のキャンプに入るに際してのもの。

ワタナベ家文書

```
Form WRA-21
Rev. 10-42                WAR RELOCATION AUTHORITY
                     Jerome      Relocation Center
                         NOTICE OF ASSIGNMENT
Name  WATANABE, Tajuro              Identification No.  X 1403-D
Address  41-7-F                M( ) F( )    Aug. 1, 1900
                                (Sex)      (Date of Birth)
Assigned to: ADMINISTRATIVE MANAGEMENT--Mess   2620 Miso
                     (Division)                (Section)
Miso Helper
Classification        Rate of Pay  $16.00    December 3, 1943
                                            (Entrance on Duty Date)

                                        WILLIAM C. LOVE
                                          (Placement Officer)
(Signature of Section Head at time worker
       reports for duty)
                                       Tajuro Watanabe
D. J. B_____                              (Worker's Signature)
Original - Budget and Finance Section
Duplicate - Placement Section
Triplicate - Division to which Assigned   Budget Bureau No. 18-R009-42
Quadruplicate - Worker                    Approval Expires 8-31-44
Quintuplicate - Welfare Section
                              (QUADRUPLICATE)              6-5902
```

月16ドルの給与支払い書。アーカンソー州キャンプ・ジェロームでの仕事に対して戦時転住局からタジュウロウ・ワタナベに発行されたもの。

ワタナベ家文書

冬は多雨多雪であった。社会的活動は盛んで、映画は約10セントであった。仏教徒やキリスト教徒向けの宗教的活動もまた、それを望む人たちにはできた。シバサキ一家はトゥーリ・レイクに早期に到着した家族の中にいた。彼らは自由にキャンプの外に出てカダス山へピクニックに行った。しかしキャンプを囲む有刺鉄線のフェンスは、承諾なしの強制収容と真の自由の限界とを、絶えず想起させた。

トシコはトゥーリ・レイクで高校を終えると、食堂で働き始めた。支給額はほとんどの仕事の場合、技能によって1ヶ月当たり12ドルから19ドルであった。トシコの両親は月に16ドル稼いだが、これはトゥーリ・レイクでの仕事としては平均位だった。高校を卒業したころ、ロマンチックな運命がトシコの人生に入り込んだ。ウエダ一家は、トゥーリ・レイクのキャンプから750マイルから800マイルほど離れたワイオミング州ハート・マウンテンに移転していたのだが、ウエダの息子ジョージはそれまでトシコとデートを重ねていた。彼らに直面しているのは不確実性であったけれども、愛が勝利した。ジョージとトシコは結婚してハート・マウンテンに移動し、シバサキ家の残りの家族はトゥーリ・レイクに留まった。

1945年9月、ジョージは米国陸軍に徴兵された。軍部はジョージに彼の新しい家族を移転させる時間を与えた。そこで彼は中古車を買い、トシコ、生後9ヶ月の娘、彼の母親、彼の妹を全員伴ってワイオミングを出た。シバサキ一家が食糧果樹園を借地していたカリフォルニア州ルーミスに短時間立ち寄った。1947年にシバサキ一家とトシコはモンテレーに戻った。彼らは強制疎開の前に住んでいたもとの家、デイビッド通りとウェイブ通りの角にある家の二階を借りた。

ジョージが兵役についていた間、トシコはリードレーの美容院で短期間働いたが、その後モンテレーに移って若干の家事をした。彼女の母親ハツエは缶詰工場での仕事に戻り、父親トクハキは「デルモンテ・プロパティーズ」に働きに行った。彼女の夫ジ

キャンプ・ジェローム 41-07-B のタジュウロウ・ワタナベの妻エイコ宛にきた手紙。この中で一家のアワビ漁船エンプレス号と潜水具が 200 ドルで売られたことが記されている。

ワタナベ家文書

ョージが軍務上の旅から帰ってくると、彼は造園業を少しやり、パシフィック・グローブで、退職を迎えるまで「ワトソンズ育苗園」の所有者となった。

　収容所体験を要約するように求められてトシコは、幸運が混じり合った苦労話をした。

　「そうですね、夢のようではあるけれども、大変な経験でしたわ。私たちの年齢集団のためにレクレーションのようなものがあったりしたので、強制収容は悪すぎではなかったわ。でも一世の両親には辛かったでしょう。失った物が多すぎたから何もかも辛かった、ということですよ。再定住も苦労でした。だって再移住したときの持ち合わせは多くなかったし。だから、私たちが今の状態に辿り着くのに、かなり懸命に働かなくてはならなかったんです。」

　立ち直って懸命に働き、「現在」はかなりいい。結婚した二人の娘ゲイルとマイラ、それに次の世代の孫たちとともに、ウエダ家は現在モンテレー半島で快適な生活を送っている。1993 年ジョージとトシコは結婚 50 周年記念を祝った。

　トシコ・シバサキ・ウエダの人生に重要な注釈がいる。戦争と強制収容は、トシコが 1942 年 6 月にモンテレー高校の同級生と一緒に卒業する機会を奪った。51 年後の 1993 年、卒業を迎えたクラスが、トシコとあと 3 人の二世の級友をモンテレー高校の

GENERAL FISH CORPORATION

· CRUZMAR FILLETS · SLICED ABALONES OUR SPECIALTY · MUNICIPAL WHARF

PRODUCERS AND WHOLESALERS
TELEPHONE 5549 · P.O. BOX 469
MONTEREY, California

July 8, 1943.

Mrs. Eiko Watanabe
41 - 07 - B
Jerome W. R. A.
Denson, Arkansas

Dear Mrs. Watanabe :

　I sold your husband's fishing boat for $100.00 and his diving helmet and hose for $100.00.

　Enclosed you will find two checks for $100.00 each which your husband requested me to send to you.

　I am very sorry that I could not get more for the boat, but it was beached during a storm and the best I could do was sell it as it was on the beach.

　　　　　　　　　　　　　　　　Yours very truly,

　　　　　　　　　　　　　　　　Cottardo ("Monk") Loero

　Do you know where the Hattori's are ?

　I have some money for them for their boat, but do not know where to send it.

卒業式に特別来賓として招待する栄誉を与えた。トシコ・ウエダ、フランク・タナカ、ジム・ウエダ、ユージーン・コダニから成るこの選ばれた「1942年のクラス」は、実際に行列の先頭に立った。それぞれが教育委員会の決定による特別な卒業証書と、1993年のクラス、職員、一般市民から割れるような歓声を受けた。1993年6月10日のあの日、彼らは誇り高く行進した。

テキサス州のクリスタル・シティはあまり知られていないが、一世と二世の生活の中で重要な戦時中のエピソードが残る場所である。ここで、1915年モンテレー半島に定住した一世であるセツジとフジコ・コダマについて見てみよう。彼らは魚卸売業を始め、1920年にはドライクリーニング業の「アウル・クリーナーズ」を設立し、彼らの残りの人生をここに捧げたのであった。

1942年2月11日の朝、FBIがモンテレーのワトソン通り330番地のコダマの家に到着し、セツジ・コダマを逮捕した。その理由は何か。察するに彼が*日本人会*（地元の日本人協会）の会長として奉仕してきたから、また家族訪問のため日本へ行ったことがあるから、さらに日本の皇族を含む日本からの著名な客をもてなしたから、はたまた仏教徒や日本人社会の中で指導的な役割を担ったから、であろうか。しかしどんな罪を犯したというのか。いかなる犯罪行為も言及されることなく、証明されることなく、正当な過程を踏むことも全く許されなかった。人種的血統と日本人社会での指導的地位にあることで、政府は、コダマはスパイ行為や破壊活動に巻き込まれる恐れあり、と見なしたのである。

コダマが他に14名の地元の一世とともに逮捕されたとき、家業経営の負担がコダマ夫人と19歳の長女グレースにのしかかった。他の三人の子供たち（ジョージ13歳、ハロルド11歳、マーガレット9歳）は若すぎて家業の手伝いにならなかったが、感情的な混乱と父親の出発によって引き起こされた心配を理解できる年齢に十分達していた。想像してみるがいい。ある日学校から帰宅してみると、あなたの父親が連れ去られていなくなり、それが軍事的な危険分子で政治的に不実であるという仮定で投獄された、と知ったときのことを。しかし事実、彼らの父親は何の罪も犯していなかったのである。

コダマ氏は、戦時中の不確かで苦痛に満ちた波乱に富んだ苦難の旅をモンテレーから始め、それからサンフランシスコ、シャーペ・パークの米国移住センターへ連行された。そこからノースダコタ州ビスマルク、ニューメキシコ州ローズバーグ、ニューメキシコ州サンタフェといったいくつかの場所を転々としながら、最後にテキサス州クリスタル・シティへ連行された。クリスタル・シティは米国司法省管

第五章　強制収容

轄のいくつかの特別強制収容所の一つであった。被収容者は、日本への忠誠心を疑われて、ここに隔離された。

クリスタル・シティの強制収容キャンプは、一般に公表されていない理由がいくつかある点で、歴史的に重要である。このキャンプが垣間見せてくれるのは外交的なエピソードで、人権が政府の国益の定義と葛藤を起こすときに、一連の悲劇的な出来事がどんな経過を辿るかということを示しているのである。日米間の外交と戦争のチェス・マッチでお先棒を担がされた、これら日本人の奇異な運命をクリスタル・シティは例証しているのである。

1890年代の終わり頃を皮切りに、日本からの契約労働者たちはペルーやその他ラテンアメリカ諸国に移住し始めた。1941年7月までに米国政府は、日系ラテンアメリカ人所有の会社を公式の「ブラックリスト」に載せていた。日本企業の経済活動阻止をねらった政策であった。真珠湾攻撃の2ヶ月前、米国政府はペルー、パナマ、エクアドル、コスタリカの政府と交渉して、これらの国に居住する日本人を検挙させた。これら日系ラテンアメリカ人は米国司法省管轄のキャンプに移送され監禁された。

合計2,260人の日系ラテンアメリカ人のうち80パーセントがペルー人で、そのうち約600人の日系ペルー人がクリスタル・シティで終わった。人口5,000人ほどの小規模農業社会であるクリスタル・シティはニュエーセス川に臨み、サンアントニオの南西約120マイル、ラレードの北西120マイルのところにある。1944年12月、日本人2,371名、ドイツ人997名、イタリア人6名がクリスタル・シティのキャンプに入っていた。

国務省と司法省が支援する移民・帰化局が、この移住性農業労働用キャンプを2世帯用、3世帯用の小屋に変え、日本人被収容者を住まわせた。家の設備は、10カ所にあるWRAのキャンプよりもプライバシーを家族に与えたが、クリスタル・シティの強制収容所は依然として、高さ10フィートのフェンス、監視塔、投光照明で囲まれていた。

モンテレーからきたコダマ一家はクリスタル・シティが最後であった。これら日系ペルー人、ドイツ人、イタリア人と同じキャンプを共有したジョージ・コダマは、次のように回想した。

「ペルー人ね、彼らは本当に出し抜かれた人たちだった。私たちには彼らが誰なのか、またどんな状況下で来ることになったのか、分からなかった。私たちと同じように見えるけれども、スペイン語を話して、多くがスペイン語の名前やペルー人の名前を持っていた…。これらの人たちの多くは非常に裕福だった。こういう人たちがこんな所に送られるなん

て全く辛かったろうよ。私たちの両親よりずっと若く見えたし。事実、私たちより少し年上だったんだろう。彼らが来たとき、幼い3、4、5歳の子供たちを連れていたからね。」

　言葉が壁となって、日系アメリカ人と日系ペルー人はキャンプで交わることはあまりなかった。二つの日本人集団は同じ学校へ行き、キャンプ内の設備を共同で使ったけれども、主として互いに孤立したままだった。キャンプ内の指導的な地位の多くに、日系アメリカ人が就いた。

　外交的な悲劇の終幕には、クリスタル・シティに監禁された日系ラテンアメリカ人を民間人質として使うという、米国政府の計画が登場した。これら日系ラテンアメリカ人たちは、日本の初期の戦勝で捕らえられたアメリカの戦争捕虜と交換されることになる。1942年6月18日、米国政府のチャーター船であるスウェーデンのグリップスホーム号が1,065人の日本人を乗せてニューヨーク港から出帆したが、その90％は日本の外交官や領事館員であった。1943年9月2日、グリップスホーム号は、日本人の日本への本国送還の2回目のグループと米国の軍関係者を交換するための運行をしていた。

　3回目の捕虜交換計画が米国国防省によって講じられ、1945年1月3日に予定されたが、実行されることはなかった。およそ900人の日系ラテンアメリカ人が「グリップスホーム・プロジェクト」の一環として本国送還されることをみんなが話していた。グリップスホームの話はここでは適切である。というのもその中に一握りの日系アメリカ人が捕虜交換計画に含まれていたからである。

　モンテレーのシズコ・シオザキはグリップスホーム号に乗って日本に送り返された日系アメリカ人捕虜の一人であった。彼女は1924年、ワトソンビル市でキンゾウとツルコ（ワタナベ）・スギヤマとの間に生まれた六人兄弟の最年長であった。彼女に続く五人の兄弟はチヨコ、シン、ケン、トオル、イサムであった。シズコの父親は芸術家で、1930年代初期に他界し、彼女の母親に家族を養う全責任を託した。現在シズコとシンだけが生存している。

　戦争が勃発したとき、シズコの両親はワトソンビルの町中で小さな食料品店を営んでいた。家財道具や父親の芸術作品はすべて倉庫に入れられたが、後日放火で破壊された。失望の中であきらめる方が易しかったかもしれないが、シズコは違うように教えられていた。

「私たちが両親から教えられていたことは、苦痛、憎しみ、不名誉なことに体力を消耗しないで、むしろそのエネルギーを使って、逆境にあっても、より善良で、気高く威厳をもった人になるような仕事に

精進する方がいい、ということでしたの。」

そこで父親のいない家族は前進した。サリナスのロデオ用地やタンフォーアン競馬場の集合センターに立ち寄った後、スギヤマ一家はアリゾナ州ポストンへ行った。第2キャンプが、1942年4月29日から1943年8月24日までの間、彼らの住まいになった。

警告なしにスギヤマ一家は日米間の捕虜交換というグリップスホーム旋風に巻き込まれた。最初彼らは北カリフォルニアのトゥーリ・レイクのキャンプへ移動するよう命じられた。今日に至るまで明かされないある理由で、彼女の家族はグリップスホーム船客リストに載っていた。スギヤマ夫人と6人の子供たちはニューヨークへ汽車で移送された。そこからスウェーデンの船、*M.S. グリップスホーム*号が1943年9月2日に出帆することになっていた。

シズコはグリップスホーム号に乗船したときの信じがたい旅を思い起こした。それは、奇妙な航路を取りながら途中いくつかの港に寄港し、日米捕虜交換現場であるゴアへ彼らを連れて行く旅であった。
「グリップスホーム号はニューヨークを出航しました。私たちは、リオデジャネイロへは二番目の旅でしたが、さらに日系外国人居住者を拾いながら、引き続きモンテビデオ、南アフリカのポートエリザベス、最後は捕虜交換のためにインドのゴアへ航海したんです。私たちは巡航定期船に興奮して、日本の軍用船から降りてくるアメリカ人たちを埠頭越しに見たのです…。米国政府の役人たち、宣教師、新聞記者、その他一般市民からなる集団でした。」

何と奇妙であろう。シズコは19歳のアメリカ市民であった。それなのに彼女は、他ならぬ自分の国の政府が交渉した捕虜交換で、アメリカ人とここで差し替えられていたのである。

1940年代のゴアはまだ、アラビア海に面した西インドに所在するポルトガルの飛び領土であった。シズコの記憶では、捕虜交換が終わると彼女の家族は「日本の軍用船に乗り、シンガポール、マニラ、続いて日本へと向かった」のであった。「乗船3ヶ月の難儀の後、シズコと母親、五人の兄弟は、やっと日本に辿り着いた。シズコは日本に留まって1949年に米国へ最初の帰国を果たし、1952年にカリフォルニアへ永住の帰国をした。

シズコは米国市民権を決して捨てなかった。終戦時日本に住んでいるアメリカ市民として、彼女は日本人に「時に疑念と敵意が向けられる」のが分かった。所詮シズコは、一方で交換され他方で拒絶される国持たずの人間であった。シズコはまた、「空から雨のように降ってくる爆弾」と描写するドゥリト

第五章　強制収容

161

ル空襲の恐怖も経験した。シズコは助かろうとして、落ちてくる爆弾のヒューヒューと鳴る音に恐怖で耳をそばだてながら、とっさに逃げることを学んだ。幸いにも彼女の家族は襲撃を無事に乗り切った。

シズコは、マッカーサー及び連合国最高司令部による日本占領中に横浜の第8軍司令部、第179財務課の文官としての仕事を見つけた。それから1949年6月サンフランシスコに帰り、エンバーカデロの「沖中士組合」で働いた。1951年4月から1952年8月まで母親や家族とともにいるために日本へ行った。1952年9月7日、カリフォルニアに永住するための帰国をした。

翌月の1952年10月24日にシズコは、当時モンテレーのパシフィック通りとフランクリン通りが交差する角に所在したプレスビタリアン教会で、ロジャー・オトジ・シオザキと結婚式を挙げた。ロジャーはモンテレーの地の人で、和歌山県出身の移住者であるオトマツとエツコ（・ナカイ）・シオザキとの間に1922年に生まれた。ロジャーはこの地で成長し、モンテレーの公立学校に通い、後ハートネル大学に入った。キャンプ・ポストンから早期退去してシカゴの防衛産業で働いた。

ロジャーはモンテレーに再定住の後、1946年から1947年まで米国陸軍に仕えた。何年もの間タイラー通りの「ロジャーズ理髪店」の所有者であったが、今はモンテレーのカス通りの「ヘッド・コーターズ」で男性ヘアースタイルを業としている。シズコとロジャーは二人の子供を育てた。ミッシェル・アン・エツはカリフォルニア州立大学バークレー校の卒業生で、サクラメントで教職に就き、スティーブン・ジョンはサンホゼ州立大学を卒業して、カリフォルニア州ベルモントで工業デザイナーとして働いている。

グリップスホームのエピソードは、歴史的な諸状況の運命的な混乱がなければ起きなかったであろう。これら状況の中にあったのは、ラテンアメリカ諸国に定住した日本人移住者、アメリカの戦争捕虜を生み出した日本の戦争初期の勝利、ラテンアメリカ諸国の政府による共謀と協約、および東京の軍部と米国政府による外交の優先である。シズコ・シオザキは諸状況が織りなす蜘蛛の糸に捕まった。彼女は戦時にあって政治的チェスゲームの中での無力なお先棒であった。

マミエ（・イナズ）・ホンダは20歳の時、お見合いによる結婚の後、1925年にモンテレーに来た。彼女の人生には多くの悲劇があった。彼女は四人の子供のうち二人を失った。やっと8歳になった娘と、筋萎縮性側索硬化症に倒れた息子であった。この個人的な喪失と、それに続く戦争の苦難のすべてを、

第五章　強制収容

マミエは威厳を持って耐え抜いた。

　戦争になったとき、マミエの夫はノースダコタ州ビスマルクの司法省管轄のキャンプへ連れ去られた。というのも彼が日本の会社にそれまで勤めていたからである。マミエは家族を最初、フレズノ地域にあるハンフォードへ連れて行った。以前脳卒中を患ったことがある病弱な母親、義理の妹とその新生児、自身の子供たちを伴って、マミエはマンザナーに収容された。

　マンザナーでのキャンプ生活についてのマミエの記憶は、喪失感と自然につながった美とが興味深い対照をなしている。彼女はこう語る。
　「風が吹いたら、それはね、すごいものでしたよ。寒いったら。床にひびが入ったこんな小屋。風が吹こうものなら、床からヒユーッと吹き上がってくるの。私たちが行った最初の日、干し草が一杯入った大きなずだ袋を一つ与えられて、私たちはその上で寝たわ…。でも私の義理の妹は乳が出なくて、まあ、赤ん坊は乳を欲しがって泣き叫んでいたのにね。」

　それでいて、さらに語られる心象の一つに、マミエは山々の美しさと冷たい氷水の舌触りを覚えていた。
　「マンザナーね、覚えているわ。そこへ行って見たのは山、美しい山々だったわ。変だわ私、この山を以前見たことがあるわ、と言っちゃいました。あの山岳一帯を『失われし地平線』という映画で見たんだ、と言ったの。そうだわ、あれが私の見た場所よって。美しかったこと。」

　おそらくマミエが見て描写したものは、人間の精神が宇宙に反映したものであっただろう。マンザナーでの失望と喪失感に途方に暮れて、マミエは美と希望に、ジェームス・ヒルトンの小説に登場する人々に非常に類似した、不老の人々が住む「チベットの山々」に彼女の目を向けたのである。

　最後の寸描に当たって、この章の初めの口述部分で「なぜ？」で始めた人の物語に戻ろう。エディス・ヨネモトはモンテレー地区の出身ではなかった。彼女は1923年にマツタロウとチカ・ヨネモトとの間に生まれ、フレンチ・キャンプのカリフォルニア農業社会で成長した。したがってエディスは自身を「モンテレー半島に移植された人間」と呼んでいる。しかしながら、1952年に半島に住もうとやって来たのはまさに、ミッキー・イチウジの新しい花嫁としてであった。彼は地元出身の二代目で、家族はパシフィック・グローブ一帯の開拓に助力した。

　エディスの話はキャンプ生活の実証的な次元のものに触れているが、この本ではそこまで踏み込んでいない。キャンプ全体の中の何百という他の日系ア

メリカ人同様、エディスも大学教育を続けるために、戦争が終わる前にマンザナーを離れる機会を得た。彼女は18歳で大学を辞め、ストックトン短期大学での前期看護学の勉学を中断しなければならなかった。というのも政府が彼女の家族にマンザナー行きを命じたからである。今になってあの同じ政府が、彼女に大学に戻る機会を与えるというのである。

エディスとその家族がマンテカから直接マンザナーへ立ち退いたのは1942年5月28日、父親の誕生日であった。カーテンが降ろされた汽車に乗ってヨネモト一家は、最初バーストーへ、つぎにローンパインへ行き、ここで再びカーテンを降ろされたバスに乗り換えて、キャンプ・マンザナーへと最後の行程を進んだ。カーテンが始めて巻き上げられて外を覗いたときのマンザナーの様子を、エディスは次のように述べている。

「私たちは早朝にバスに乗ってキャンプに着いたの。太陽をまともに見たのは（バスに乗り変えるのに）汽車を降りた時だけだったわ。だってバスに乗ったときカーテンは降りたままだったから。だから私たちがどこへ行っているのか、皆目見当がつかなかったの。キャンプに着いたらすぐカーテンが巻き上げられたの。おやまあ、こんな人気もない土地、どこなんでしょうって、みんな思ったわ。あるのは一面ヤマヨモギと砂ですもの。」

カリフォルニア東部のオーエンズ・バリーに位置するこの場所が、大学に行くために開放されるまで、エディスの住み家になるのである。

若い18歳の「うぶ」と自認する彼女のキャンプ生活は、最初は素晴らしく見えた。エディスには、料理も皿洗いもなくて、古い映画は山ほどあり、トランプやピンポン、それに年輩の人たちには趣味に工芸ができる娯楽室があった。外界からの品物の注文はすべて、キャンプの売店を通してシアーズ・ローバックやモンゴメリーウォードのカタログから行われた。赤ん坊はキャンプ内の病院で、日本人医師や看護婦によって分娩された。結婚式や教会の礼拝は仏教徒の僧侶やキリスト教の牧師によって遂行された。そして死亡者はキャンプ内の病院の背後の墓地に適正に埋葬された。

しかしそれから、現実が胸にしみ込み始めた。黒いタール紙を使った仮設小屋は、とくに床に穴があった。夜と寒い冬のための暖房として、たった一つの石油ストーブがあった。それに「食事ときたらシチューばかりで、それもラムシチューだった。」故郷の友達に手紙を書く自由はあったが、キャンプの外に出る自由はなかった。有刺鉄線のフェンスと監視塔は被収容者の自由がどんなに制限されたものか思い知らされた。約1年半の間エディスは、月16ドルで、最初はキャンプの病院で、ついで売店で働

第五章　強制収容

いた。

　それからエディスは新しい人生の旅に船出した。それは米国学生転住協議会（the National Student Relocation Council, NSRC）という組織に接触を受け、彼女の人生が永久に変えられることになった旅である。スワスモア大学学長ジョン・W・ネイソンが議長を務めるNSRCの目的は、若い日系アメリカ人が収容所から出て適切な大学に入学するのを援助することにあった。1943年1月までにNSRCは、主に米国フレンド派奉仕事業委員会のキリスト教クエーカー派がスタッフとなって、2,600人以上の学生志願者を、WRAキャンプから解放して大学に行かせる審査をしていた。全米で400校以上の大学が、これら学生を受け入れることを政府機関によって認められた。1943年1月までに大学は1,036名の学生を受け入れていた。

　エディスは、この経路で1944年1月にマンザナーを後にし、ミネソタ州ロチェスターの看護学校に通うことになった。彼女は人生の居所を見いだしていた。1945年7月までキャンプに残った彼女の父母と弟のもとを去らねばならなかったが、他の二人の妹たちは早く出ることを許された。1949年1月にエディスの父親が他界した。それでフレンチ・キャンプのわが家に戻った。そこのサンウォーキーン総合病院で、1952年にパシフィック・グローブのミッキー・イチウジと結婚するまで看護婦として働いた。彼女の親友ミヨ・エノキダが彼女のために仕事を見つけてくれたおかげで、エディスはほどなくして、カーメルのコミュニティ・ホスピタルで看護婦としての専門職に再び就いた。夫ミッキーとともに三人の素晴らしい子供たちを育て、三人とも今日、医療の専門職に従事している。

　そこには強制収容所に関する別の皮肉がある。大統領命令第9066号によって大きく破壊されていた若い日系アメリカ人の信義が、大学教育が与える希望と機会によって今や部分的に回復した。キャンプ内の彼女の多くの同年輩の人たちもそうであったが、大部分はNSRCのおかげで、エディスは看護歴を首尾よく満足して遂行することができた。最も重要なことは、NSRCプログラムがエディスにアメリカ人としての生得権、つまりキャンプを出て普通の生活をし、再び自由を感じ、夢を求める機会を与えたことである。

　日本人の血統をもつ、モンテレー半島の膨大な数の市民や合法的な外国人が、10カ所のWRAキャンプにのどこかに送還された。セツジ・コダマ一家のようにテキサス州クリスタル・シティのキャンプといった司法省のキャンプに送られた人たちもいた。ゴクイチ・ウエダ一家のようにいくつかの家族は、コロラド州ロングモントに移動したが、そこは立ち

モントレー半島出身の家族の一部リストとその強制収容先。

PARTIAL LIST OF FAMILIES FROM THE MONTEREY PENINSULA AND CAMP WHERE THEY WERE INTERNED

GILA, AZ	HEART MT., WY	POSTON, AZ	ROHWER, AR
Yamamoto	Oka	Kodani	Hattori
Nakasako	Yo	Sato	Suzuki
Hori	Hori	Manaka	Satow
Kawasaki	Higuchi	Nishida	Enokida
Esaki		Gota	Ito
Shiozaki	**JEROME, AR**	Tanaka	
Higashi	Tabata	Ichiuji	**TOPAZ, UT**
Kawamoto	Watanabe	Uchida	Hashimoto
Sasaki	Hayase	Nishi	Uyeda
Yokogawa	Miyamoto	Okumura	Shibasaki
Saiki	Kodama	Ikeda	
		Nakamura	**TULE LAKE, CA**
GRANADA, CO	**MANZANAR, CA**	Tsubouchi	Hashimoto
Kuwatani	Honda	Kageyama	Shibasaki
Uyeda	Higashi	Oka	Sugiyama
Sakurada	Yonemoto	Tsuchiyama	Yamamura
		Oyama	Owashi
	MINADOKA, ID	Takiguchi	
		Takemoto	
		Sumida	
		Morikawa	
		Fukuhara	

第五章　強制収容

した。

　終戦の光明となる一つの灯について述べておく価値がある。モンテレー半島の故郷に戻ってくる日本人にとって、彼らの不安と動揺は、1945年5月11日付のモンテレー・ペニンシュラ・ヘラルド紙の全面広告によって、部分的に和らげられた。地元の市民400人ぐらいが、エド・ウェストン、フランク・ロイド、フリッツ・ウルツマン、テッド・デュレインのような人たちに導かれて、日本人の当地への帰還歓迎広告を署名入りで出した。この広告は、「すべての人々に民主的な生き方を」と題する見出しで日系アメリカ市民の忠誠心と軍事的な貢献に対して謝意を表明した。

　ヘラルド紙5月11日版が明らかにしているのは、テッド・デュレインは当時ヘラルド紙のスポーツ欄編集長であり、新聞は一部5セントであったこと、漫画のページには一人ぼっちのレーンジャー、とんまなジョー、デキシー・デューガン、ブロンコ・ビル、バングル家の人々が掲載されていること、モンテレー市立学校制度で教師の最低の初任給は年俸1,900ドルであったことである。

　太平洋戦争の終結はまだ3ヶ月先であったが、半島で上映中の3本の映画は予言的な皮肉を扱っていた。モンテ・ベルデ通りと8番通りにある劇場では、

MP/JACL 婦人準会員団体によって作成されたこの40フィート×70フィートのアメリカ国旗は、地元日本人のアメリカ愛国を象徴した。ここに写っているのは1949年のモンテレー、アルバラド通りとムンラス通り交差点でのパレード。

ジョージ・エサキ写真所蔵

入り制限区域を、農業労働者として働く意志のあるものに開拓したところであった。若い人々の中には第二次世界大戦中、キャンプから志願もしくは徴兵されて米国陸軍に奉仕したものもいた。さらに若者の中には、彼らの基本的な権利が損なわれたという信念を含めて、さまざまな理由で米国陸軍での奉仕を拒んだものもいた。多くの若者がキャンプを早期に去って米国の大学に進む機会を得た。また農場や工場で働くために、ニュージャージー州シーブルックとかイリノイ州のシカゴといった地域に移動する目的で、1943年という早い時期にキャンプを出る機会を得たものもいる。最後までキャンプに踏みとどまったものも何人かいたが、1945年遅くか1946年早くに立ち退いて、モントレー半島に帰還

「すべての人々に民主的な生き方を」と題するこの広告は、400名を越すモンテレー半島の住民の署名入りで、日系アメリカ人の友人や隣人が戦時中のキャンプから帰還したのを歓迎している。

モンテレー・カウンティー・ヘラルド紙提供

デニス・モーガンとアイリーン・マニング共演の「砂漠の歌」が上映された。レイ・ミランドとバーバラ・ハットン主演の「また会う日まで」がグローブ劇場で、またステート劇場では、出入り口上部に主演者アン・バクスター、ジョーン・ホジアックをかかげた「軍人の日曜日の晩餐」が上映された。砂漠のキャンプから戻ってきた被収容者たちや戦争から帰還した日系アメリカ人兵士たちは、ほどなく日曜日の晩餐で、半島の隣人や友人たちと再会することになるのである。

他の州や国内の他の地域での友好度は少なく、より敵対的であったのは明らかだった。この広告に署名した400人の人々は、道徳的な信念と勇気を実証したのである。日本人居住者がその広告を見たとき、彼らの半島への帰還はまずまずであろうと知った。今日まで地元の日本人社会の成員たちは、この広告を振り返って「当地の人たちがやってくれたことはすばらしかった」と言う。この広告への署名者は「民主的な生き方を」の記事は地域社会に住む全員の、全員のための特権であり責任であるという命題を示したのである。

戦時中の剥奪と悲劇の年月を経て、キャンプからわが故郷の町への逆移動はどんな課題を生じるのか。彼らはどこへ行くのか。どんな仕事をするのか。隣人や見知らぬ人々は、彼らをどのように受け入れ

第五章　強制収容

るのか。彼らの家はまだそこにあるのか。農場、漁船、事業はまだそのままあるのか。戦争によって引き起こされた苦難と憎しみが、まだ彼らに対峙するのか。彼らとその子供たちは、人種差別の犠牲者となり続けるのか。

　実に多くの疑問と非常にたくさんの不確実さがいま、モンテレー半島に帰還している日本人に直面した。この章を始めた「なぜ？」が十分に答えられることは、まずないかもしれない。建前の上で人種偏見のない憲法が、なぜアメリカ市民からその権利を奪うことができるのかを説明するのは容易でない。腹蔵のない罪なき人々がなぜ、キャンプにむりやりに入れられうるのか、それを知るのはを容易ではない。なぜ、戦争の激情が集団やメディアによって扇動され、憎しみと差別を煽るのかを理解するのは容易でない。一世の父親や母親が、我が子の「なぜ？」の問いに答えを出すのは容易ではないのである。

　帰還した一世や二世は多くの「なぜ？」を投げかけ続けたが、いまその疑問はもっと「どんな？」の方向へ向かっている。家族の家と財産はどうなったか。現実的な問題として、モンテレー半島に帰還している日本人の家族に、どんな機会が待っていたのか。どんな扉がこれから開いたり閉じたりするのか。余りにも多くのものを奪い上げてきた制度の中で、信義を回復するために何がなされうるか。どんなアメリカン・ドリームがいま果たされるのか。かつて若者のときに抱き、戦争と強制収容で粉砕された夢の数々は、今から追求できると想像さえできたか。

　モンテレー半島に帰還している日系アメリカ人にとって、これから先の苦しい年月を生きていく上で、どんな支援団体が彼らを救ってくれるだろうか。多くの疑問に直面して、彼らの疑念や恐怖は地域住民の組織の存在によって和らげられた。食糧や家といった基本的な必需品から、二次的だが同様に重要な友情とか信頼といった必要性に至るまで、日本人の組織が、モンテレー半島への再定住に関わる多くの問題に対処してきた。そのいくつかの重要な組織について以下二つの章で見てみよう。

地域社会の老若会員が、新しく建てられた日本人会ホール前に集合。1927年、カリフォルニア。

ジム・タバタ収蔵

第六章
地域社会：そのI

一世の人たちは、それこそ懸命に働いて子供たちのためなら何でもしました…。当時（1974年）のJACLの会長はジム・フクハラ氏で、私は彼に申しました。「一世の方々に何かしてあげようではありませんか。一世の人たちはこれまで、私たちのために非常に多くのことをやってくれましたからね。」するとジムはそれに大賛成でした。会長はその考えをJACL委員会に紹介し、JACLが100％の支援をしました。それで私たちは一世会を立ち上げたのです。
──ゴロウ・ヤマモト

最初の一世移住者がモンテレー半島に到着してほどなく、少数民族のための社会組織が現れて、日本人に重要な支援機能を提供し、しばしば第2の家族のように動いた。それら組織は親交、文化、安全、レジャー、聖域といった人間の要求を満たすために形式的、非形式的に展開した。この組織化された関心の追求は少数民族集団の結束を生み出し、場合によっては地元の日本人および白人の地域社会をより緊密にすることで、人間関係も改善した。

一世がここモンテレー半島に移住してきて定住したとき、彼らは同族関係の文化を持ち込んだ。そうした拡大家族は権威の道筋を描くことに役立っただけでなく、家族の生き残りをかけた財や技術を蓄える任務も果たした。例えば、県人会ないし県協会は新しく来た移住者に、日本の同県出身者とくつろげる場を提供した。また信頼と忠誠に基づく頼もしクラブは、お金を貯めておいて、必要とする会員に貸し出した。形式張らない繋がりは血縁関係や家族が自然に拡大したものに見えた。

地域の経済や日本人社会の規模が大きくなり複雑化するにつれ、二次的組織が出現した。数十年経つ間に組織やクラブが次々にできて、共通の興味や必要性をもつ人々が一緒に集う手段を提供した。知的、経済的、社会的、文化的、また精神的な集いの場を与えることによって、そういった組織は多くの人々にとって日本人社会の活力源となったのである。

この章では、モンテレー半島の日本人社会における二つの型の組織について、その全体像が示される。最初のカテゴリーには奉仕と社会的親交に打ち込んだ組織が入る。日本人会、日系アメリカ市民連盟、駐屯部隊1629の外地退役軍人会、それに一世会である。第二のカテゴリーには、スポーツを通した親交を提供してきた組織を概観する。ミナトクラブ、二世ボーリング連盟、モンテレー釣りクラブがそれに入る。

次章では、地域社会の組織に関して、さらに二つのカテゴリーを取り上げる。そこでは文化的ないし、広く精神的な興味を培ってきたグループや、宗教的な目的を果たしてきたグループを見てみる。見れば分かってもらえるように、地域社会の組織はモンテレー半島の一世および二世の生活に重要な役割を果たしてきた。

奉仕と社会的親交

日本人会（Japanese Association） ここモンテレー半島に定住しに来た日本人が、共通の社会的文化的興味に基づいた組織を早晩設立することになるのは、しごく当然であったであろう。これは会費制会員の資格とか定例の会合を要求する組織ではなかった。それはむしろ一世が集い、個人的な話を聞き

第六章　地域社会：そのI

合い、その日の出来事を語り、商売のことを議論したり、地域社会の興味や問題を話す場であった。「日本人会」が日本人の地域社会の中で初めて頭角を現したのは、1920年ごろのどこかであった。

日本人会の指導者には、当時日本人社会の中で最も高い尊敬を集めていた人たちが何人か含まれていた。彼らはモンテレーおよびパシフィック・グローブで、事業や地域社会の事柄に影響力をもっていた。カーメル・バリーからの一世農家の家族はまだ「町中」グループに統合されていなかったが、彼らは後になって確実に指導的役割を演じるようになるのである。地域の名士にイクタロウ・タキガワ、セツジ・コダマ、ツネキチ・オダ、ケンジ・オガワ、トラキチ・タバタ、トノスケ・エサキ、ウノスケ・ヒガシ、タジュウロウ・ワタナベがいる。彼らは当時の影の実力者たちであった。

1920年代初期に、モンテレー半島の日本人社会を部分的に崩壊させるある問題が発生した。それは、日本人社会全体の要求と興味に役立つコミュニティー・ホールみたいなものを建設する問題に関するものであった。大方の人々は何らかの地域社会の建物が必要であることに賛同した。不賛成者は、地域社会が日本人会の建物によって恩恵を受けることになるのか、あるいはキリスト教会による恩恵を受けるようになるのかを問題にした。双方の側から他方への激しい議論と離脱があった後、仏教徒とキリスト教徒との間の分裂が必然的に進んだ。

その問題は、1925年に日本人会が日本人会ホールを建設する措置を取り始めたときに、ある程度解決された。同じ年に日本人社会のキリスト教会員たちが別の方法をとって日本キリスト教会の建設計画を始めた。二つの建物の建設と公式の除幕式が1926年に行われた。日本人会ホールは、日本人の居住地でありビジネス社会の心臓部であるアダムズ通り424番地に位置し、一般集会所および、フジムラ氏率いる*仏神道会*の儀場として役立った。

日本人会ホール建設資金集めは1925年、日本の皇族の朝香宮殿下と妃殿下の幸運な訪問と結びついた。風光明媚な地に心を奪われ、また地元日本人のもてなしに感謝して、朝香宮殿下が日本人会建設計画に対して返礼のための寛大な寄付をした。地元の指導者たちは実質的な貢献をすることで後に続いた。タキガワ家、オダ家、コダマ家は注目すべき貢献者であった。新しい日本人会ホールの経費への貢献を望む日本人社会のすべての人たちを対象にした寄付集めに、誓約方式が取られた。

1926年、このアダムズ通り424番地の空き地が日本人会ホールの敷地となった。建物は日本人会によって建てられ、1942年2月にJACLホールと改名された。

ジョージ・コダマ収蔵

年一度の日本人コミュニティ・ピクニックが半島のさまざまな場所で催された。1920年代遅くカリフォルニアで撮られたこの写真はタルピー・フィールドでのもので、今日モンテレー・ペニンシュラ空港がある場所から道路を隔てたところにある。

ジム・タバタ収蔵

会場の物理的な位置は、日本人会が一連のプログラムや行事を主催して日本人社会を楽しませたり、教育を行うのを可能にした。一世たちの中には芝居として知られる伝統的な*歌舞伎場*で演技をするものもいた。ワタナベ家、フジモト家、ヤマテ家、ゴウタ家、イトウ家、ハットリ家、オダ家、ハマグチ家がそれに入っていた。日本人会ホールはまた、結婚式、葬式、日本映画、剣道のクラス、青年活動を主催した。

日本人会は最初の日本語学校を創設し後援した。若い二世の子供たちのほとんどが、一世の両親の希望や指示を受け入れて、平日放課後と毎週土曜日の朝、忠実に授業に通った。「日本学校」に行って日本語を学ぶことが、文化的伝統を維持する上で役に立つだけでなく、二世の若者に両親と意思疎通をする能力をいくらかでも養った。

日本人会の最も人気のある行事の一つは、現在モンテレー空港となっている場所から道路を隔てた野原で行われた、年一度のピクニックであった。日本人社会のほぼ全家族が参加して祝賀、食事、親交、ゲームの一日を過ごした。ピクニックの場所は年々変わってきたが、ピクニック自体は年中行事として今でも続いている。

1941年に日本との戦争が勃発してほどなく、日本人会ホールの合法的な名称が、日本人会から「日系アメリカ市民連盟」に変わった。この行動は、財産が日本人社会内に維持されることを保証するために企画された。日本人会の一世指導者たちは、建物は米国市民権をもつ日系アメリカ人の手中にある方がより安全であろう、と信じたのである。

1942年2月18日、モンテレーの日本人会とJACLとの間で総額10ドルで契約が成立した。この執行は相続不動産権＃2442、ファイル＃1-694-007として文書に記録され、1942年3月4日に公証人を通して公認され、1942年3月9日に公記録されている。日本人会を代表してこの合意書に署名した二人の人物は「S・コダニとT・エサキ」

と記載されている。こうして1942年2月には、日本人会ホールはJACLホールと改名された。しかし実際は、この二階建ての建物をアダムズ通り424番地に建設することを思いついて出資したのは、日本人会であった。

仏教徒とキリスト教徒との間にどんな差違があったにせよ、1920年代の分裂は過去の産物であり、それは1930年代の協力によって徐々に修復されていった。今日結婚式や葬式が、家族の好みで教会か寺院で行われ、地元の日本人社会の家族は双方の活動に参加している。行事をエル・エステロ教会かお寺のどちらが後援していても、キリスト教徒か仏教徒かはたいした問題ではなく、みんながそこに行って助け合うのである。

1920年代の分裂は本物であった。それは文化的、宗教的、個人的、世代的差の帰結であった。1941年後は過去の記憶でしかなかった。そして終戦後は確かに調和が支配的になった。ある観察者がいみじくも述べているように、「キリスト教徒も仏教徒も握手して平和を築いた」のである。人の親交への賞賛は、個人的宗教的境界を凌駕するのである。

日系アメリカ市民連盟　幾年にもわたって地域の傘として、おそらくすべての日系グループのために奉仕してきた一つの組織が「日系アメリカ市民連盟」(the Japanese American Citizens League, JACL)のモンテレー半島支部である。1930年に全米JACLが奉仕および市民権組織として発足した。2年後の1932年1月25日、19名の創設委員がJACLのモンテレー支部を形成した。そして初代支部長にヒサシ・アリエが選ばれた。

1933年サチ・スガノが女性最初の支部長として仕えた。1980年代と1990年代にカズコ・マツヤマ、ジョン・オオウエ、アイコ・マツヤマがJACL支部長の役職に就いた。したがって日本人のグループは厳密にいって家長制であるという印象を退けた。市民権組織として地元支部は、二人の白人支部長ダグ・ジェイコブ（1976年）とジャック・ハリス（1988年）による指導性の恩恵にも浴した。

当初、支部の主要目的の一つは、一世の実際問題である外国人登録、税申告、財産問題、市民権に関して援助することにあった。通常15名から20名の選出された委員が職員として務めたが、その後JACLは、広範な文化的、教育的、健康に関する、また社会的なプログラムの提供へと活動を拡大した。地域社会に役立つことを潔しとする有能な委員たちや役員たちの懸命な働きが、JACLの長年の成功の要となってきた。

JACLホールは今もモンテレーのアダムズ通り

424番地に所在するが、それは1925年に建設され、日本人会が先頭に立って行動し、日本人社会の人たちの誓約によって資金がまかなわれた。当初その建物は日本人会ホールとして知られ、集会、社会的な目的、仏教徒の宗教的行事に使用された。第二次世界大戦が始まると、日本人会ホールの法律上の所有権が、予防措置として日本人会からJACLへ移行された。信頼できる人たちが日本人社会の財産を守るために理事として権限を与えられ動いたのである。それ以来、アダムズ通り424番地の建物はJACLホールとしてみんなに知られるところとなった。

長い年月の中の数々の興味深い話の中からいくつかを、ここで簡単に取り上げたい。というのもそれらは、日本人社会の生活でJACLがもつ意味と重要性について何かを語っているからである。1930年代中頃、その組織は漁業に対するカリフォルニアの差別的法律制定に反対して戦ったこと、1937年婦人の準会員団体が40フィート×70フィートの米国国旗を製作して広く認められるところとなったこと、パレード中にこの旗を引き延ばしたら大きすぎて、旗を運ぶのに60人そこらの人手が必要になったこと、などがそれである。

戦争の勃発と強制収容は突然にして、当地のJACL活動を静止させた。しかし戦争はアダムズ通りのJACLホールの扉を閉じはしなかった。1942年から1945年までカリフォルニア州兵がJACLホールを兵器庫として使用した。戦争が終わるとホールは1945年7月に、キャンプから帰還してくる人々に住居を提供するホステルに変えられた。ホステルの計画はシゲオ・ホンダが調整した。1947年から1949年までJACLは、「1948年の日系アメリカ人強制疎開賠償請求法」に従った補償請求権の申し立ての仕方について、情報と助言を会員に与えて支援した。

内部の意思疎通はいかなる組織であれ、組織の生命力と結合力にとって欠くべからざるものであり、その編集者ほど重要な人はいない。1937年カズ・オカは最初のクラブ・ペーパーを編集し、1940年にはジョージ・エサキがザ・トレードウィンズというニューズレターを編集した。1980年代および1990年代を通して行事、会合、その他活動に関するニュースが*JACL*ニューズレターを介して会員に配信され続けた。このニューズレターは多くの人々の手で優れて適格な編集が行われてきた。マス・ヒガシ、サム・カワシマ、ジョージ・ウエダ、アイコ・マツヤマ、ジョージ・タナカが、そういった人たちに含まれている。

1945年以降3名の女性がJACLモントレー半島支部長として仕えた。左からカズコ・マツヤマ、ジョン・オオウエ、アイコ・マツヤマの諸氏。1933年サチ・スガノは唯一人の女性最初の支部長であった。

*MP/JACL*写真アーカイブ

1932年-1994年までのモンテレー半島JACL歴代支部長

MONTEREY PENINSULA JACL PRESIDENTS
1932 TO 1994

1932	Hisashi Arie	1954	Harry Menda	1976	Doug Jacobs
1933	Sachi Sugano	1955	George Esaki	1977	Royal Manaka
1934	Hal Higashi	1956	George Kodama	1978	Jack Nishida
1935	Bob Sakamoto	1957	Oyster Miyamoto	1979	Jack Nishida
1936	Fujisada Inada and Kaz Oka	1958	Barton Yoshida	1980	John Gota
		1959	Akio Sugimoto	1981	Mickey Ichiuji
1937	Hal Higashi	1960	Paul Ichiuji	1982	Otis Kadani
1938	Masato Suyama	1961	Frank Tanaka	1983	Kazuko Matsuyama
1939	Chester Ogi	1962	Mas Yokogawa	1984	Robert Ouye
1940	James Tabata	1963	Clifford Nakajima	1985	David Yamada
1941	Kaz Oka	1964	Mike Sanda	1986	Joan Ouye
1942	Kaz Oka	1965	Mike Sanda	1987	Aiko Matsuyama
1943*		1966	George Uyeda	1988	Jack Harris
1944*		1967	John Ishizuka	1989	Rick West
1945*		1968	Kei Nakamura	1990	Rick West
1946	James Tabata	1969	Tak Hattori	1991	Kazuko Matsuyama
1947	James Tabata	1970	George Tanaka	1992	Kazuko Matsuyama
1948	Kiyoshi Nobusada	1971	Isaac Kageyama	1993	Keith Kuwatani
1949	Henry Tanaka	1972	Isaac Kageyama and Tak Yokota	1994	Keith Kuwatani
1950	Mickey Ichiuji				
1951	James Tabata	1973	Haruo Nakasako		
1952	Kenneth Sato	1974	Jim Fukuhara		
1953	George Esaki	1975	George Uyeda		

The Monterey Peninsula JACL was inactive from 1942 to 1945 because of internment of the Japanese during the war.

JACLは長い間、友情を深め人間の精神を高揚するための社会活動の価値を認め、支援してきた。1932年、日本人会ホールでの第一回新年会が発足し、その伝統は1990年代まで続いている。例年の「日本人コミュニティー・ピクニック」はJACLの協賛を得て1939年に始まった。JACL支部長就任祝賀会が旧サンカルロス・ホテルのスカイ・ルームで催された。1940年に桜の木がエル・エステロ湖に植樹された。JACLプロジェクトのための募金調達興行が、さまざまな興味をそそる形で現れた。1936年に始まった演劇（芝居）、1968年から続く年一回の「慈善バザー」、1970年代初めにできた「建設募金タレントショー」などがそれである。

　JACLの諸般の計画で若者は常に最優先であった。1951年「ボーイスカウト第47隊」が当初の隊員18名で設立された。ジョージ・エサキの指導のもと、第47隊はスカウトの最高の功績であり名誉である「イーグル・スカウト」をこれまでに三名輩出した。1960年に始まったベースボールとバスケットボールの実地研修が、地域社会の若者を対象に組織され、コーチにはキーとゴーディ・ミヤモト、ジム・タキガワ、フランク・タナカといった人たちが当たった。

活発な「JACL青年部」が1962年、ディーン・イシイ医師を顧問にして結成された。地元の高校を卒業するJACL会員の子女たちは毎年、彼らの大学教育を激励するための「JACL育英会基金」による奨学金を受ける。

　地域社会のニーズが進化するにつれ、JACLモンテレー半島支部は、全島民だけでなく個々の成員に資する新しいプログラム作りに対処してきた。例えば1964年1月に日本語学校が、校長兼主任教師としてキサン・ウエノ師を迎えて再度設立された。1975年4月に一世会がタジュウロウ・ワタナベを初代会長に、ゴロウ・ヤマモトを幹事として組織された。定年後のワークショップ、料理教室、ディスコからヨガに至るまでありとあらゆるものが、会員たちに何かするものを提供した。医者のグループが1980年に発足し、タク・ハットリ、ジョン・イシヅカ、クリフォード・ナカジマ、ヒサシ・カジクリ、リックとエリー・ハットリが年一回、JACLホールで健康診査会を管理し、基本的な健康診査を行った。診査は一般の人々にも開かれていた。

　1980年代までの50年以上に及ぶホールの使用で、その構造に大きな被害が出ていた。そこで1981年、ペット・ナカサコ、ジャック・ハリス、およびJACL建設委員会が、ホールの建物と外観を改装するために10万ドルの募金活動に着手した。

これはカリフォルニア州ジャックス・ボール・パークの情景である。1920年代にサンフランシスコのシールズ・スタジアムのレプリカとして建設された。前景に見えるのは40フィート×70フィートの巨大なアメリカの国旗で、これは地元のJACL婦人準会員団体が製作した。ホームプレートは、今日のセンターフィールドの場所にあった。

ジム・タバタ収蔵

彼らは注目すべき大がかりで盛大なタレントショーを、他の募金集めの人々と一緒に組織した。日本人社会の人々は本能的に、この建物が自分たちの生活にどれほど大きな意味をもたらしているかを知っていた。彼らはそれに寛大に応じた。

主としてペット・ナカサコとジャック・ハリスの献身と立案で、募金活動は大成功を修めた。ほぼ全構造が今日の建築基準に合わせて強化された。演壇は一新され、新しく主要廊下が据え付けられ、室内装飾が加えられ、トイレは完全に修復され、内外壁は真新しく塗装された。1990年代とそれ以降アダムズ424番地のホールは、ペット・ナカサコ、ジャック・ハリスや委員たちの先見と懸命な仕事のおかげで、また多くの資金提供者の寛大な心のおかげで、この先も揺るぎなく安泰であろう。

1980年代に入ってJACLはその最も名だたる強い関心の一つ――補償運動――を担った。これは第二次世界大戦中の日系アメリカ人の強制収容という不正を是正することにあった。日本人社会の誰一人としてこの問題に触れられないものはいなかった。1942年2月19日、ルーズベルト大統領が署名した大統領行政命令9066号は、日系アメリカ人の夜間取締令、拘留、移送、強制収容を開始し、彼らに戦争のこの上ない暗黒の日々を生み出した。

怒りと苦悩が、かれこれ35年もの間、苦悶に満ちた沈黙でしまい込まれてきた。1980年代にあのときの苦しみが解き放たれ出して、心の中が打ち明けられようとしていた。地元社会のすべての人が、賠償が取るべき正しい行動であると同意したわけではなかった。緊張感、論争、さまざまな意見が地元の日本人社会や国中の日本人を分断した。それに続く年月の中でモンテレー半島の日本人社会は、JACL史上めったに見られなかったような努力を結集して、着実な前進を遂げるのである。

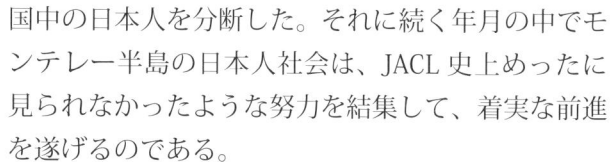

JACLは威厳を回復するための正義探索である、探索－回復使節団の尖兵さながらであった。連邦議会は、「市民の戦時転住と強制収容に関わる委員会」（Commission on the Wartime Relocation and Internment of Civilians, CWRIC）を設立した。この9人委員会は全国をまたいで主要都市を訪れ、政府決定の合憲性を確定するための証言や証拠を収集した。地元の「補償委員会」は作業部会を組織して、地元の会員たちがCWRICの聴取で、彼らの耐えかねる痛恨の話を口頭で証言する準備を支援した。

ハルオ（ペット）・ナカサコとジャック・ハリスは、1980年代JACLホールの改修を調整した建設委員会の共同議長であった。

MP/JACL写真アーカイブ

この国の多くの友人や、世界各地の友人さえからも応援を得て、補償運動は成功をみた。1987年9月に下院は「HR 442」を通過させ、1988年4月に上院は「S1009」を通過させた。1988年8月10日、ロナルド・レーガン大統領が法案に署名した。「一般法律100-383」あるいは「1988年市民自由法」は今日でいう土地法であった。それはさらなる立法府の作業をへて法律を履行することになるのだが、結果として政府は三つの条項を達成した。教育信託基金の設立、生存している被強制収容者への2万ドルの支払い、日本人の血統を持つアメリカ人に与えた悪行と苦しみへの公式謝罪であった。代表団の任務は完遂された。

それは容易ではなかった。サンフランシスコの全米本部やワシントンD.C.の指導者たちからのいい知らせは意気を高揚させた。立法上の敗北についての悪い知らせやたびたびの噂が、意気込みに水を差したりした。運動が成功するには地域社会のメンバーの側に絶えず犠牲を求めねばならなかった。おびただしい数の会合、旅行、資金調達者を必要とした。それは非日本人社会の現行教育への深い関わり合いを必要とした。社会的政治的正義というものは決して簡単に勝ち取れるものではない。正義への戦いは強烈な情熱、絶え間なき監視、不屈の努力、並々ならぬ勇気がいるのである。

いかなる運動や出来事も成功は、人知れず謙虚に黙して働く多くの面々によってもたらされる。それらの顔は多すぎて、ここで名前で確認できないが、彼らは互いを知っており、正当な理由をもって臨んだ彼らの参加が十分な報いとなっている。とはいえ最大の賞賛は、補償委員会の3人の共同議長であるジョージ・ウエダ、ロイヤル・マナカ、ジャック・ニシダへいかねばならない。彼らの指導力と懸命な仕事が、地域社会から尊敬心と感謝の念を得ることになったのである。

「1988年市民自由法」は強制収容の悲しい物語の正当な終幕を象徴している。先例を見ない行動によって米国政府は、収容された人々に謝罪し、実際にキャンプに抑留された個々人に2万ドルの公式の支払いをし、教育信託基金を設立した。モンテレー半島では公の、あるいは狂気じみた祝賀は全く見られなかった。これは日本人の重要な行事でもスタイルでもなかった。その代わりに、内心の満足感、個人的な回想、総体的な感謝の気持ちがあった。一世や二世には別の橋がアメリカでの旅路に架けられていたのである。

戦後一貫して地元のJACLは、非常に多くの献身的で有能な指導者に恵まれ幸いであった。いかなるJACLの行事もそういった人々の努力なしに成功しない。ゴータ、イチウジ、イシヅカ、カダニ、カワ

ジョージ・Y・ウエダは長期会員で、事実上すべてのJACL賞の受賞者であり、モンテレーの「ミスターJACL」として広く知られている。この写真にジョージは、自宅の外で忠実な愛犬「レディー」と納まっている。

MP/JACL 写真アーカイブ

モト、カワシマ、マナカ、マツヤマ、ミヤモト、ナカジマ、ナカサコ、ニシダ、サトウ、タバタ、タナカ、ウエダ、ヤマモト、ヨコタ、ヨシダといった名前の人々の他に、枚挙にいとまない人々に支えられている。少し響きが異なるかもしれないが、同様に重要な人々としてクオック、ハリス、ジェイコブ、ピッカリングも入る。多くの人々は同意すると思われるが、JACLの諸行事の背後にある指導力の手はジョージ・ウエダのもので、長年に及ぶ彼の献身があったからこそ、「ミスターJACL」の名声を地元の人々から得てきたのは当然である。

モンテレー半島のJACLは現在、行く手にいくつかの困難な挑戦を受けている。会員数が1980年代初期の500プラスをピークに、以来低下の一途を辿っている。三世代目に当たる三世の中には、JACL委員会の委員や役員として指導的役割を発揮してきたものもいる。しかし長期的パターンには、JACLの未来のアイデンティティと生き残りにとって、真にディレンマを示す社会変化が映し出されている。このディレンマはJACLだけでなく、実質的に日本人社会のどの組織にも反映されているのである。

その変化は、進化を遂げる求人市場、人種間結婚、社会の中での人種差別認識の変化と結びついている。教育と専門職歴が三世をモンテレー半島から、よりよい出世の機会と移動が可能な大都市の求人市場へ

引き抜いてしまったのである。人種間結婚は文字通り四世の顔を変え、民族的組織への帰属の必要感を減少させた。1960年代後期の市民権運動で得たものは、現実であれ想像上であれ、市民権を求めてもがいたり、人種差別に立ち向かって戦うだけの緊急性をさほど感じさせなくしたことである。これらの変化はモンテレー半島のJACLに、恐らく今までにない厳しい試練をこれから先与えることになるであろう。

海外戦争復員兵協会地方支部 1629（Post 1629 of the Veterans of Foreign Wars, V.F.W. Post 1629）　「V.F.W. Post 1629」のモットーは、その組織がどんなものであるかを要約している。それは「我々は生者を助けて死者を尊ぶ」である。1954年6月に設立を認可され、「海外戦争復員兵協会地方支部1629」が、地元地域社会で生活に困っている人を援助することを目的に、一つの奉仕組織としてここモンテレー半島に形成された。Post 1629は国、州、地域レベルの支援を受け、1954年にカウンティー・フェアグラウンズで特別の儀式を、大観衆が見守る中で開催し、威勢のいいスタートを切った。

Post 1629は、発足時のアル・フレミングの忠告もあって、全会員が日本人で始まった。フレミングはVFWの州部局のアドバイザーで、Post 1629の「父」と考えられた人であった。1954年、ニック・ニシが初代支部長として6ヶ月間仕え、1955年オーティス・カダニが引き継いだ。ニシやカダニに加えて32名の支部会員に入っていたのは、次のような人たちであった。マイク・サンダ、ビル・イトウ、トム・ハシモト、スタンレー・ホンダ、ケイボウ・ウチダ、ロイ・サカイ、シグ・ヤマモト、ビル・オモト、ウィリアム・タナカ、トッシュ・ナカムラ、タッド・オガワ、ジョン・タナカ、ジョージ・タナカ、ヨッシュ・ヨコガワ、ベン・ササキ、サット・ハヤセ、ポール・イチウジ、キー・ミヤモト、カッツ・コマツ、ゲンゴ・サカモト、ロイ・ハットリ、ディック・カワモト、ジョージ・ナカシマ、ゴーディ・ミヤモト、ギロウ・オカ、ロジャー・シオザキ、の諸氏である。

VFW支部正会員の資格は、戦争中に海外で兵役についていた人には誰にでも開かれていた。戦時中に海外で兵役についていなかった兵役経験者は準会員として参加してもよいが、投票をしたり役職につくことはできない。会合は通常、毎月第一金曜日にJACLホールで開かれる。地元支部で仕えた人の中でビル・オモトほど見事に仕事をやり遂げたものはいなかった。彼は主計係、とくに財務係として過去連続37年間仕えてきた。それが責務なのである。

Post 1629 が 1954 年に初めて設立されたとき、その奉仕企画の多くは主に、しかし独占的にでなく、地元の日本人社会に照準を定めていた。毎年彼らのルーアウ宴会は大好評であった。最初の頃 Post 1629 はモンテレー半島の日本人社会のための血液銀行を組織した。今日、赤十字主催の血液銀行は、優先順位としてまず Post 会員の家族に、ついで一般の住民へと奉仕を続けている。もう一つ特有な奉仕活動として医療器具の提供が行われてきた。彼らはフォート・オードでの特売で、病院のベッド、マットレス、車いす、4本一組の杖、その他備品を買った。必要が生じたら VFW のメンバーが、この備蓄から適切な品を取って地元日本人社会の家族に届けた。

　毎年クリスマスの時期になると V.F.W. Post 1629 は、子供たちのためのパーティを JACL ホールで主催する。また日本人コミュニティ・ピクニックへの参加も決まって行われる。さらに毎年、一世会のために昼食会も主催する。Post 1629 とモンテレー半島の一世たちとの間には特別な暖かい関係がある。この関係は、Post 1629 が設立を認可され、国旗と支部旗を購入する必要があった 1954 年にさかのぼる。オーティス・カダニによると、当時地元の一世たちは集まって、支部長ニシに「可能な限り一番いいものを買ってくれないか。費用は私たちがまかなうから」と言っていた。このために、また他の理由も沢山あって、Post 1629 のメンバーたちは一世に特別の感謝の恩義を感じ、一世会の最強の支援者と

V.F.W. Post 1629 設立会員。Post 1629 の役員就任および支部設立を祝う創立祝賀会、1954 年 6 月撮影。

オーティス・カダニ収蔵

なっているのである。

　日本人社会以外の全島民に対する奉仕活動も Post 1629 の特色である。赤十字血液銀行への参加は既述した。Post 1629 は州および国の災害救援プログラムに参加している。また地元高校生のための「民主主義の声」プログラムを後援してきた。

　Post 1629 が進展するにつれ、二つの結果が、未来に対する切迫した問題を次第に提起し出している。支部会員はかつて全員日系の、第二次世界大戦の兵役経験者であった。1980 年代初め、変化を遂げる社会に一部呼応して、また一部は州法に呼応して、Post 1629 の会員は、非日本人兵役経験者やベトナム戦争で戦った兵役経験者を含めて多様化した。事実、現会員 210 名の約 25％がベトナム戦争の兵役経験者である。これ以上海外での戦争がなければ、未来の潜在的会員数は下降するであろう。Post 1629 のこれから先の運命には、他の多くの日本人社会の組織に見られるように問題が残る。

　Post 1629 はここ半島の日系および非日本人社会の双方に重要な貢献をしてきた。おそらく彼らの最大の満足のもとは、他の日本人社会の組織との共催プロジェクト支援の要請に、決して「ノー」と言わなかったことであろう。彼らは決して撤回することはなかった。援助を求める本当の必要性と電話があれば、Post 1629 はいつもそこにいて「イエス」という。彼らは確かに彼らのモットーに従って生きてきた。有言実行の V.F.W. Post 1629 は生者を助けることで死者を真に尊んできたのである。

　一世会　1974 年、JACL 主催で一世会という組織が作られた。当時一世の多くは 60 代と 70 代であった。誰でもいいから二世の人に、一世の人についてどう感じるか聞いてみれば、その答えは普遍的なものであろう。一世の両親について二世の子供たちは次のように答えるであろう。「彼らは懸命に働き、私たちの生活を向上させるために犠牲を払った。いま私たちはお返しに何かしてあげたい。」疑いなく、これが一世のための会を作る背景をなす主たる動機である。彼らは懸命に働いて今日に至った、だから今、彼らは黄金の年月を楽しむ機会をもつに値するのである。

　ゴロウ・ヤマモトは、両親が 12 人の子供たちを大学に送るのにどれほど働いてきたかを思い出しながら、1974 年に一世会を立ち上げる考えを提案した。JACL 支部長ジム・フクハラへの提案は、タジュウロウ・ワタナベ、エイジ・ハシモト、ヒサイチロウ・マツバ、ジョージ・アカミネといった一世の指導者たちとの会合へつながった。そして一世会が 60 人くらいの会員で船出した。1970 年代終わりに総会員数は、最多の約 90 人を数えた。

第六章　地域社会：そのⅠ

　広く尊敬を集めたタジュウロウ・ワタナベは一世会初代会長として仕えた。彼の指導のもとで月例会がJACLホールで行われた。一世のための月例のプログラムは二世たちが計画をし、いつも食べ物を準備した。一世会の重要な二世幹事の一人ゴロウ・ヤマモトは、会員たちをサンフランシスコ、リノ、ヨセミテ、ときにはハワイといった場所への旅行に連れて行った。

　昼食がしばしば、日本人社会のさまざまな組織によって一世会のために用意された。一世会の会員たちは、通常はJACLホールで、ときには「イチ－リキ」や「チャイニーズ・ビレッジ」といった地元のレストランで、仏教会、エル・エステロ教会、V.F.W.、仲良しクラブ、詩吟クラブ、JACLによる「お弁当」や「うどん」のご馳走にあずかった。年に一度ミヤガワ夫人がホールで、一世会の会員にうどん昼食を提供したし、ゴロウ・ヤマモトが彼らを自宅に招いて、妻のヘディがおいしい日本の昼食を振る舞った。年末には恒例の忘年会が一世のためにホールで開かれた。

　年月を重ねて年齢が打撃になり始めると、一世会の会員数が自然に下降していった。1970年代終わりのピーク時約90名から1990年代初めには約25名に減った。身体的に一世は、もはやかつてのように歩き回ることができない。多くが子供たちと生活しているが、一人暮らしも何人かいる。今日、地元半島の日本人社会が1990年代半ばに移行していくにつれ、高齢化する一世の大部分は80歳代の終わりか90歳代の初めである。総会員数の減少が次第にこの組織の終焉をもたらすのは、時間の問題である。

　日没の様相を呈しつつも一世会は、数名の生き残っている会員にとってのみならず、モンテレー半島の一世の遺産にとっても重要であることに変わりない。創設時から一世会は、一世が遠い故郷を離れて故郷と呼べる場を提供してきたし、今でも提供している。そこは友達と会う場所であり、感謝されていると感じる、幸福にひたる場所である。各世代の子供たちは、両親に対する義務感と責任感の果たし方を学び決意をする。ゴロウ・ヤマモトは、何年にもわたって一世会を支えてきたすべての二世の感情を投影して言った。「私が支援をしているときはいつも、私の両親に何かをしてあげているような気がする」と。

ミナト野球チームのメンバー。1935年4CAA選手権で優勝。前列左よりボブ・サカモト、ロイ・ハットリ、マス・ヒガシ、ヨネオ・ゴウタ、ジム・タキガワ。後列左よりヨウ・タバタ、キー・ミヤモト、カズ・オカ、アーチィ・ミヤモト、ジム・タバタ、ハルオ・エサキの各メンバー。

マス・ヒガシ収蔵

スポーツ親交

日本人はスポーツ好きである。どの文化もほとんどがそうだが、日本の歴史にも伝統的なスポーツの例は沢山ある。日本の場合、剣道、柔道、相撲がそうであり、ほとんどの就学児童も運動会に参加する。一世がアメリカに定住にやって来たときも、自分たちの子供がアメリカ流に運動競技をすることを勧めた。それはここで、日本人の子供たちが自ら楽しんで、スポーツマンシップのアメリカの価値を取り入れ、友達をつくって成長を遂げていく一つの方法であった。

ミナト・アスレチック・クラブ ここモンテレー半島で成長する多くの若い子供たちにとって「ミナトクラブ」は彼らの宇宙の中心であった。1920年代遅くか1930年代初めのある時期、モンテレー二世アスレチック・クラブがカズ・オカ、ジョージ・エサキ、ジム・タキガワ、ボブ・タキグチによって形成された。1930年代半ばのどこかで、このスポーツクラブは「ミナト」の名を採用した。というのもミナトには港、港湾、湾の意味があるので、適切な選択であった。このクラブは、モンテレー湾一帯の若い日本人男性に運動競技参加のための糸口になった。「ミナトクラブ」は、天賦の才能を有する選手がいたこともあって、いくつかのスポーツで恐るべき名声と記録を樹立し続けていくことになるのである。

野球は「ミナトクラブ」のもとで組織された最初のスポーツであった。これが当然のように思われたのは、1930年代に旧コースト・リーグのサンフランシスコ・シールズとオークランド・ミッションズがジャックス・パークで練習をしたからである。事実、ジャックス・パークが最初野球のために建設されたとき、原型のスタジアム——外野席を含むすべて——は、サンフランシスコのシールズ・スタジアムにならって作られたものであった。オイスター・ミヤモトがそのレイアウトを覚えている。

「JACLホールから見ると…、外野席はフランクリン通りに沿って左側に位置していた。現在テニスコートがある場所に市の中庭があって、そこにはあり

とあらゆる用具類が保存してあったんだ。その中庭に向かってボールを放ったものだ…。ホームプレートはアダムズ通りを望むフランクリン沿いにあった。センターフィールドね、ヒットはサンライズ・グローサリーの方向に打つことになるのさ。ボールが右翼フェンスを越えて飛ぶと、JACLの建物を直撃だ。」

町の中にディマジオ兄弟とかクロセッティのような人たちが一緒にいることで、野球が「ミナトクラブ」の最高スポーツになるのも全く驚きではない。バスケットボール、トラック、テニス、フットボールのチームがそれに続いた。

1930年代のミナツズの歴史に分け入ってバスケットボールの練習をのぞき込んでみると興味をそそられる。タキガワ家とエサキ家が共同で、ニュー・モンテレーのホーソンとプレスコット・アビニューの角にある二階建ての建物で、魚加工業を営んでいた。他に適当な場所が見つからず、その二階がミナトのバスケットボールチームと柔道チームの、間に合わせの体育館と練習の場になった。JACLの日本語学校もこの建物をしばらく使用した。後にチームはモンテレー高校の体育館を使えるようになった。今日この交差点を車で通ると、そこに教会が建っているのが見える。

ほとんどの備品支援は日本人社会内の親たちから来た。バット、ボールや用具は主に一世のタキガワ家、エサキ家、ミヤモト家、ワタナベ家といった人たちによって寄贈された。フットボールチームは、ほとんどの用具を学校区から借用して、1930年代遅くに組織化された。ある意味で、サリナス、ワトソンビル、モンテレーから選手が練習に集まるのが難しいこともあって、フットボールチームは組織化されたミナトのスポーツとはいかなかったが、他のスポーツからは非常に成功したチームが生まれた。

最初のミナトの名簿には地域の最高の選手が何名か含まれていた。初期のミナトのメンバーにヨウ・タバタ、カズ・オカ、ジム・タキガワ、マス・ヒガシ、ボブ・サカモト、ボブ・タキグチ、マス・カゲヤマ、ジョン・ゴウタといった名前があった。他にミナトの名声を加えた人たちとして、ジム・タバタ、ハルオ・エサキ、ロイ・ハットリ、タッド・マルモト、トッシュ・ミネモト、サトシ・ヤマモト、タク・ヒグチ、タッド・カトウ、それに5人のミヤモト少年たちであるアーチィ、キー、オイスター、マヤ、ゴーディーがいた。この運動能力の結合が、トラック競技やトーナメントでメダルやトロフィーをごっそり持ち帰ったのである。

1930年代と1940年代初期に、4CAAという活動的な「中央カリフォルニア沿岸郡部運動協会」（Central California Coast Counties Athletic

18
Lions
16
Lions
7
Lions
5
Lions
12
Lions
4
Lions
4CAA & MIL
CHAMPIONS
1938.
8
Lions
13
Lions
HEIDRICK
PHOTO

ミナト・ライオンズ・バスケットボールチームは1938年4CAA選手権を獲得。前列左からジム・タバタ、ヨネオ・ゴウタ、テルオ・エサキ、ヨウ・タバタ、ジム・タキガワ。後列左からオイスター・ミヤモト、キー・ミヤモト、コーチのヒューズ、カズ・オカ、アーチィ・ミヤモト。

マス・ヒガシ収蔵

Association）が「ミナトズ」にリーグ競技会の多くを提供した。モンテレー、ワトソンビル、サリナスおよび、ギルロイ-サンフアン-ホリスター郡連合が、互いに競い合うAとBのチームを編成した。ワトソンビルはブッディスト・カセイズとクリスチャン・エーシズを、サリナスはタイヨウ・カウボーイズを作った。ギルロイのグループはゴールデン・イーグルズと呼ばれた。ホリスターは後、ボンバーズを作った。サンフアンはミカサを作った。モンテレーにはミナトズがあった。

1934年ごろから戦争勃発まで、モンテレー・ミナトズは実質的に4CAA域内で他の全チームを牛耳っていた。野球であれ、陸上競技であれ、バスケットボールであれ、ミナトズはめったに負けなかったし、永遠のチャンピオンであるように見えた。スポーツページの記事で実際の見出しは、ミナトクラブが成し遂げたことが典型的な形で扱われた。例えば、
「モンテレー・ミナトズ、ホリスターでの
　4CAAトラックとフィールドでタイトル
　防御に成功」
といった具合であった。

その日の新聞に印刷された結果には、クラスA部門のトラック競技とフィールド競技の種目でカズ・オカはいつものことながら、800m競走および1600m競走で優勝、ヘンリー・ウチダが120ローハードル競争を奪った、アーチィとオイスター・ミヤモトが円盤投げ、砲丸投げ、フットボール投げを優勢に運んだ、ヨネオ（ジョン）・ゴウタとロイ・ハットリが棒高跳びを奪った、キー・ミヤモトが走り高跳びと走り幅跳びで優勝、とある。

ミナトズは、4CAA地域以外のサンフランシスコ地域内のいくつかの強力なチームとさえ、いい勝負をした。とくに有能なミナト陸上競技チームはサンホゼ、ストックトン、アラメダ・インビテーショナル、サンフランシスコのケザー・スタジアムのYMCAオリンピックスまで遠く広く足を運んで、北カリフォルニアの最強の選手たちと競い合った。1938年の1年で、キーとオイスター・ミヤモトを含むわずか三人のミナト陸上競技の選手たちが、11種目のうち9種目で優勝し、全体の競技を制した。

ミナトズはまた、強力な野球チームを出場させて、印象的な勝利の記録を何年にもわたって打ち立てていった。ヨウ・タバタ、ジム・タバタ、ジョン・ゴウタ、マス・ヒガシ、カズ・オカ、ハルオ・エサキ

少数精鋭であるこのミナト陸上競技チームは、サンフランシスコのケザー・スタジアムで開催された、1948年北カリフォルニアJACL陸上・フィールド競技選手権大会で優勝した。写真左からマイク・ヒガシ、ミッツ・サカニワ、キーとゴーディとアーチィ・ミヤモト。

ゴーディ・ミヤモト収蔵

は、ミナトズのために野球をやった人たちであった。チームはミヤモト兄弟たちが引っぱった。アーチィは4CAAの中で最強のピッチャーに連続2回選ばれた。キーは実に万能選手だったので、4CAAオールスター選抜でセカンド、サード、ショートについた。オイスターはファーストを守って、マヤはキャッチャーだったが、セカンドベースも守った。ゴーディは主にピッチャーだった。豪速球、カーブ、それにいい変化球を投げた。彼は、いわゆる「日本のワールドシリーズ」とでもいえる試合で、ウエスト・コースト・オールスターズのピッチャーとして、ミッド・ウェスト・オールスターズを相手に、好投した。

ゴーディはまた、1940年代遅く、MPCのために試合に出て好投賞を勝ち取り、1993年には「MPCスポーツ・ホール殿堂」入りをした。仮に彼らの両親であるクマヒコとハツ・ミヤモトがあと四人の息子たちを育てていさえすれば、ミヤモト家で野球チーム一つを出場させることができたであろう。

三つの出来事がモンテレー・ミナトクラブの終局の破滅を引き起こした。1940年、ルール編成団体が、ミナトズが首位に立つ強力な4CAA陸上競技チームを二つの異なるチームに分けた。この決定は陸上競技で勝利するミナトズの優勢を終わらせるために計画された。二番目に、戦争の勃発がこれら選手たちをキャンプや米国軍隊の兵役に送った。戦後これら選手の幾人かは中西部や東部の都市に移動してモンテレーに二度と帰らなかった。三番目に、1945年以後リトル・リーグ・チームや、よりよく組織された高校プログラムができて、野球をやりたがった多くの若い子供たちを引きつけた。その結果、モンテレー・ミナトズは戦後、活動を再開したにもかかわらず、1950年代の終わりまでにクラブは徐々に姿を消していった。

モンテレー・ミナトクラブの歴史は、選手が競技場で達成したことをはるかに凌駕した様々な方面で、モンテレー半島に寄与するところが多大であった。チームのメンバーたちは懸命なプレーをし、かつ潔潔なスポーツをやることで知られていた。彼らはスポーツマンシップの価値を実証したので、地域社会の尊敬を得ていた。彼らは日本人社会の異なった要素を持ち寄って、それら要素を全体に統合し、競技場内外で業績全体に対する誇りを分かち合った。

ミナトのメンバーたちは、モンテレー社会の日々の生活に引き継がれる性格を創り出した。今日モンテレー半島の日本人社会を見回すと、現在の指導者の多くが何らかの形で、モンテレー・ミナトズで卓越した選手たちの二世代と関係していることが分かっても、驚くに当たらないのである。

モンテレー釣りクラブ　モンテレー湾の地域で

第六章　地域社会：そのI

釣りクラブほど当然にみえるものが他にあるであろうか。1950年代半ばのある時期「モンテレー釣りクラブ」が、スポーツとしての釣りを熱狂的に愛する人のために活動を始めた。55名の創設メンバーの中に、サトウ、カダニ、ハシモト、ワタナベ、ゴウタ、サイキ、ヨコガワといった姓が見られる。

もともとは男性のクラブであったが、初期の会員の一人は女性のオモト夫人で、彼女は後年再婚してオオタ夫人になった。創設者の多くは一世で、何人かの二世も創設メンバーに入っていた。若手の創設メンバーの一人であるジャック・ニシダによると、クラブの主な目的は「ただ楽しみ、ただ誰が一番大きな魚を釣れるかを、大いなる親交を深めながら見る」ことであった。

釣りクラブは2月から6月までの間が最も活動できた。というのは砂州のパーチの後を追うのに一番いい時期であったからである。1960年代の終わり頃から1970年代初めまでの間に、会員たちは縞模様のバスを、あの威厳高きパーチともども競技の部分と見なすことにした。きまって高潮の日曜日には、50人そこら以上の根性のすわった漁師たちが、どこか地元のビーチに集まって、打ち寄せる波に釣り糸を投げ込むのが見られる、と思っていい。

ルールはかなり簡単なものであった。会員たちはビーチ側の指示された場所に駐車することになっていた。その地点から歩ける距離が範囲であった。ボートは禁止。餌は通常ビーチの濡れた砂から直接掘り出された虫かスナガニだった。全員、通常正午の締め切り時間までに戻ってきて、公式の計量を受けなければならなかった。最初計量はアカミネ氏とイトウ氏が経営する「スリー・スター・マーケット」で行われた。それからタバタの「サンライズ・グローサリー」と一年おきに交替した。結果として「サンライズ・グローサリー」がもっぱら公式の計量場所となった。

会合は通常、地元の中華料理店か日本料理店で、ときにJACLホールで行われた。釣りクラブはまた、友好を祝して忘年会（年末のパーティ）を催した。夕食会の一つで、その年最大の魚を射止めた人にトロフィーが授与された。会員はそれぞれ最大のパーチを二つのカテゴリーの一つ、つまり日曜日一日の競技か年間競技かに参加できた。ある場合などは、トロフィーを勝ち取りたいという誘惑がこんなにも大きいものかが判明した。というのも誰かが魚の胃袋の中に鉛のおもりを入れたかどで捕まったからである。しかしクラブの主な会合と競技は、まっとうな楽しみと親交の機会であった。

このクラブに論争がなかったわけではない。全員が男性のクラブであるという妥当性に異論はなかっ

た。釣り竿が竹からガラス繊維へ、グラファイトへと進化した科学技術に異論なしであった。しかし会員資格を日本人に限っておくかに議論があった。「会員を55人に限定して白人を入れまい」という者もいれば、白人の友人をクラブに入れたいと望む者もいた。 かつての会員で会長でもあったジャクソン・ニシダは「釣りを楽しむ目的で釣りをしたい人がいる限り、入会させたらどうかね」という意見を述べた。

この会員資格の排除問題は、実際のところ人種差別ではなかった。もっと文化的なものであった。創設に関わった一世会員のほとんどは、会合や競技で日本語を話した。彼らは身辺に日本語を話す人々がいたら、より気持が落ち着くだけのことであった。白人に対する邪悪な意志はもうとうなかった。結果としてこの問題は、開かれた会員資格――誰でも参加可――に賛同することで決着をみた。

時が経つにつれて一世の古老たちは他界し、二世は白人の友人たちをクラブに連れてきた。今日釣りクラブはマリナ出身の日系ハワイ人が指揮を務めている。会長は交替してもこの方、クラブ会員たちは、一番大きなパーチやバスを追って毎週日曜日、高潮の早い時間にポール抜きを相変わらず続けている。

報奨であってもなくても、最大の魚を釣った褒美として、釣りクラブ会長として奉仕する栄誉に浴する。二番目、三番目に大きな魚を釣った人は、それぞれ会計係、秘書になるのである。ちょうど3ポンドを超えた縞のあるパーチは通常、誰か会長になってもらうのには十分な大きさであった。会長である名誉は非常に大きいので、ある釣り人などは、巨大な重さ4ポンドのものを捕まえながら、海に投げ戻すのが見受けられたりした。今日まで長い年月にわたって、モンテレー釣りクラブは楽しみと親交の源泉となってきた。

二世ボウリング連盟　1940年代の終わりごろ、ボウリングはモンテレーで人気ある活動であった。1947年にマイク・サンダが「二世ボウリング連盟」（the Nisei Bowling League, NBL）を立ち上げる支援をした。最初二世ボウリングチームは6チームだったが、たちまち8つのチームに拡大した。次の10年間、二世の男たちはボウリングを楽しんだが、何かが欠けていた。彼らの連盟は国の裁定母体である「アメリカン・ボウリング会議」（the American Bowling Congress, ABC）に公認されていなかったのである。多分戦後の人種差別とABCの政略のためであろう。

モンテレーの「旧家」の一つの出である会員のマス・ヒガシは、戦前は楽しみのためにボウリングを始め、第二次大戦中兵役についているときにゲームが上達した。兵役を解かれた後、マスは半島に帰還

し二世ボウリング連盟に加わった。彼は、モンテレー町中のフランクリン通りとパシフィック通りが交差するところにある、8レーンをもつボウリング場の「モンテレー・レーンズ」によく行く、多くの二世の若者の一人であった。結局マスはNBLの指導者となって、「北カリフォルニア二世ボウリング連盟」への代表および会長として仕え、ABCによる認可に付随してくる地位と恩恵を求めて動いた。

1950年代半ばにマイク・サンダは、NBLに権限をもつ団体である「モンテレー・ボウリング協会」（the Monterey Bowling Association, MBA）の秘書兼会計係の座についた。MBAは事実、アメリカン・ボウリング会議に全米の公認を受けていた。ここモンテレー半島に住んでいる二世の何人かがマイクに近づいて、NBLが公式のABCの認可を得られるかどうか尋ねた。1956年マイク・サンダは、ABCの認可を得るための工作に力を貸して成功させ、NBL会員にABC公認のトーナメントに参加する権利が与えられた。これが二世ボウリング連盟が発足したいきさつである。

1956年を最後に、モンテレー・レーンズは閉鎖され、小売店に改装された。大体同じ頃に「サイプレス・ボール」という新しいボウリング場がフレモント通りに開店した。サイプレス・ボールは町では唯一のボウリング場だったので、NBLは期せずして、まだ手動式ピンセッティングをもっている新しいボウリング場へ移った。その後20年間、マイク・サンダはサイプレス・ボールの所有者のために機械維持部門の主任として働いた。サイプレス・ボールが屋根の構造的な問題で閉鎖されたとき、ボウラーたちは、自動ピンセッターの技術を導入していた、当時としては新ブランドの「リンカーン・レーンズ」へ移った。

NBLの8チームはそれぞれ5人のメンバーと1、2名の補欠をもち、合計45人までのリーグであった。定例クラブ会議が通常ボウリング場かJACLホールで行われた。NBLが1947年に始めて動き出した時、会員はすべて二世の男性であったが、3年以内に女性や白人も入り交じってチームのリーグに加わった。リーグのプレーが済んだら、会員、配偶者、友人たちは年一回の宴会に出席して、個人やチームのトロフィーを受け取った。前年度の優勝チームが次回の表彰宴会の場所選定と準備の栄誉に浴したのである。

地元の企業が8チームの二世ボウリング連盟を後援し続けている。それぞれ企業のスポンサーは通常、チームのメンバーにボウリングシャツを提供する。今日モンテレー・ボウリング協会の全リーグの中で、NBLは全チームがシャツを有する唯一つのリーグである。これこそ地元日系企業のNBLに対する長

い、誠実な支援の印なのである。多年にわたる確固としたNBL支援を以下のような地元企業から受けてきた。それらはササキ・ブロス・テキサコ、アズマ亭レストラン、ニシ育苗園、スズキ宝石店、ケンジズ・ショップ、マリナ育苗園、サンライズ・グローサリー、チャイニーズ・ヴィレッジ、ヤマト・レストラン、イチ－リキ、アウル・クリーナズ、パシフィック・グローブ・クリーナーズといった事業所である。

NBLの会員は、サンホゼ、サンフランシスコ、サクラメント、ストックトン、ミルブレイといった都市でいくつかの二世トーナメントの試合に臨む。これら二世トーナメントのすべてが、アメリカン・ボウリング会議のみならず、現在「国際女性ボウリング会議」(the Women's International Bowling Congress, WIBC)による公式認可を受けている。

多年にわたってNBLには、かなり有望なボウラーたちが幾人かいた。古き時代の人たちの多くは、マス・ハギオ、ビル・オモト、レイ・スズキ、ジェリー・コーニッシュ（スコア300を獲得する数少ないNBLメンバーの一人）のような高得点獲得者を覚えているであろう。

ボウリングは二世やその他のボウラーたちに何をしてきたか。それは主に、仲良しの友達が集まって夜を楽しく過ごす活動である。マイク・サンダは次のように語る。

「グループを団結させてくれるんだ。でなければね、もし組織やクラブがなかったらだね、互いのつながりもなく、みんなばらばらになってしまうだろうよ。こうすれば、友達とうち解ける機会ができるというものだ。」

ほとんどの三世が就職のために町を出ていくにつれ、二世ボウリング連盟の未来は不確かである。しかし、NBLもMBAも依然として力強さを維持している。モンテレー半島の人々のボウリングによる貢献を認めるために、MBAは「ボウリング殿堂」を設立した。殿堂入りを果たしたのが、マイク・サンダ、マス・ヒガシ、マス・ハギオ、ボブ・タカモトの4氏であることは注目に値する。半島の日系人口の変化がNBLの未来の構造に疑問を投げかけているが、ボウリング殿堂の遺産は永久に残るであろう。

1926年に建設されて間もない頃の日本キリスト教会の貴重な写真。当時の湖地帯と年代物の車が写し出されている。教会は1941年にエル・エステロ・プレスビテリアン教会と改名された。

レイコおよびギイチ・カゲヤマ収蔵

第七章
地域社会：そのⅡ

>   *詩吟（漢詩の日本語歌唱）は自分自身の宗教です。心を養い精神的成長を促す詩吟が沢山あります。詩吟を学びたければ、真剣でなければなりません。これこそ心の訓練なのです。最善の詩吟は無私無欲で歌われます。*
>
>   ——ミツエ・ハシモト

この章は第六章の延長である。他者への奉仕、運動競技、社会的な同志愛は、どんな地域社会にとっても重要な欲求を満足させることができるが、それ自体では、人間の状態の、幅広い精神的な要求を満たすことにならないかもしれない。ここに至って、日本人地域社会の諸組織に関する話も、この精神的な次元のものを述べることなしには完全とはいえないであろう。したがって第三番目のカテゴリーには文化的精神的教育、すなわち盆栽、生け花、日本学校、詩吟を供する組織が入る。第四番目のカテゴリーには宗教的親交に照準を置いた組織、すなわち仏教寺院（仏教会）およびエル・エステロ・プレスビテリアン教会が入る。

文化的な親交

日本（語）学校（*Nihon gakko*）　1920年代のどこかで、日本人の子供たちに母国語と文化の理解を教え込む目的で設立された。これが「日本学校」であった。ほとんどすべての若い子供たちは、一日の正規の公立学校での授業の後だけでなく、毎週土曜日の朝1時間半、授業に出席した。最初の教師はミヤケ先生であった。1930年代の教職員にオガワ夫人、タチバナ氏、クロイ氏がいた。当初授業が行われた場所は、ホーソン通りとホフマン通りの角にあるタキガワ氏所有の古い食品包装所の二階であった。1990年代半ばの今日、その敷地には教会が建っている。

戦前長きにわたりモンテレー社会の多くの日本人の子供たちは、決まって日本学校に通った。面接を受けた二世のほとんどすべてが、放課後日本学校へ行くことで、どんなに両親に従順であったかを覚えていた。アメリカで成長している他の若い子供たちのように、友達と遊んだり課外活動をすることを好んだであろう。ある場合には日本学校の要求は、放課後のスポーツなし、潟で遊ぶこともなし、を意味した。

1930年代ないし1940年代には、意図的に両親に従わないということは考えられなかった。ときどき悪童が人の目につかない角辺りで待っていて、日本学校へ行く予定のバスに乗り損ねたと懸命にうそをつくこともあった。しかし、ほとんどは忠実に語学学校へ通った。子供たちはそこで新しい友達をつくり、ともに遊んだ。そこで彼らは基本的なカナ（日本語の50音）を学び、道徳的な善行で粉飾された民話を聞いた。

日本学校の教室から慌ただしく出て来る靴の埃がおさまった後の年月には、ある道徳規準と教訓が若い子供たちに残っていた。彼らはセンセイ（教師）の知識と両親の権威を尊敬することを学んだ。訓練を受けた勉学と教育の価値を身につけた。彼らは勉強と遊びの時間の配分が上手になった。彼らは新しい環境に適応しながら新しい友達の世界を探険した。

第七章　地域社会：そのⅡ

カナとカンジを勉強して、彼らの文化である言語を学び、かつ両親との意思疎通を図った。学校に通っている子供のときは、これらの恩恵は見えなかったであろうが、後の人生で、大人としてほとんどの二世は（面接中に）、日本学校に通ったことに肯定的な価値を表明した。

1942年から1963年までモンテレーの日本学校の扉は、戦争と結びついたためらいがあって閉鎖されたままであった。しかし1963年10月、ヒガシ氏、アケド氏、マツバ氏の一世三人が、地元のJACLに語学学校を復活させるように求めた。言語と文化を保存することを願い、一世たちは、日米関係の未来の重要性を予期して、学校をもう一度始めるようにJACLの承認を迫った。

生徒の興味についていくつかの疑念が表明されたにもかかわらず、JACL理事会は1963年11月、扉を再開することを満場一致で認めた。教職員はキサン・ウエノ師を頭に、有能な助手マクファーランド夫人とグローブズ夫人があたった。保護者とJACLから十分な支援を受けて、118人が1963年12月に受講登録をした。1964年1月、午前と午後の授業が正式に始まった。

開校丸一年経った1964年、日本学校の政策上の事柄が理事会で決定された。理事長にゲンゴ・サカモト、それにジム・タバタ（会計係）、クリフォード・ナカジマ医師（秘書）、それに5人の理事としてジョージ・エサキ、ハルオ・エサキ、オーティス・カダニ、ヒロ・マナカ、フミオ・ヨリタが加わった。理事会への二人のアドバイザーにヒサイチロウ・マツバとクニイチ・アケドがなった。長年にわたって多くのボランティアが日本学校の成功に貢献した。幾人かのボランティアの名前を挙げるのを省くことにするが、それは尽力してくれた多くの人たちを除くことになり、感情を害する危険があるからである。とはいえ、個々の人たちの寛大さと努力について述べないのは怠慢というものだ。したがってミッキー・イチウジ、ツトモ・マツシタ、ロイヤル・マナカ、ジム・タバタ、ビル・オモト、セイゾウ・イズミ、サム・オバラ、ニック・ナカサコの名前を挙げたい。ニック・ナカサコは日本学校理事会の議長として長年仕えてきた人である。

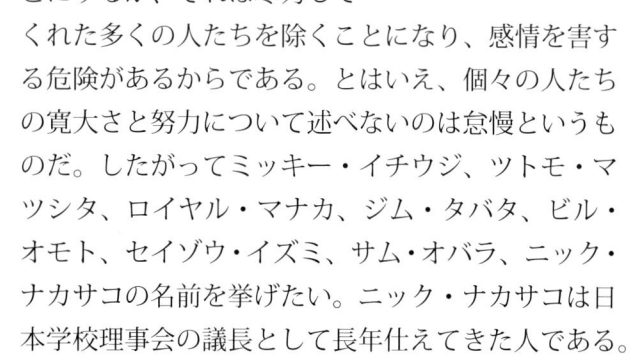

大きな尺度でみると、日本学校の成功はキサン・ウエノ師の献身的な仕事のおかげである。ウエノ先生はもともと山形県鶴岡の小さな村の出身で、東京の仏教大学である駒澤大学に通った。1949年に仏教寺院の後援でハワイに配属され、ヒロ高校、つづいてハワイ大学ヒロ校で勉強して英語力を磨いた。

大集団をなす日本学校の生徒たち。日本人会ホール前にて。1920年代終わり、カリフォルニア。

MP/JACL 写真アーカイブ

JACLは1972年、日本学校を後援した。校長キサン・ウエノ師（2列目中央）および教職員とともに写真に納まった生徒たち。

MP/JACL 写真アーカイブ

1951年にUCLAに入り社会学を専攻して、1955年2月に卒業した。

ウエノ先生はUCLA卒業後、駒澤大学に呼び戻され、僧侶のための大学院教育を引き受けた。1957年にウエノ師と家族はハワイに戻り、その先6年間タイショウ寺-ソト-ゼン寺院の僧侶長として仕えた。10を数える付属機関と会員450名では仕事の負荷が一人の僧侶では大きすぎることが判明して、1963年にウエノ師はCSUロサンジェルスで大学院での研究に戻る決意をした。終身雇用の必要性からモンテレー国防語学学校に応募し、職員として直ちに雇用された。これが、ウエノ先生がモンテレー半島および日本学校に来ることになった運命の旅路である。

日本学校は、正規の土曜日午前の授業の他に、生徒が言語技能と日本文化の理解を深めるようにと、生徒にいくつかの活動をさせた。生徒と保護者は、ピクニックや、サンタクルーズ、マリーン・ワールド、サンフランシスコの桜祭りへ時折の遠足を計画した。生徒たちは、北カリフォルニアの全日本学校を対象とした年一回のスピーチ・コンテストに参加した。学校のパーティではタバタの「サンライズ・グローサリー」がいつもスナックや飲み物を生徒たちに提供してくれた。学校後援の映画の夕べや卒業式には、地域社会の人たちがいつも食べ物を用意したり、奨学金のための寄付をしてくれた。

1975年、ウエノ先生と教職員は、JACL日本学校で履修した単位を高校の成績証明書に入れてもらうことに成功した。北カリフォルニア日本語学校協会を使って州教育局から、またモンテレー、アリサル、パシフィック・グローブの学区から、日本学校で得た履修単位を受け入れるという認可を得た。これにより生徒が最大20単位の外国語履修単位を州立高等教育機関に移行できるようになった。

第七章　地域社会：そのⅡ

　1964年から1990年の退職までの26年間、ウエノ先生は毎週土曜日の朝、日本学校の扉を誠実に開けた。何年も経つうちに、入学者数の減少という気になる動向があった。1964年の生徒数118人をピークに、生徒数は20人半ばから30人少しに落ち込んだ。この傾向は、モンテレー半島の日本人社会の性格と関心が変化しつつあることを反映している。

　未来は未来として、日本学校は三つの永続的な貢献をしてきた。第一にそれは、三世代に渡って子供たちに、ある程度の日本語の技能と日本文化の自覚を吹き込んできた。日米関係がますます重要になる中で、この知識こそ役に立つ。第二に日本学校は、高校や大学教育のための履修単位で多くの生徒の助けになってきた。第三にその学校は、地域社会に調和を増幅した。それは、学校の活動やプログラムの支援において多くの異なった組織を結合させたのである。このことにより、ウエノ先生と教職員、日本学校委員会、そしてすべての支援者に対して「ドーモ　アリガトウ　ゴザイマシタ」という感謝の気持ちが贈られるのである。

　盆栽は木の自然美を引き出して縮小模型で表する芸術である。それぞれの木の内面的な美と性格は、木の種類で異なる種子に存する。この美は、鉢の中で自然の風景を表現する芸術家によって培われる。たった一本の木であれ一つの森であれ、本質的な美は芸術家の技術と想像力で形作られる。一本の小さな木の前でただ物理的に立っているだけでは、盆栽を最高に鑑賞することにはならない。しかし精神的に木自体の時空に誘われると、つまり木や森の美全体の中にひたると、盆栽の魔法が現れるのである。

　この盆栽の技術は初期の中国王朝にさかのぼるが、後になって日本海を渡り、約800年前の平安時代後期から鎌倉時代初期に日本に根づいた。貴族、侍、僧侶にたしなまれたが、この芸術形態は日本文化、伝統、哲学の有機的な進化に植え込まれた。一世や後年の移住者とともに、盆栽の技術が時の大洋を渡って、モンテレー半島の岸に打ち上げられたのである。次に、この時代の窓を通して、現在地元で盆栽の芸術を学び実戦している二つの組織を、簡単ながら覗いてみよう。

モンテレー盆栽クラブ 1960年にモンテレー半島の6人の友人たちが盆栽文化の勉強を始めた。それが1962年に「モンテレー盆栽クラブ」(Monterey Bonsai Club, MBC)の正式な設立につながった。これら6人の設立者はジョージ・カダニ、フランク・カダニ、T・タキガワ、タジュウロウ・ワタナベ、シゲル・オオバ、サトル（レイ）・ムラコシであった。

最初、月例会合が会員の家を持ち回りで行われた。1960年代半ばに会員総数が約150人に達したので、定例の火曜日夜の会合場所は仏教寺院やJACLホールに変わった。会員の資格は昔も今も、盆栽の技法と文化を学ぶことに興味がある人であれば誰にでも開かれていて、性別、人種、国籍に拘泥しない。ケネス・バーンズ大佐はMBCで最初の白人メンバーであった。ハロルド・ランドは最初の白人会長になった。ゲイル・ホロウエーは最初の女性会長として仕えた。

1952年米国議会は、トルーマン大統領の拒否権を制して移民国籍法（マッカラン＝ウオールター法）を通過させた。マッカラン＝ウオールター法は、1924年の移民法以来おかれてきた日本人の移民制限を緩めた。今再び、日本人が合衆国へ移民することが可能になったのである。

1955年、カツミ・キノシタはこの新法を利した最初の戦後移住者の一人であった。和歌山県生まれのキノシタ氏は、戦後アメリカに来た移住者43名の最初のグループにいた。彼は、初めカリフォルニアのジライノに住んでディゴージョウ社に勤めていたが、1959年にモンテレー半島に来た。キノシタ氏は、フレズノ一帯と比べて「半島の自然美、とくに木々の美しさに圧倒された」と述べた。その瞬間、盆栽芸術への興味に新しく目覚めた。彼は1964年にMBCに入会した。

MBCは本質的に趣味のクラブである。ジョージ・カダニとシゲル・オオバが主要な指導者となり、6人の設立メンバーで維持されていて、キノシタ氏が盆栽の生徒になった。MBCはそれ自体、平等主義の倫理を誇りとするが、日本のどの組織にも暗黙の階層が存在する。それはセンパイ－コウハイ関係、つまり先生と生徒の関係の、言わず語らずの儒教の規則なのである。最初の教師が退職するか他界するまで、生徒たるもの、生徒の役割に謹んで留まっていなければならない。キノシタ氏が盆栽クラブのキノシタ先生になったのは1989年のことであった。

それぞれの木に独自の生来の美があるのと同様に、その美に対する直覚も、人それぞれに無比で独自の基準をもっている。キノシタ先生はこの考えを彼の盆栽哲学の一部として表現した。キノシタ先生は、基本的な技術や技量の会得以上に精神、魂、心の調和を教える。そしてこれをセイシンと呼んでいる。この盆栽精神には忍耐、訓練、性格の教授と、全体を見る能力が含まれている。適切な技量と盆栽精神をもって植物を植え、型作りをし、完全な木を洞察する力を培う。人それぞれの型と創造には独立した長所がある。これがキノシタ先生の盆栽美実現の道なのである。

キノシタ氏が会長をしていた間の1982年、MBCは「ゴールデン・ステイト盆栽協会」(the Golden State Bonsai Federation, GSBF)、つまり全州的な盆栽クラブの協会に加盟した。この決定は、教材を求め講習会に赴く会員数を大幅に増やした。1986年、モンテレー、サリナス、ワトソンビルの盆栽クラブは、モンテレー・ハイアット・ホテルでGSBF年次総会を主催した。MBCは、地域社会や学校の団体からの講演や実演の要望に応えるのに奮闘している。毎年6月に行われる展示行事は、シーサイドのノチェ・ブエナ通りの仏教寺院で開催されるMBCの展覧会である。この年一回の展示会は、会員たちに各自の最高の出来ばえの盆栽の木を披露する機会を与え、一人の名誉ある教師にとっては、会員や一般の人々に特別な実演をする機会となる。

ある面でMBCは、モンテレー半島で起きている重要な社会変化のいくつかを映し出している。1994年におけるMBC会員の約3分の2は白人で、事実上三世の会員は一人もいない。これが意味するのは、MBCは、日本の言語、文化、親交において暗示された地元日本人社会の他の多くの組織と同様、日本人社会内外の変化に適応してきたということである。三世の世代が盆栽芸術を学ぶことから遠ざかったように見えるのは皮肉である。

キノシタ先生の盆栽芸術用のお気に入りの木は、言うまでもなくカリフォルニアのオークとモンテレーの松である。彼によると、先生をやめた後の望みは、自分の一番立派な木を、個人的な貢献およびMBCの遺産としてモンテレー半島に残すことだ、という。こうすることで盆栽の精神は生き続けるのである。

サツマ盆栽クラブ　1980年ごろ「サツマ盆栽クラブ」(Satsuma Bonsai Club, SBC) がモンテレー盆栽クラブの分派として発足した。モンテレー、サリナス、ワトソンビルの地方支部からなるこの新しいクラブは、地域的で派閥的な関心や、盆栽の哲学や技術上のいくつかの相違があって、MBCから脱退した。最初SBCの初代会長はワトソンビルの

ウエノ氏で、先生はヒデタケ（トム）・オグラ氏であった。創設者にはジン・カゲヤマ、シゲヤ・キハラ、スミ・ナカムラ、ニック・ナカサコ、ジャック・ニノミヤ、マリ・スミダが入っていた。結局SBCの会員数は一番多い時で約70名だった。

トム・オグラ氏はSBCの当初から今日まで、教師として14年間仕えてきた。オグラ氏の父ケイゾウ・オグラは1908年、18歳の若さでカナダに移民していた。バンクーバー地域で家族をもった後、年輩のオグラは日本へ帰国した。オグラ先生は1956年、鹿児島県からモンテレー半島に来た。モンテレー盆栽クラブのキノシタ先生同様、オグラ先生は、日本人のこの国への移住が再開された1952年のマッカラン＝ウオールター法を利用できたのである。

サツマ盆栽クラブの名称のゆかりは何だったか。SBCの最初の会員の多くが南九州、とくに鹿児島県出身であった。日本の歴史上、領土的忠誠心は永続的で重要な役割を果たしてきた。1868年の明治維新期に徳川幕府ないし封建時代の将軍は、薩摩、長州、肥前、土佐の各藩の連合軍によって、250年に及ぶ軍律を一掃された。1870年後の明治政府の改革、中でも侍の地位の廃止は薩摩藩を怒らせ、1877年にサイゴウ・タカモリ率いる有名なサツマの乱を引き起こした。鹿児島の古い城下町の中心に位置するサツマ領地は、豊かな誇り高き歴史を示しているのである。こういった県の情感を反映したこのクラブは、サツマ盆栽クラブという名称をつけたのであった。

オグラ先生によると、木はどれも独自の無比の可能性と理想の型を有している。盆栽芸術は、自然の中でこの理想に近づく最善の型を見いだすことにある。オグラ先生はまた、盆栽の起源は中国であることを認めているが、この芸術形態は日本では主に、侍の学びと実践で進化した。日本では盆栽は800年という古い歴史をもっていることも一部にあって、オグラ先生は、盆栽芸術の古典的で昔からの型を教え、それを得ようと努力することが大切である、と感じている。そして多分一番重要なことは、盆栽の諸要素である木、土、岩、鉢が自然とつながる全体に統合されなければならない。

生徒たちは、毎月最後の火曜日にオグラ先生宅に集まって勉強と実習を行う。月一回、サリナスとワトソンビルの盆栽クラブにも赴かねばならないオグラ先生にとって、それは忙しい日程である。SBCの会員たちは、サンフランシスコの桜祭りやモンテレーの盆祭りといった地域の行事で、彼らのお気に入りの盆栽を展示する。ときどきオグラ先生は、シーサイドのノチェ・ブエナにある仏教寺院で実演をし、SBC会員たちは彼らの最高作品を展示する。

こうしてSBCは、豊かで文化的な日本の伝統を継承する手助けをしている。なのに何年も経つと、あの文化的遺産の伝達が一層問題を呈するようになる。オグラ先生は哲学的になり、三世が一人も盆栽に興味を示さないように見える事実を心配するようである。若い世代には、盆栽は老人だけがするもののように感知されている。これを簡潔に言えば、三世の興味の減少で盆栽に未来なし、ということか。未来の成り行きがどうであれ、オグラ先生は次のように楽観的なメッセージを送っている。

　「盆栽に対する各個人の型と盆栽への近づき方が価値をもつ。理想的な木についての各個人の解釈は技術、想像力、調和感次第である。それは最高の、ないし理想的な木および、全体を構成する部分の全体の探求に他ならない。盆栽の芸術は、やって面白く、興味深く、非常に楽しいものである。だからあなたもやってみたらいいのです。」

生け花　イケバナという語は、文字通り、花を配列する技術のことである。ニシ先生によると、日本の生け花の歴史と文化は、戦場の侍と寺院の僧侶にまでさかのぼる。もっと直接的な地元の歴史では、ジョーアン・チサト・ニシの生け花への関わりは1956年に始まった。その年、地元JACL婦人準会員たちが、ホビ・ハヤシの花名で知られるヨシコ・タニモト夫人に、会員向けに2回の実習を用意してもらった。これがきっかけとなって、ジョーアン・ニシが生け花をハヤシ先生から学び始め、ニシ先生としての役割を担うことになった。

　ホビ・ハヤシというような「雅号」はどのようにして獲得するのか。ニシ先生は雅号の獲得に要求される厳格な教育基準について説明してくれた。

　「初心者の修了証明書、上級修了証明書を取り、准教師1と2を終えたら、昇進して教師免許証を手にします。それから日本在住の校長が、彼の名前の一部と生徒の名前を採用して、雅号を授けるのです。タニモト夫人はホビを頂きました。ホはホブン・オハラのホ、ハヤシは彼女の旧姓です。そうやって彼女に雅号がつけられたのです。」

　ニシ先生の雅号は1,000マイルを意味する「ホセン」である。ジョーアンが生まれたとき父親は、日本から1,000マイル離れた場所で生まれたので「センリ」を意味するチサトという名前を彼女につけた。

　モンテレー、サリナス、ワトソンビル地域を圏とする**オハラ生け花モンテレー湾支部**が1975年に創立された。ハヤシ先生は、新支部発足に必要な七人の教師でモンテレー湾支部を組織した。ハヤシ先生の他にワトソンビルのペギー・クリモトとヘレン・ニッタ、サンタクルーズのルイーズ・ジャービス、モンテレーからキミ・イズミ、キョウコ・ハタノ、

ジョーアン・ニシが加わった。このオハラ生け花の地方支部は約50人から60人の生徒を引きつけた。本部はニューヨークに所在する。

授業は通常主任教師の家で行われるが、今日ではシーサイドの仏教寺院で開かれている。ハヤシ先生は1975年から、1987年に亡くなるまで、支部長として仕える傍ら、日本から教師を招聘して、地元の生徒たちに日本の生け花の技術を教えてもらった。オハラ流生け花の特色は、底の浅い花器に剣山を使って生けるやり方で、それより深い花器は、たまにしか用いないことにある。

今日、日本の生け花には三つの主要な流派がある。オハラ（小原）流、イケノボウ（池ノ坊）流、ソウゲツ（草月）流である。オハラ流と特に違っている点として、イケノボウはもっと型にはまった直線の配列を重んじる一方、ソウゲツ流はより現代風で型式が自由である。イケバナ・インターナショナルとともに、地元のオハラ生け花モンテレー半島支部はこれまで、いくつかの市民的活動や団体のために実演を行ったり、展示会の開催を要請されてきた。彼らは今日まで、自発的に盆祭りに参加したり、カーメル協会、モンテレー半島美術館、ラ・ミラダ博物館に生け花を提供してきた。

1987年にハヤシ先生が亡くなったとき、日本の校長であるホ・オハラはジョーアン・ニシ、ルイーズ・ジャービス、キミ・イズミを地域のオハラ支部の共同支部長に選んだ。1994年に支部は、ジョーアン・ニシとセイコ・フジを、42人ほどの生徒を引き受ける共同支部長にした。当初の7人の教師グループからはニシ先生だけが、新しい2人の教師、ヒデコ・ニシとルミコ・オグラと一緒に、仏教寺院で生け花を教えている。

ニシ先生は1950年代半ばから生け花を研究してきた。花を生ける技術を教えることの中には、一定の基本を教授することが入るが、ある時点でその人の経験と知識の力が取って代わる。ニシ先生は「生徒に個性に徹するような人になれ、と努めて教えます。そうすることで個性が花の中に投入されるでしょう。ただ感性に乏しい生け花でなくて。生け花を教えるなら、文化と一緒に花器についてちょっぴり教えたくなるし、生け花の歴史についてもちょっぴり、文化については可能な限り多く教えたくなるものです」という。

とすると、芸術としての生け花は、花器や籠との調和の中に、真の季節の花の美を表現しながら、魂の目を通して人が経験するものの延長にある。目的は個人的興味と人それぞれの型を伸ばすことである。

オハラ生け花支部の規約には、誰でも会員になれ

る、と述べられている。生徒は経歴および人種的背景を問われない。しかしニシ先生は、三世や四世が生け花に興味を示しているか問われると、「そうでもありません。若い世代の人たちは生け花にそれほど興味をもっていない事実があって、会員数は減少しています」と答えた。生徒のほとんどは40歳以上である。これは単に地域社会に見られる傾向ではなく、イケバナ・インターナショナルの会員統計に報告された事実である。この芸術様式の組織的未来は問題をはらんでいる。

ホビ・ハヤシ、ニシ先生、その他の生け花のすべての教師にとって、彼らの遺産は、日本生け花芸術の精神と哲学を少しでも未来に与えてきたことである。この遺産は、生徒それぞれの創造されたものの中に具体的な形で示される。生徒のグループの中から次世代の先生たちが現れるであろう。こうして生け花の芸術は希望を持って発展し、個人の精神文化を表現していくであろうし、それ故に消滅することはないであろう。

詩吟 詩吟の漢字は、精神と魂を培うために漢詩を（日本語で）暗唱し謡うことを意味する。ここモンテレー半島での詩吟クラブは、オークランドから来たギンユウ会のオガワ師匠の助力を得て1948年8月に始まった。長年詩吟を組織し精神を教える上で最も責任を負ってきた二人は、エイジ・ハシモト夫妻である。詩吟クラブは、彼らの指導で、地域社会の一世会員に喜びと啓発を提供してきた。

エイジ・ハシモトは1909年に和歌山県に生まれ、メキシコ漁業で働き口を見つけるために、1930年大洋丸で太平洋を横断した。サンホゼに短期間滞在して、1932年にモンテレーに来て住み、アワビ漁の潜水夫として働いた。独身時は「サンライズ・グローサリー」とメンダの店から道路を隔てたところに住んでいたが、1937年にミツエと結婚した。ミツエは1917年、カリフォルニアのバーリンゲームで生まれたが、2歳の時日本の和歌山県へ行った。1933年にサンマテオの叔父と叔母のところで暮らすために合衆国に戻ってきた。1937年の結婚後、ハシモト家はモンテレーを定住地とした。

1944年ハシモト夫妻は、トゥーリ湖の収容所にいた間に詩吟の生徒になった。ハシモト夫人の記憶では、
「長男がキャンプで生まれたときのことでした。アイロンがけをする部屋があって、毎週その部屋から詩吟が聞こえてきたんです。私はその部屋の窓の下で息子を背中であやしながら、その歌に聴き入っていました。美しいなあと思い、学びたくなっちゃって。それで夫に、私が詩吟を習う間、赤ん坊を見ていて欲しいと頼んだんです。すると彼もすぐにグループに加わりました。」

詩吟は漢詩を歌で伝える無我の表現である。エイジとミツエ・ハシモトは、1950年代からここモンテレー半島で詩吟の教師として奉仕してきた。

MP/JACL 写真アーカイブ

　ハシモト夫妻は、あの最初の霊感から二人合わせて100年間、詩吟の勉強に打ち込んできた。二人は蓄積してきた知識と経験を生徒たちと共有してきた。

　ハシモト先生が言うには、詩吟はまじめな態度と精神の鍛錬を必要とする。詩吟の質は声の質によってでなく、歌い手の誠実な感情と純粋な精神の表現によって決まる。ハシモト先生は「もし歌い手がいい声をしていて、それをひけらかそうとすれば、もはやよいとは言えません」と注意を促す。最高の詩吟は真面目、誠実、無我の境地で歌われる。歌にすることができる良い漢詩は沢山あるが、要は詩人の感情と意味を理解することである。

　詩吟は歌っているときの精神と感情の状態にかかっているので、毎回同じようには歌われない。日本の諺に「詩吟に主なし」という。それは究極的には精神を養う己の宗教である。詩吟を真に歌うことを学べば、その人は日本に見いだされる伝統的な魂を感じ取るであろう。ハシモト先生は簡潔に「そのような詩吟を聴いたら、私の心は深く動かされる」という。

　ハシモト夫妻がキャンプで初めて詩吟の生徒になって、かれこれ50年経過した1990年代半ば、詩吟クラブは今なお毎週木曜日の夜JACLホールに集っている。12人から15人の一世が忠実に集まってハシモト先生から学び、互いに歌い合う。いつか木曜日の夜にでもアダムズ通りのホールの側を歩いてみたら、日本の伝統との調和を求めて精神と魂を養う生徒たちの詩吟が聞こえてくるであろう。

宗教的親交

　仏教寺院：*仏教会*　一世がアメリカに来たとき、多くの者が精神的宗教的信念を必然的に携えてきた。多くの一世の両親たちは、同じ伝統の中で子供たちを教育し、この組織化された宗教がアメリカで生まれる基礎を形作った。今日の日本人にとって、アメリカ本土最大の組織化された仏教団体は浄土真宗派である。仏教寺院の地元の指導者であるオーティス・カダニによると、*浄土真宗*は「日常生活上の宗教である。」

　オーティス・カダニは、仏教寺院への扉は誰にも、いつでも開かれている、と強調する。

　「寺院が閉ざされることはありません。お寺はいつも開いていて、人の対象を問いません。カトリック信徒であれ、メソジスト信徒であれ、プレスビテリアンの信徒であれ、無神論者でさえかまわないのです…。すべて勤行は一般の人々に公開されていま

すし…。仏教の教えにいかなる儀式もなくて、仏教徒でないからという理由で、入れないことは全くありません。制限がないのです」という。

この開かれた状態という哲学は、成員が、日常生活の中で従おうと試みる倫理的な生き方へ近づくことを意味している。

今日、*浄土真宗派*は全米で62寺あり、「全米仏教会」（the Buddhist Churches of America, BCA）という組織を構成している。地元の仏教寺院の上に、モンテレーからマウンテンビューまでを圏とする沿岸地区がある。沿岸地区の上が州レベルとなり、全51州を包括する国レベルのBCAがある。

1956年以前、モンテレー半島に仏教寺院は皆無だった。1920年代遅くから1956年まで勤行は日本人会ホールで行われ、教団は*仏信徒会*と呼ばれた。そこはBCAと形式的なつながりを一切もたない参拝の場所で、BCAと公務上の提携をもった仏教寺院である仏教会とは区別されねばならない。1956年以前寺があったのは、サンホゼ、サリナス、ワトソンビルであったが、モンテレー半島にはなかった。戦後日本人社会の指導者グループが、地元の仏教寺院建設計画を始めた。

JACLホールの詩吟グループ。1950年、カリフォルニア。左からミツエ・ハシモト、マサトヨ・タツミ、アルトン・オモト、ヒデサブロウ・ミナミ、ケイゾウ・イワモト、シン・シンタニ、エイジ・ハシモト、アル・イトウ、トイチロウ・タキガワ、タジュウロウ・ワタナベ、フミオ・ゴウタ、イサオ・マスダ、レイ・ムラコシ、アサオ・ナカザワの諸氏。

ジョージ・エサキ収蔵

カリフォルニア、シーサイド市ノチェ・ブエナ通りに建つ近年の仏教寺院。

MP/JACL 写真アーカイブ

モンテレー半島に仏教寺院を設立する土台を築いた教団の年輩の人たちには、アル・イトウ、ジョージ・コダマ、タジュウロウ・ワタナベ、フミオ・ゴウタ、イクタロウ・タキガワ、ジョージ・エサキ、ヨウ・タバタがいた。少しばかりの土地をシーサイドのノチェ・ブエナ通りに購入し、1965年6月6日、最初の仏教寺院が献堂された。不幸にして11年後の1976年6月13日、寺院は火災で焼失した。地域社会の人々は再結集して、1年以内に二番目の仏教寺院が再建され、1977年6月5日に献堂された。

各地域の寺院は、形式的にはBCAに従属しているが、実際的な自治権をもっている。地域の会員たちは、彼らの地域社会にとって賢明であると考えることを自由に行う。モンテレー半島仏教寺院では理事会の理事30人を寺院の会員投票で選出する。そのうちの一人が選ばれて、理事長を2年間務める。エイジ・ハシモト氏が初代寺院理事長として仕えた。最近ではオーティス・カダニが1991年から1993年まで理事長を、特別に3年間遂行した。

仏教寺院は、ここモンテレー半島で一連の広範な活動を後援してきた。おそらく一番よく知られている活動は、例年の盆祭りであろう。盆祭りの始まりは実際、教団がまだJACLホールを使っていたころの1949年にさかのぼる。オーティス・カダニは、地元の半島でのお盆の始まりについて生き生きと描写した。

「最初ね、私たち5,6人のYBAの少年たちが集まったんです。フランク・タナカ、ヨシオ・サトウ、バートン・ヨシダ、トモ・タキガワ、トム・ヤグチ、それに私だ。やったことといえば、通りでの盆踊り。町へと進んでアダムズ通りの流れが止まりました。私たちはホールで、やった、と歓声を上げました。コーンを売ったかな。カーメル・バレーの農場の、ほらミヤモトさん。彼がね、コーンをみんな、私たちにくれたんです。だからゆでて売りました。ホットドッグも売ったと思います。翌年ね、アル・イトウが仲間入りして言ったんです。うどんを売らなきゃー、って。そこで何人かの婦人会のご婦人方が、うどんを売ってくれました。あれが、ここモンテレ

ーでのお盆祭りの走りだったなあ。」

　ということで、1949年から1951年までお盆祭りがアダムズ通りで行われた。1952年にその行事は、増加の一途をたどる群衆が入れるようにモンテレー・カウンティー・フェアグラウンズへ移った。1993年にお盆祭りは、規模を縮小して仏教寺院に戻った。

　仏教寺院が後援し主催した活動は他にもある。「婦人会」が1950年代初期に設立され、年2回「うどん」と「ばら寿司」の販売を主催している。寺院は年1回の「コミュニティ・ピクニック」にいつも参加し、それには日本人社会のあらゆる組織が集まる。また寺院は年1回、一世会の昼食会も行っている。寺院の指導者たちはBCAの地区会議や全国会議に参加している。寺院の開かれた扉という哲学に沿って、盆栽展示やファッションショーといった非教会行事が、年間を通して開催されるのがしばしばである。

エル・エステロ・プレスビテリアン教会　1908年初め、日本人クリスチャンの小さなグループがカーメルのマーガレット・ホワイトの家によく集まっていた。これが日本伝道教会の始まりで、後に「モンテレー日本キリスト教会」となった。

　カーメル礼拝堂の献堂式が1911年7月30日に行われた。1912年5月2日、サンホゼ・プレスビテリーに公式な認可を得た後、教会はデルモンテ・アビニューとフランクリン通り間のワシントン通り315番地に移った。教会は細長い木造立て建造物で、近くに「R・オノ＆カンパニー」があった。外壁下見板張りのこの建物は、細長いホールを備えていて聖所として役だった。1926年、モンテレーのエル・エステロ湖橋の西端にあるエル・エステロ通りとパール通りの角に建てられた新しい教会が、その扉を開いた。献堂式が1926年10月24日に挙行された。

　日本キリスト教会ができた頃の指導者として地域社会で高く評価されていた家族に、タキグチ、カゲヤマ、マナカ、ウチダ、スヤマ、イチウジ、カトウ、ミウラがいた。一世の多くは故国から仏教その他の宗教的信念を携えてここに到着したのである。したがってこれら初期の教会の指導者たちは、キリスト教への改宗者であった。この改宗過程をとった典型がヤスマツ・マナカの人生に見られる。サンフランシスコにいるときマナカ青年は、生活を共にし、就学しながら働かせてもらった白人家族から甚大な影響を受け、キリスト教を受け入れたのであった。

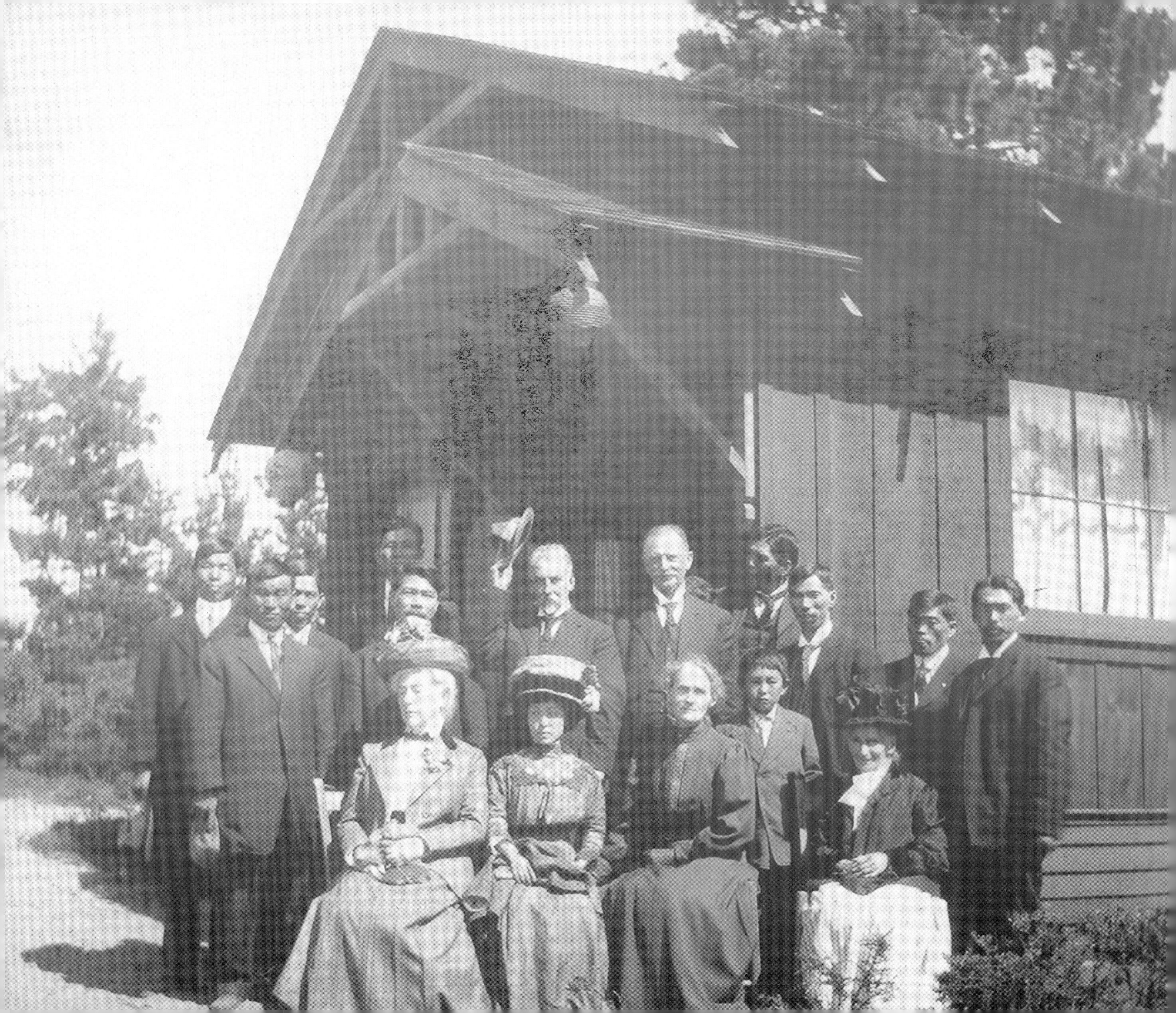

日本伝道教会が初めて礼拝を行った
カーメルの礼拝堂。

ギイチおよびレイコ・カゲヤマ収蔵

第七章　地域社会：そのⅡ

　キリスト教への改宗は、個人の選択以上に、葛藤を減らして優勢なキリスト教社会への受容を獲得する同化策としても役に立った。1940年代初期、反アジア差別の歴史と迫り来る戦争を反映して、アメリカでの反日感情が高まった。そこで長老教会教区は日本キリスト教会の指導者たちに、「日本」を含まない新しい名称を考えるよう助言した。こうして1941年、教会は「エル・エステロ・プレスビテリアン教会」（通称エル・エステロ教会）という新しい名称を採用した。

　今日エル・エステロ教会の周辺地域は、教会が1926年に初めて建設された時とは非常に異なって見える。ほぼ70年前のその土地はしばしば、広々とした沼のような湿地帯にもっと似ていた。洪水を抑制する排水システムがなく、冬の大雨がエル・エステロ湖の両岸から氾濫して、エル・エステロ教会が今日建っている土地に流れ込んで滞留したものであった。

　1920年代終わりから1930年代初めにかけてJ・C・アンソニーが、ジャックス・ボール・パークと湖との間に多くの家屋を建設した。多くの日本人家族が、エル・エステロ教会周辺のこの地に家を買い、日本人居住社会を作った。アンソニー家屋の多くは今なお立っている。エル・エステロ教会の基本的な構造は、台所の設備とエレベーターのシャフトが建物の外見と大きさを少し変えはしたが、以前とほぼ同じに見える。

　エル・エステロ教会は地域社会の非会員だけでなく、教会の若者および成人会員のための一連の活動を常に支援してきた。毎週日曜日の午後集まる若者のグループがある。夏期には、地域社会全体へ手を伸ばした3週間のデイ・キャンプを行う。定例の日曜礼拝に加えて、聖書研究や信者親睦会もある。

　エル・エステロ教会が行う最も成功したうま味のある活動の一つは、1926年の創設にさかのぼる年一回のサーモン・ディナーである。教会の長年にわたる会員で指導者でもあるエマ・サトウは、サーモン・ディナーの起源について次のように描写した。
　「ずいぶん昔の話になりますが、教会を建てたときの建設費支払いの一助のためにやったんでしょう。教会を建てた年に始めました。私たちは年一度、6月の第一金曜日にそのサーモン・ディナーをやるんです。男性の多くが漁師でしょ。だから魚を捕まえ、調理したり、もてなしを手伝ってくれたものです。で、私たちはチケットやいろんなものを地域社会の人たちに売りました。1926年の最初のディナー代金は50セントだったと思います。」

日本プレスビテリアン伝道教会の玄関前に立つ若い男性グループ。モンテレーのデルモンテ・アビニュー近くのワシントン通り315番地にて。1912年、カリフォルニア。

イーブリン（・ヤハンダ）・ヤギュウ収蔵

サーモン・ディナーは単なる資金集め以上のものである。それはモンテレー半島全体から人々を引きつける、地域全域を包括する大成功の行事へと変わっていった。

エル・エステロ教会が礼拝を行わなかった時期といえば多分、日本人社会が強制収容所に立ち退かされた1942年から1945年の間だけであったであろう。退去中の歳月に、エル・エステロ教会は地元アフリカ系アメリカ人信徒団によって礼拝所として使われた。戦争終結で教会の建物使用が日本人社会の手に戻った。

戦後日本人の家族がこの半島に戻ってきたとき、教会は家のない人々のための宿泊施設として使われた。教会の会員であるなしに拘わらず、教会が彼らの仮の住まいになった。この宿泊施設の計画を組織し調整したのはシンとハジメ・シンタニで、通常の市民生活に移行しつつあった帰還者たちの心配を和らげた。教会は1949年まで宿泊施設として使われた。

教会を含むいかなる組織も、指導力なくしては、うまく機能しない。1945年以後の時代には、エル・エステロ教会でこの種の指導力を示した家族が多くいた。家族の姓を知ることはできるが、誰か特定の人を抜き出して認めるのは、教会の使命と善良な行為の倫理に反するであろう。教会の年間運営の中であれ、改築や拡張計画の中であれ、これらの人たちは、そういった人たちが誰であり、教会と地域社会のために何をやったかを知っているのである。

とはいえ歴史的な目的のために、日本キリスト教会とエル・エステロ教会を導き助力した牧師の幾人かを確認しておくことは有益であろう。日本キリスト教がサンホゼの長老教会教区に初めて認められた1912年、マーガレット・ホワイトが教会主事かつ指導者として活動したが、彼女は按手礼を受けていなかった。1913年から1915年の間の最初の公式な牧師はキョウヘイ・コバヤシ師であった。1923年から1927年までの間、その間に教会がエル・エステロ湖を渡った所に建てられたが、牧師はエイジ・

カワモリタ師であった。その後1927年から1934年までをヨシタミ・カドイケ師が引き継いだ。1934年から1954年まで、戦時中を除いて、教会牧師はショウサク・アサノ師であった。

戦後の時期、アサノ師の後をジョージ・イナドミ師（1955年から1959年まで）、ヘンリー・シモゾノ師（1960年から1966年まで）、ウィリアム・ニシムラ師（1967年から1970年まで）、マークル司祭、M・L・ケンパー神学博士（暫定）、ニコラス・イヨヤ師（1971年から1980年まで）が継いだ。1980年終わり頃から1982年秋までの間に教会は、日曜礼拝と説教を執り行う一連の牧師を招いた。1982年9月から神学博士のヘイハチロウ・タカラベ師が、エル・エステロ教会の牧師として教会に奉仕した。

日本キリスト教会が全会員日本人の信徒団として出発したのは本当である。一世およびその家族が1910年代に最初の伝道教会を創設したので、そのように考えられる。1926年の教会建設プロジェクトが完成し献堂式が行われた時期は、信徒は依然としてすべて日本人であった。教会が宿泊施設として使用された1946年と1949年の間、エル・エステロの信徒たちは、フランクリン通りとパシフィック通りの角にある「ファースト・プレスビテリアン教会」に行くように勧められた。

これは、エル・エステロの信徒たちが白人教会と結びつく機会を与えた。実験的試みが首尾よくいったものもいた。日本人社会の信徒の中にはファースト・プレスビテリアン教会で結婚式を挙げるものさえいた。しばらく経ってファースト・プレスビテリアン教会への日本人の出席が次第に減り始めた時点で、教会の年輩の信徒たちが、少数派民族の教会を始めた方がいいか、または教会に全く出席しない方がいいかについて質問を投げかけた。ワトソンビルのハワード・トリウミ師との長い議論の末、彼らは、少数派民族の教会が日本人社会の最大関心事の中にあると意を決し、1950年にエル・エステロ教会の扉が再開された。

1990年代にエル・エステロ教会は、半島人口の、また日本人社会自体の多様な変化によって、いくつかの挑戦を受けている。教会信徒の構成が次第に変化しているのである。一時期、信徒団はすべてが日本人であったが、今は民族的に混じり合っている。三世はより大きな都市に職を求めて地域社会を離れている。教会のプログラムに参加している子供たちは、今や異人種間結婚でできた子供たちである。毎週日曜日の礼拝は二カ国語で行われる。こうして信徒団が年を取るにつれ、また会員の特性が変化するにつれ、エル・エステロ教会は、生き残りをかけて次第に融合し適応していくであろう。

聖なる言葉を広めることに献身して、三世代の教会信徒が地域社会の歴史に善行の足跡を残してきた。創設に当たった一世たちは永続的な遺産として教会を残した。日本文化の諸々の価値が生き続けてきた。善意が仏教徒との初期の不一致を凌駕して、日本人の地域社会により一層強い結束を創り出した。エル・エステロ教会の使命から来る思いやりを反映して、地域社会への奉仕活動として、若者向けプログラムや戦後の簡易宿泊プログラムが提供された。サーモン募金夕食会といった行事は地域社会全体に及んでいる。今日教会が、二カ国語による礼拝を行う融合された信徒団を擁していることは、進化する多文化社会への奉仕活動を通して、教会が忍耐の哲学をもって臨んでいることを映し出しているのである。

さかのぼって1912年、長老教会教区による正式な御恵みを受けたエル・エステロ・プレスビテリアン教会および、その前身である日本キリスト教会はほどなく、ここモンテレー半島で合同90周年記念を祝うであろう。それは、ここモンテレー半島の日本人社会がもつ最古の組織の一つである。他のすべての地域社会の組織とともに、エル・エステロ・プレスビテリアン教会の長寿は、宗教と日本人社会の命の有機的連帯の重要性が、今なお生きている証である。

この章で取り上げた様々な組織は友情、親交、崇拝の場を与えてきた。地元の日本人社会の中には論じられてしかるべき組織が他にもいくつかある。しかし再び、紙面の都合での選択となった。私たちの意図は、これらの組織が日本人に何を行ってきたかを一枚の絵に描くに足る、一連の地域社会の組織を見ることにあった。絵に描かれているのは、地域社会の諸々の組織が日本人に、困難を乗り越えて笑顔になるのを助ける友情、戦争と強制収容という厳しい試練を生き抜く勇気、それに深い同情と度量の大きさで、前進するための慰めを与えてきたということである。

ニュー・モンテレー、自宅前のフランクとケイ・タナカ。

MP/JACL 写真アーカイブ

第八章
アメリカンドリーム

> 子供たちの成長期に、私たちにお金がたくさんなかったんです。でも少々悪戦苦闘しても、それでよかったと思います。今では銀行にお金もいくらかあって、家もあり、車もある。私たちのアメリカンドリームはね、アメリカ人並に扱われることなんですよ。東洋人の顔だということでなくて、ただアメリカ人として扱われることなんです。
> ——ロイヤル＆ヒロ・マナカ

モンテレー半島の日本人についてこの本を締めくくるに当たり、アメリカンドリームについて、7つの物語からなるコラージュを取り上げるのはふさわしいことである。これは、彼らの生活が何に関係していたかを示すものである。機会の夢——それは、ときに挫折させられ、しばしば打ちのめされるものであったが、その多くが大切に育まれ、究極的に実現された夢であった。

夢は定義しにくい概念だが、ここで生活してきた日本人が経験したアメリカンドリームという織物には、観念や価値体系から成り立つ、一本の共通の糸が織り込まれている。一世の子供たちの目を通して見たアメリカンドリームについて、7つの異なった見解を一瞥してみよう。二世の家族7組として漁師、大学教師、靴修理工、育苗園所有者、公務員、実業家、医者が取り上げられる。7つの物語からなるこのキルトに、日本人のアメリカンドリームの主題が様々な形をとって見えてくるのである。

アメリカンドリームを全く同じやり方で経験した人は二人といない。多くの場合、ここに最初に来た一世たちが耳にしてきた話は、機会——それもお金儲けをして、新しい人生を始めるに足る十分な恵みを携えて帰国する機会——に満ちた土地についてであった。人生の運命が変わって、ここに居を構えるために残った人々は、外部の非日本人社会と次第に交流するようになった。彼らの交流は言語、文化、選択の点で大幅に制限されていたが、一世たちはアメリカンドリームの断片的な感覚を徐々に獲得していった。彼らはそれら断片を、子供たちに説諭したり勇気づけたりしながら伝えていった。

しかし二世の子供たちはアメリカの公立学校に通い、近所の子供たちと遊んだ。彼らは、成長をともにする子供たちと同じくする社会化の過程の中で、アメリカンドリームの信念や価値観を学んでいくのである。理想的な意味においてこの夢は、多くの自由と希望を与えた。とはいえ、これら日系アメリカ人の子供たちにとってアメリカンドリームの理想は、戦争や強制収容の経験および、人種差別の名状しがたい特性によって修正されることになるのである。

現実の生活の中で、この理想と経験の混合体は、モンテレー半島の日本人に雑種のアメリカンドリームを作りだした。二世にとって、両親がFBIに連行されるのを目撃したり、なぜ1942年に友人や級友とともに学校を卒業できなかったのかを不思議に思った経験をしたことで、理想は弱められた。自分たちは合衆国に忠実であり、悪い行為は全くやっていないのに、意志に反して、家の立ち退きを命じられ強制収容所に送還されたことを心の奥深く受け止めていた人たちは、理想に疑問を抱いた。教育、収入、技術による資格を有してもなお、民族的な先祖を根

第八章　アメリカンドリーム

拠に職業や居住が否定された人たちの目に、理想というものが心もとなく、不思議なものに映った。

もっと明るい面では、この雑種のアメリカンドリームは希望を与え、アメリカのシステムは機能するという信念を固めさせた。キャンプ内の有刺鉄線の門が開き、学生たちは大学教育を終了するために復学できた。人々はキャンプを早めに去って、主として中西部や東海岸といった外の世界で、政府が認める仕事を得るのを許された。若者たちは第二次世界大戦中、キャンプに投獄されながら、多くが自発的に陸軍に入隊した。彼らは米国のために戦い、死に、そうすることで皮肉屋たちを黙らせ、国家への忠誠心を問題にする懐疑者たちに打ち勝つことができた。

戦後、機会への扉はゆっくりと開いていくのである。二世たちはその機会をつかみ、懸命な仕事と忍耐、辛抱で大いに成功した。かといってこのことは、この半島の日本人に対するすべての障害が消え去ったということではない。法律と実際面で、人種的偏見、ガラスの天井、不動産利用法制限の撲滅には、時間と努力が必要となるのである。

しかし全体として、モンテレー半島の大多数の非日本人は悔恨的、協力的、受容的であったといえよう。多くの人々は、以前の隣人たちの収容キャンプからの帰還を見て喜んだ。1945年5月11日付のモンテレー・ヘラルド紙の全面広告には、日系アメリカ人をモンテレー半島に温かく迎え入れる、寛大な心と善意をもった400人以上の署名があった。こういった友人とともに、人生を新たに出発できるアメリカンドリームへの希望があるようにみえた。

二世の世代である子供たちは、両親から学んだものを受け継ぎ維持したが、彼らも変わり、アメリカの主流に適応し、それによって新しい進路を開いた。各家族の物語は、アメリカンドリームと関係する日本人の経験について何かを語っており、モンテレー半島でのささやかな成功を説明してくれている。

アメリカンドリームのコラージュを、カリフォルニア州シーサイドに住む**ロイアル**と**ヒロ・マナカ**から始めよう。ロイアルは1920年1月15日、トメキチとキン・マナカの四男として、ここモンテレーで生まれ、九人兄弟の六番目であった。ロイアルの妻ヒロコはカリフォルニア州シーリーで、ゲンベイとワキ・ニシダの間に生まれた六人兄弟の末っ子である。友人にはルーイ、ヒロとして知られるロイアルとヒロコは、アメリカン・ドリームについて二つの点で、独特な見方を示している。一つは、地域社会の中で模範的な指導性を示して差別を乗り越えてきたこと、二つ目は、彼らは一世の両親と三世の子供たちの価値観にうまく橋渡しをやってきたこと、である。

ロイアルとヒロ・マナカ。シーサイドのスペイン風アドービ造りの自宅にて。

MP/JACL 写真アーカイブ

ロイアルは若い頃、父親がいつも子供たちに言っていたことを覚えている。「問題を起こすなよ。警察の厄介にならないようにな。何をやるにも懸命にやれ、素直にな。」彼を車で送る時の父親の声を聞きながらロイアルは、家族と日本人に自分の最大限の能力を尽くして奉仕し名誉をもたらそうと、二重の動機づけを受けた。運動選手、漁師、第442連隊戦闘部隊の一等軍曹、地元日本人社会の指導者として、はたまた半島の市民として、ロイアルは自分が心得ている唯一のやり方で──責任をもって清廉潔白に──それを実行したのであった。

ヒロは幼少時をインペリアル・バリーで過ごし、「瞬きをする間に通り過ぎてしまう」ほど小さな町であるシーリーで育った。この農村でヒロの両親は、正直であることを強調した。その例として兄イサム（ジャック）の話を取り上げた。ある日ジャックはポケットが膨らんでいたので、父親に捕まった。ジャックは代金を払わないで食料品店からクルミをいくつか取ったことを告白した。ジャックの父親は声の調子を変えて、こんな行為でニシダ家に赤恥をかかせた、と言った。

恥と名誉失墜の回避が、どの二世の子供たちにもたたき込まれていた。恥は正直の裏返しの観念であった。ヒロがはっきり覚えているのは、「よし、イサムに鞭をくれてやれ！」であった。ジャックが人生の教訓を学んでいたのは確かである。ヒロの話に出てくる教訓は、クルミを正直に手に入れることが、日本人に対する尊敬をもたらすということであり、父親の怒りによる恐怖心が子供にクルミを正直に手に入れる方法を教えているのである。誠実な仕事と名誉ある行為によって、ロイアルとヒロは地域社会から尊敬を受けた。

ヒロはインペリアル・バリーでエルセントロのマッケイブ・ユニオン小学校に通い、後ユーカリプタス校に転校し、8年生まで在学した。エルセントロ・ユニオン高校の1年生の時、戦争が始まった。ヒロ一家はそれから、アリゾナ州ポストンの第1キャンプに収容された。ヒロが1945年のクラスを卒業し

第八章　アメリカンドリーム

たのは、キャンプ内であった。戦後、運命と家族関係によって、ロイアルとの生活のためにモンテレー半島に来ることになった。

ロイアルが1920年代に通ったパシフィック通りの小学校は現在、モンテレー統合学区の行政事務局になっている。モンテレー・ユニオン高校2年の後1年休学して、家族の漁船で兄のフランクを手伝った。モンテレー高校の3年生に戻ったのは1938年である。優秀な運動選手であったロイアルはフットボールに秀でていて、1938年11月、ハーフバックとディフェンスエンドの双方で、「全沿岸中部アスレチック・リーグ」を最高チームにした。1939年の卒業後、ロイアルは漁師専従の道を決意した。

1941年11月、彼は米国陸軍に徴兵された。その後すぐアメリカが戦争に突入した。両親の先祖を理由に通常の軍隊任務をはぎ取られ、全員が日本人のグループに分離され、台所掃除や便所掃除といった下賤な仕事を当てがわれた。それでもロイアルは屈辱に耐えた。マナカ一家の名を汚すなと、いまだにロイアルを戒める父親の声を思い出して、自分の誇りを飲み込み、立派な軍人になった。第二次世界大戦中、大砲中隊一等軍曹として第442連隊で立派に仕えた。彼には証明する何か、つまり対等な扱いを受ける資格を持つアメリカ人であることの証があった。

ヒロの両親は戦後、インペリアル・バリーに戻らないことを決心した。理由の一部として、その地域に強い反日感情があったからである。彼女が両親とともにモンテレーに来たのは、両親が仕事と家族にもっと好適な場所を望んだからである。その決意はどうやら必然的なものであった。というのも、ヒロの姉ハナコと、ロイアルの兄ハリーはポストンで結婚したからである。ニシダ家は、すでに関係ができあがった家族たちと一緒に、マナカのシーサイドにある家で生活し、缶詰工場で働くことになった。

連日ヒロは、ロイアルの父親トメキチと話をした。彼はきまってヒロを論したものだった。

「他の誰とも結婚してはいけないよ、私の別の息子ルーイがもうじき軍隊から帰還するからな。で、君には彼と結婚して欲しいんだ…。他の誰とも結婚するんでないぞ。ルーイを待つんだ。」

これに対してヒロは返した。「とんでもないわ。彼と結婚するものですか、顔も知らないのに。」ロイアルは1945年12月5日に軍隊を解かれた。ロイアルが「戦争から帰ってきて、私たちは互いに会い、全くその通りになりました」とヒロは回想する。1946年6月30日、ロイアルとヒロはファースト・プレスビテリアン教会で結婚式をあげた。教会は当時モンテレー市街のフランクリン通りとパシフィック通りの角にあった。

ロイアルとヒロは、アメリカンドリームの意味について類似した見解をもっている。ロイアルにとって、彼の言葉の中で重要なのは、「アメリカ人として扱われること」であった。小学校時代ロイアルは、アジア人に見えるというだけで、微妙な差別が彼に向けられるのを感じた。

「他の国籍の子供たちは…私たちと何もしたがらなかった。で、そんなものが私のね、私の人生に傷跡を残したんです。今だって…私のアメリカンドリームはアメリカ人のように扱われることなんです。私が東洋人の顔をしているからでなく、アメリカ人としてですよ。」

同様な感情は、とくに第二次世界大戦で兵役に就いていた間および、モンテレー半島に帰還した直後に、ロイアルを悩ませた。自分の家族、その他誰にもロイアルが望んだのは、アメリカ人と対等に扱われることであった。

ロイアルとヒロにとって、アメリカ人と同等な扱いを受けることには更なる意味があった。ロイアルは若い頃、「父も母も、日本から来たことで差別を受けた」ことを覚えている。戦前、組合によっては日本人を排斥していた。

「仕事となると私たちは（一部の組合の）組合員になれなかった…。だって東洋人の顔をしてるから。アメリカ市民ではあってもね。ここ半島の組合に加入することは禁じられていたんです。」

日系アメリカ人は有資格者であっても、配管工、大工、電気工の組合への加入を認められなかったのである。

1941年に、兄のフランクは全乗組員日本人の漁師を雇っていたが、「モンテレー・イワシ工業」(MSI) という地元の漁船所有者協会による差別の標的になった。MSI は、フランクの乗組員がモンテレー湾内で漁をすることに事実上異を唱え、地元の缶詰工場にフランクの乗組員が捕獲した魚を買わせないようにした。フランクは米国地方裁判所に提訴し、結局勝訴した。この国の生得権をもつ市民であるのに、二世たちは、あの手この手で仕事や平等な扱いを否定されたのである。

戦後、状況はゆっくりと改善に向かった。市民権、家屋の所有権、土地の所有権を法律によって長い間否定されてきた一世たちの多くは、夜間授業を受けて、1950年代の終わり頃に米国市民権を手にした。組合での人種的排斥、住宅市場での制限的な約款といった慣習を変えるには時間がかかるであろう。学士号をもつ日系アメリカ人は今も西海岸で専門分野での就職につけないでいる。多くの者が家業、家事、白人との競合や対立がない分野の仕事についた。

第八章　アメリカンドリーム

　ロイアルとヒロは、両親の面倒をみる義務感と、半島に定住しようという決意があって、ここを永住の地とした。ロイアルは戦後7年間、イタリアの友人ピート・マイオラナ所有の作業員付き漁船ダイアナ号を借りた。彼は、イワシの減少と消滅で新しい仕事に目を向けなければならなかった。

「イワシが消える前に、仕事探しのために何かしなければと考えていました。で、造園の通信講座を受けました。イワシが消えてしまったとき、ならばと造園業に専従しました。それからもう、40年少し経つなあ。」

　というわけで、ロイアルは彼の人生のほとんどすべてを漁師および造園師として働いてきた。これらは周囲の状況と必要性から出てきた仕事であり、必ずしも自由な選択とか平等な機会によって得られた仕事ではなかった。

　ロイアルとヒロにとってのアメリカンドリームは生易しくなかった。他の人とうまくやっていくには、懸命に働くだけでなく、「人の2倍働き、2回やってみなければならない」と感じている。状況を改善するためには地域社会に関わることも重要である。これをマナカはやった。ロイアルはシーサイド市のために、公園およびレクレーション委員会、市長の諮問委員会を含むいくつかの機関で奉仕してきた。ロイアルとヒロはともに、エル・エステロ・プレスビテリアン教会で、また地元JACLの委員として、長年精力的に活動してきた。ロイアルはJACL救済委員会の元会長および共同議長も務めた。

　ヒロにとってのアメリカンドリームの意味は、家族の幸福、安全、友達に焦点が置かれる。

「私は家にいて子供たちを育てる手助けができました。今は銀行にいくらかお金もあり、家と車もあるし、外出を楽しめます。子供たちもみな自分たちでうまくやっていることが分かっていますし、私たちも健康で、いい親類や友人がいて…。だから私には、それがアメリカンドリームなんです。」

　同時に、ヒロの一世の両親はお金で子供たちを甘やかすことはしなかった（もっとも、しばしばお金がなかったからではあるが）。だからヒロとロイアルは、倹約の実践について同じような価値観を子供たちに伝えていた。健康、教育、仕事、友人、平等な扱いを家族に確保してやること、これこそマナカ家のアメリカンドリームなのである。

　日本人の未来についてより予言的な側面の一つは、マナカの子供たちが進んだ方向である。子供たちは専門職の目標に到達することでアメリカンドリームの価値を高め、日本人以外の人種との結婚で、その夢を国際化したのである。五人の子供たちの中でカーレン・タカタは三世と結婚して現在ハリウッドの

CBSで働いている。ロイアル二世はイタリア系アメリカ人と結婚し、サンディエゴ市の土木技師である。スーザン・ウィーラーはアイルランド－ドイツ系アメリカ人と結婚し、衣類会社の独立販売代理人として雇用されている。シンディ・パーヴェツはパキスタン人と結婚し、以前はコンピューター・チップ産業で働いていた。キャシー・エスコバはラテンアメリカ系の人と結婚し国税庁に勤務している。

ロイアルとヒロは、子供たちの関心が第一だと感じている。結婚が愛情、信頼、忠節に基づいていれば、それが重要な点である。一世の両親たちなら、日本人以外の人との結婚を決して許さなかったであろう、と彼らは認める。しかしロイアルもヒロも子供や孫を通して分かるのは、今は異民族間結婚がアメリカンドリームと両立できるということである。

若い頃ロイアルとヒロを悩ました「東洋人の顔」の特徴が、人種的類別による不寛容を減じるような、新しい遺伝子結合へ徐々に進化しつつあるように見える。アメリカ人の顔にみるこの変化は、ヒロの母親が彼女に教えた、無私無欲の供与といったある種の伝統的価値基準を、必ずしも損なうものではない。「うちの子供たちは、それを自分たちの子供に伝えていくでしょう。ちょうどヒロの母親がヒロにしたようにね。世代から世代へ受け継がれていくものなんですよ」と、ロイアルは言う。

ロイアルとヒロにとって彼らの人生は、二世世代の多くが直面したジレンマを示している。彼らは二つの世代に挟まれている。一世の両親たちはアメリカンドリームを大きく否定された、敵意に満ちた世界に直面した。三世の子供たちは、その夢がみんなに開かれているように思える世界で大きくなった。ロイアルとヒロは、これら否定と希望の二つの世界の狭間で時代の不幸な出来事にはめられて、ある種の相反する二面性をもった世界を見たのであった。

ヒロは地域社会の人々との関係について述べる際に、この相反する二面性について、かなりの洞察力を効かせて次のように要約した。

「人が私に国籍はどこって聞いたら、自動的に日本人って言っちゃうの。この国に来てどのくらいになるの、とてもきれいな英語を話すのね…、って聞く人もいるわ。だから日本生まれかアメリカ生まれかの区別ができないでいるのよ。では、あなたは何なの、と聞かれたときの返事はどうでしょう。きっと、アメリカ人よ、という返事が返ってくるだろうと相手は思っているわ。でしょ？ ところがそれが出てこないのよ。変でしょ、出てこないの。」

ロイアルとヒロは、自分たちの子供やすべての人々に、アメリカンドリームの扉を全開することに打ち込んで、立派な人生を生きてきた。

確かなことが一つある。ロイアルとヒロは地域社会で模範的な人生を送ってきた。彼らは交流する人々から尊敬を受けてきた。彼らの例からいえることは、兵役、地域社会、教会、家庭の中にあっても、日本人は、平等な扱いを受ける権利を得た善良なアメリカ人であることを立証してきた。日系の子供たちや孫たちはみな、ロイアルとヒロがなしてきたことから恩恵を受けているのである。

　二番目の寸描は、カリフォルニア州シーサイドの**ゴロウ**と**ヘディ・ヤマモト**の人生に関するものである。モンテレー半島の日本人の人口構成は、1945年以降著しく変化した。多くの新来者が戦後、仕事を求めて、また故郷と呼べる場所を求めて半島に来た。戦中に兵役についた多くの軍人が、フォート・オードに勤務している間に、また当地にあるいくつかの軍関係機関の任務を通して、初めて半島を垣間見ていた。これら日系アメリカ人の軍人の中には、ここで仕事をするか退職するかを決めたものもいた。ゴロウとヘディがその例で、彼らは1948年、結婚後すぐに当地で生活することにした。

　ゴロウは1916年、カンイチとウタ（オノウエ）・ヤマモトを両親にカリフォルニアのバークレーで生まれた。1917年、ゴロウと四人の兄弟は父親の生誕地、日本の山口県に送られた。子供たちを日本で教育することは父親の意志であったし、祖母の望みでもあった。幼いゴロウが成長期を日本で過ごし、後にアメリカに戻ったことで、彼は二カ国語に通じ、二文化を併せ持つ人となった。父親の決意は偶然にも幸運であった。それが、ゴロウを彼の未来の専門職へと本質的に運命づけたからである。

　1918年に世界を襲ったスペイン風邪が母親の命を奪った。母親が死亡する前、1918年に生まれたゴロウの妹はゴロウと一緒に日本にいたが、四人の兄たちは合衆国に戻った。1924年、男やもめのカンイチが、妻の妹と結婚し、ヤマモト家にさらに六人の子供たちが増えた。ゴロウには、母親の子供六人と継母の六人の子供たち合わせて、12人の兄弟からなる家族の中で成長した楽しい経験があった。

シーサイドの自宅裏庭に立つゴロウとヘディ・ヤマモト。

MP/JACL 写真アーカイブ

ヘディは（ヒデコ）はキチゾウとカネオ・ヤギを両親に、カリフォルニアのストックトンで生まれた。彼女は三人姉妹の二番目で、後に二人の弟たちがいた。カリフォルニア州ブレントウッドの小さな町で生活をしたヤギ一家は、白人農場主が支配するブレントウッド経済の中で唯一の日本人家族であった。ヘディはブレントウッド小学校を卒業してリバティ・ユニオン高校に通った。2年生の時、ヤギ一家はアリゾナ州ヒーラに立ち退かされ、そこでヘディは高校の卒業証書を手にした。子供たちを育てた後、歯科助手になるためにMPCでの大学の授業に戻った。歯科医師の診療室で20年間働いた後、退職した。

　ゴロウは小学生の時東京へ移り、最後には日本の名門大学の一つである早稲田大学に入った。日本の国内政治の混乱と1930年代の軍部独裁政治をうけて、ゴロウの父親は、ゴロウは合衆国に帰国するのが賢明であろうと決意した。それでゴロウは帰国しサンフランシスコ・ステート大学に1937年から1939年まで通い、1940年にはカリフォルニア州立大学バークレー校で経済学を専攻した。

　ゴロウはトレジャー・アイランドの日本パビリオンで非常勤の会計係として働いた。ニューヨークの三井三菱の事務所や日本の外務省からの仕事を断って、通産省で働く機会を受け入れた。後にカリフォルニア州ギルロイのヒラサキ農場で簿記係として働いた。再度ゴロウの教育と履歴は、今度は戦争で腰を折られた。彼の家族がアリゾナ州ヒーラの強制キャンプに入ることを命じられたからである。

　ヘディとゴロウにとって、アメリカンドリームの要は、良い教育という価値観であった。ゴロウは両親のことを思い起こして、「彼らが最も強調したのは教育であった」と言う。ヘディは加えて、「そうね、結婚して子供をもち、子供が成長して学校へ行き、生活が維持できて、子供たちが努力をして目標に到達するのを見ることができたら、それが私のアメリカンドリームだわ」と言う。

　ゴロウもヘディも、両親が彼らに教えたことは、懸命に働き、貯金をして生活を向上させることであった、という点で全く一致している。

　ゴロウは、1937年に合衆国に帰国して、カリフォルニア州バークレーのウィリアム・C・ブレイレー大佐の家で過ごした。彼は大部分を日本で教育を受けたので「日本人の人生哲学に強い影響を受けていた」と自分を描写する。しかしゴロウの言葉を借りれば、「ブレイレー大佐がアメリカ人の生き方を教え、私の人生を変えた」という。ゴロウの進化していく世界観の中心価値は「非常に、非常に強いアメリカ人になることだった。」ゴロウは、この意味を次のように述べる。「私は、国のため家族のため

第八章　アメリカンドリーム

なら躊躇しないで何でもやります。私たちが善良なアメリカ人であることを示すために、です」と。

ヒーラ川の強制キャンプでゴロウは、善良なアメリカ人の意味を行動で示した。

「私は第442戦闘部隊の最初の志願者だったんです。すると幸か不幸か、E・ラスムッセン大佐がキャンプに来ましてね、私に軍事情報学校で教えるようにって、すでに私の名前を選んでいたわけです。それで第442部隊に志願できなかったけれども、その代わり文民教官としてMISへ行ったのです。」

こうしてゴロウは、1942年の終わりに、太平洋戦争で軍事情報を収集、分析、解釈することを目的とするアメリカの軍人たちに日本語を教えるむねを、ミネソタ州サビジ・キャンプに伝えた。

「軍事情報学校」(Military Intelligence School, M.I.S.) の機能は、1944年にキャンプ・サビジからミネソタ州フォート・スネリングに移され、1946年には業務がカリフォルニア州モンテレーのプレシディオに移転し、国防語学学校に変わった。ここにゴロウは日本語教授の職員として、その先44年間留まり、1985年に退職した。

ゴロウとヘディは1948年9月5日にサンフランシスコのプレシディオで結婚した。そして同年9月、モンテレー半島に永住することになった。ここで四人の子供たちを育てた。マーシャは歯科衛生士、デイビッドは建設業に携わっている。ジャニスはサンホゼで行動療法士として、ゴードンはサンホゼでIBM社に勤めている。

アメリカンドリームは彼らに適ったのだろうか。ゴロウは、「そうだと思います。私は軍に44年間いました。そこはすべてが機会均等の場所ですから」と答えた。一世の人たちは言葉の壁と社会的立場に苦労したことを二人とも認めている。しかし未来は、とくに子供や孫には、非常に希望がもてるとも考えている。ヘディは、三世の人生について「私たちが成長した時代ほど彼らは偏見を受けないし、彼らにはより多くの扉が開かれています」と述べた。

ゴロウもヘディも、子供たちにいい教育を受けさせ、善良なアメリカ人になる方法を教えるのが親の義務である、と考えた。彼らが子供たちに望むのは「両親以上の達成をし、彼らの生活を向上させること」である。アメリカンドリームを生きるということはまた、自分たちは最善を尽くしてきた、だから今、仕事をうまくやり終えて褒美をもらうに値すると知って、満足感を得ることでもある。ヘディは過去を振り返って当意即妙に、次のように述べた。

「私は21年かけて成長し、次の20年は子供たちの世話と養育に当たり、次の20年は働いたし…。

これからの20年、退職して人生を楽しみます。」

退職して数年経ったころ、ヤマモト教授がモンテレーの海軍大学院大学の校庭を散歩していたときのことである。そばを通りかかった人の声で彼は突然立ち止まった。「ヤマモト先生、42年のクラスのものです！」かれこれ45年以上も経っていたので、最初の学生の一人が覚えてくれていたことに、ゴロウは感極まった。最初のMIS学生の仲間意識と忠誠心が、依然強力であることは明らかであった。この尊敬心の現れは、善良なアメリカ人であるというヤマモト教授の価値体系を強化し、彼のアメリカンドリームの信念を再度是認することとなったのである。

三番目の寸描は、カリフォルニア州パシフィック・グローブに居を構えた**ミッキー**と**エディス・イチウジ**に関するものである。彼らの人生が立証するのは、仕事への献身、教育、忍耐は個人的な満足と成功を報酬としてもたらす、という考えである。彼らの人生は、自分たちの子供の幸福の向上に二世が責任を持つ、という倫理観を示している。彼らの人生は、地域社会への奉仕の重要性を確認するものである。彼らの人生は、アメリカンドリームを実現する上で、機会を掴むことがきわめて重要であることを確証している。

ミッキー・ナカキヨは1917年9月28日、キクジロウとカツ（ソベ）・イチウジを両親にモンテレーで生まれた。エディス・ヨシコはマツタロウとチカ（ナカオカ）・ヨネモトを両親に、1923年カリフォルニア州ストックトンで生まれた。ミッキーの一世両親は日本の島根県出身で、エディスの両親は和歌山県出身である。六人兄弟の長男がミッキーで、ジョー、ジミー、カズメ、ポール、ハリーと続いた。エディスは四人兄弟の二番目で、長女がユリコ、後にトミとロイが続いた。

彼らの一世の両親たちは、彼らに伝統的な価値観を教えた。エディスの父親は「人前でどう映るかをいつも重要視した」とエディスは強調した。それは「常に勉強して」適切な振る舞いをすることであった。ミッキーの記憶では「私の父はそれほど厳しくはなかった」が、ミッキーが感知していた自由には制約があった。例えば、家族への手伝いは常に遊びより優先した。「父は大家族を養わなければならなかったので、私がかなり手伝う必要があった」ことを、ミッキーは心得ていた。イチウジ家にとって家族への忠誠は常に重要であった。

大方の二世の子供たちと同様、ミッキーとエディスは日本語をある程度、二つの理由で学んだ。まず、彼らの両親が家でもっぱら日本語を話したからである。彼らの一世の両親は日中は仕事上、顧客との接触で英語を少し知っていたが、家では「断じて日本語」であった。二番目の理由は、ミッキーとエディスは、多くの二世の子供たちと同様、彼らの両親が日本語学校へ行くことを要求したからである。エディスは、正規の公立学校での授業が終わった後、フレンチ・キャンプにある日本人コミュニティ・ホールでの日本語学校にまじめに通った。ミッキーは生来のいたずらっぽさがあって、決められたように行かなかったし、ときにわざと行くことをしなかった。

　「いいかい、先生はいつもP・G・クリーナーズのところで私たちを車に乗せただろう。あそこに目をつけたんだ。私は道の角のてっぺんから頭を出したり引っ込めたりして道路を伺っていたものだ。先生が行ってしまうと、走り降りていって、授業を受けられないことが何度もあったんだ。」

　それでも両親から教えられたぎりぎりの価値観は、最終的にお父さんの決意と権威にかかっていた。

　ではミッキーとエディスにとってアメリカンドリームは何を意味したか。エディスはそれを、人生の個人的目標を達成する機会をもつことだ、と見る。エディスはこれを次のように表現した。

　「そうね、私にとってアメリカンドリームとは自分にできる最善のことをやり、やりたいことを何でも達成することだわ。できないことなんてないわ。他のみんなと同じだけ、やる機会はあるんですもの。だから見つけ出しさえすればいいのよ。あとは自分でやれるかどうかにかかっているのね。」

　これに対してミッキーが、「子供次第、生徒次第さ…。アメリカンドリームを達成するのはその人次第だ」とつけ加えた。彼らは二人とも、仕事への献身と教育こそが、人生で出世する鍵であり、自己向上の努力をしていたら、何かよりいいことがついてくるという考えを捨てないことだ、と思っている。ミッキーとエディスはこの機会を得たか。

ミッキーとエディス・イチウジ。エル・エステロ・プレスビテリアン教会の外で。その後ほどなくしてミッキーは他界した。

イチウジ家収蔵

ミッキーはロバート・ダウン小学校およびパシフィック・グローブ高校を卒業後、すぐに父親の靴修理業の仕事につくことになった。1919年父親は、三つの自営店の第一店目「グローブ・シュー・ホスピタル」を開店し、それは長年にわたってパシフィック・グローブの誠実な顧客の施設となった。

1936年、ミッキーは高校を卒業したばかりで靴修理業を経営した。というのも彼によれば、「私が知っていたのはそれだけだった」からである。ミッキーは父親の店での長年の見習いからその商売を学んでいたので、今度は自分に家族を助ける義務があると感じていた。1962年にミッキーは多角経営に乗り出し、同時にミューチュアルファンドや保険を売る仕事を始めた。ほぼ半世紀に及ぶ懸命な働きで、ミッキーは1984年にやっと退職にこぎつけた。しかし家族を養うというミッキーの懸命な仕事が、彼の大きな機会の訪れを阻んだかもしれない。他の多くの二世同様ミッキーは、一度だけ、ほとんどもの思いに沈むように、ため息混じりに言ったことがあった。「多分そのために、アメリカンドリームなど私には決して起きなかったんだ」と。

エディスは最初、フレンチ・キャンプの小学校へ通った後、7マイルほど離れたストックトン高校へ通学した。ストックトン短期大学での教育と、看護の専門職へすすむ目標は戦争で中断した。強制収容先は、ミッキーの家族がアリゾナ州ポストン、エディスの家族はマンザナーであった。19歳の目にはすべてが無意味で絶望的に映った。エディスは「戦争になったら、そうね、何もかもおしまいだと思った…」のであった。

アメリカンドリームを捨てることはエディスの性分ではなかった。彼女の語彙の中に「できない」とか「やめる」はない。だから機会が来れば掴んだ。そして機会が訪れた。エディスによると、
「クエーカー教徒が、私の学校教育の継続に手を貸してくれたとき、私は思ったわ。おやまあ、外に出て好きなことが何でもやれて、キャンプにつながれない可能性があるのね…。私がクエーカー教徒からもらった手紙の中で、彼らは、私の記録を見ているところだが、私は教育を続けたいか、ときいていたの。クエーカー教徒は戦時転住局が認める入学可能な学校名簿を私に送ってくれたわ。それで、ロチェスターを選んだの」ということであった。

実は戦時転住局は、日系アメリカ人学生は適切なカレッジや大学に配置されうるという条件で、彼らをキャンプから出して移動させる特別なプログラムを認可していた。適切な大学を探す作業は「全米日系アメリカ人学生移住会議」(the National Japanese American Student Relocation Council, NJASRC) が当たった。NJASRCは、エディスも言うように、「ク

第八章　アメリカンドリーム

エーカー教徒」としてよく知られていた「米国フレンド派奉仕事業委員会」に管理されていた。

　エディスはミネソタ州ロチェスターへ行き、登録正看護婦の学士を取得した。彼女は3年間ロチェスターのセントメリーズ大学で産科学と産院で働いたが、1949年、父親の死でストックトンに戻った。そこでさらに3年間、サンジョアキン・ジェネラルで助産婦として働いた。彼女はミッキーとJACL支部会合で会った。1952年3月30日、二人はモンテレーのエル・エステロ・プレスビテリアン教会で結婚式を挙げた。1952年にエディスはモンテレー半島に来て住み、1984年退職するまでコミュニティ病院に勤めた。

　ミッキーとエディスの人生を導いた倫理的規範はいくつかの原理の組み合わせである。達成目標の設定、可能な限りの良い教育、忍耐と仕事への献身、子供たちへの犠牲、地域社会への参加である。イチウジ家はこういった倫理観をもった代表例である。

　ミッキーは、多くの個人的な満足をロータリークラブ、ライトハウスクラブ、20-30クラブといった奉仕組織への参加から得た。市民としての責任感からパシフィック・グローブ美化委員会、マリポーサ・ホールの委員会や救世軍で奉仕をした。ミッキーとエディスは地域社会との関わりの中で、疲れを知らないほどにJACLでの奉仕活動をした。ミッキーは地元の支部長、また地方、全国代表者として仕えた。芯から誠実な二人は生活の多くをエル・エステロ・プレスビテリアン教会の活動に打ち込んできた。

　二世の両親世代が懸命に働いて、三世の生活向上のために犠牲になった証拠と生きた形見が、彼らの三人の子供たちである。三人とも医学で専門職者の道を追求した。1953年に生まれたメアリーは現在、ウェスト・ロサンゼルスのカイザー病院癌研究部門の部長および内科副部長として医師を務めている。1954年生まれのジョンは、サンレイモンで歯科の開業医である。1956年生まれのナンシーはサンフランシスコのカイザーで薬剤師になっている。

　イチウジ一家はアメリカンドリームの象徴である。連続した世代の一世、二世および三世は懸命に働いて人生の運を上向かせた。進展と推移に困難、差別、挫折がなかったわけではない。ミッキーとエディスにはそれぞれの経験がある。にもかかわらず彼らはあらゆる困難に耐え、生きながらえた。これをどう説明するか。彼らの物語が答えてくれている。じっとしていては人生に何も起きない。人生に事を生じさせるのは、懸命な仕事、教育、精力的な決断力、忍耐、謙虚、誠実さなのである。

ユキオとマリ・スミダ。モンテレー、サイプレス・ガーデン育苗園にて。

MP/JACL 写真アーカイブ

　四番目の寸描では、**ユキオとマリ・スミダ**の人生が例示する、アメリカンドリームの別の側面を取り上げる。1951年から現在までユキオとマリは、モンテレーのペリーレーン沿いの「サイプレス・ガーデン育苗園」を所有、経営してきた。彼らは企業家精神、つまり投資して成長し、家族に満足と安全をもたらす事業を開く機会を求める精神を象徴している。この目標への道は容易でなかった。その道程には困難と差別の深い穴が散在していたが、ユキオとマリはこれらの状況を乗り越え、彼らの人生に何かを作ろうという断固たる決意と規律を備えていた。

　友人にはマリと呼ばれるマリコは、鹿児島出身のソンノスケとシカ（ナカムラ）・ツボウチに育てられた、六人姉妹の二番目である。ロサンゼルスで生まれたマリとその家族は、マリが10歳のときサン・ルイス・オビスポへ移った。その後ほどなくしてツボウチ一家はサリナスに移り、1933年にカーメル・バリーに引っ越した。マリがまだ13歳のとき父親が亡くなり、1935年に急いでモンテレーに移った。学校に通いながらマリと姉のジョーアンは一生懸命働いて、四人の妹たち（ヨネ、ジーン、ナンシー、ルビー）の面倒をみて、未亡人の母親が家族を養うのを助けた。このような難儀から、成功のための不屈の決意が生じたのである。

　ユキオはトライチとセツコ（イソノ）・スミダを両親にワトソンビルで生まれた。ユキオの両親はもともと日本の広島県出身であった。スミダ一家はワトソンビルから、両親が物納小作をしていたサリナスへ引っ越したが、農場の小屋が焼け落ちた。このため一家はサンタリタへ移りイチゴ栽培を始めた。大恐慌が到来すると、一家はカストロビル、次にマリーナに移った。第二次世界大戦後、ユキオはモンテレーに定住することになるのである。

　11人の子供たちの七番目に生まれたユキオは、子供時代について二つのことを覚えている。「大きな台所」と「農場で生活して、有り難や」である。この家族農場はカストロビルにあって、一家は主としてアーティチョークを、またいくらかのキャベツ、

第八章　アメリカンドリーム

ブロッコリー、香りのよいアニスを栽培した。マリーナでスミダ一家は青果物配送業を経営した。このシステムはサンホゼに赴いて青果物を手に入れることから始めて、次にマリーナの事務所に入ってくる注文に応じて配達された。高校を卒業するとすぐにユキオは、その事業での販売員になった。

ユキオとマリは、成長とともに多くの仲間と非常に類似した価値観を両親から学んだ。マリは回想している。

「私たちが教わった一番大切なことは素直であることだったわ。その次に、口答えしてはいけません、ね。口返事しないことが、教わった事柄の一つだったの。それに目上の者を敬いなさい、だわ。私たちは何が何でも両親に言い返すとか、従わないってことなかったわ。父は13歳のとき亡くなったけど、そういったことを全部思い出すことができるの。」

ユキオが特に覚えていたのは「父が宗教的な人であったこと」だった。家族旅行でどこへ行っても、日本であっても、父親は村のお寺にちょっと入って出てきたものだった。ユキオは、父親が仏の教えを勉強し、まじめにお経を読んで唱えていたのを覚えている。彼の父親は深く黙想にふける人であった。

これから、物静かだが有無を言わせない独立心が現れた。これがユキオに意味したのは、教育、瞑想、自らの思考からくる基準と原則を尺度にした生き方であった。正直、苦難、親の権威への服従が、ユキオとマリに、個人的な目標の達成のために懸命に働く闘志と試練を与えた。性格的にも個性的にも彼らはともに、アメリカンドリームに適合する資質を持っていた。二人はこのアメリカンドリームを、十分な富と安全を獲得することであると考えた。「そうすれば気楽になって、子供たちに負担をかけさせずに学校に送れる」のである。

ほとんどの二世の子供たちと同様に、ユキオもマリも通常の学校での授業の後、日本語学校へ通った。ユキオは1930年代に通った小さな日本語学校を懐しく思っている。学校は一部屋の、とんがり屋根の建物で、今でもカストロビルのガイル通り11199番地にある。家庭では日本語が話されたが、マリの父親は、子供たちがこの国で出世するには英語を学ぶのが重要である、と感じとっていた。マリによると、父親は「この国に住むなら、英語を話すことを学ぶ義務が本人にある、といつも感じていた。」家庭では日本語を話しても、外では英語を学ぶのが、子供たちにアメリカンドリームへの道を容易に進ませることになるという一世のやり方であった。

教育は長い間、アメリカで成功する重要な要素であった。マリは、ロサンゼルスからサリナス・バリーへ移った後、サリナスのリンカーン学校の4年と

235

5年に通った。家族はカーメル・バリーに引っ越し、父親はそこで、古いサンカルロス・ビルディングの所有者ジュリアード氏のために市場向け青果物栽培をした。マリはここで、当時幼稚園から8年生まで全生徒数10名の、カーメロ・スクールに通った。カーメロの後、ベイビュー・スクールに入り、続いてモンテレー高校に4年在学し1939年に卒業した。

ユキオの学校教育はサンタリタを振り出しに、次にカストロビルへ移った。初期教育の記憶を鮮やかに回顧する子供たちはほとんどいないものだが、ユキオは、カストロビルの学校がユキオに強い影響を与えたことを強調した。その学校は「優秀で、卓越した学校」であった。準備が実によくできていたので「私がモンテレー高校に来たとき、全く勉強しないでも最初の2年間は優等生だった。非常に易しかった」と彼は言った。モンテレー高校はまた、マリとユキオの人生で重要であった。というのもユキオの記憶では、「私はそこで彼女と会った」からである。

戦争が始まる3日前の1941年12月4日、ユキオは米国陸軍に徴兵された。後日、双方の家族はポストンの収容所に入れられた。ユキオによると、青年時代を通して人種的偏見は一度も経験しなかった。しかしフォートノックスでの装甲訓練を終えた後、戦車装備から引き抜かれてケンタッキーのフォート・トーマスへ送られた。それはまさに、ここフォート・トーマスで起きた。

「日本人兵士が全員まとめられ、下賤で雑役の奉仕、いや全く狂気じみた仕事に就かされた。その時初めて、私は偏見の結果を感じ出した。それまで差別の感情はさほどなかった。私たちはみな成長盛りの子供だったし…。意気消沈した。」

ユキオは、アラバマで軽歩兵師団の訓練を終えた後、第442 RCTに加わるために船でキャンプ・シェルビーへ送られた。そこからイタリーやフランスでの戦いに出陣したが、1946年除隊になった。

ユキオとマリの結婚式は1943年4月7日に、ケンタッキー州フォート・トーマス駐屯地で行われた。マリとその家族は1942年7月4日、ポストンのキャンプに入っていた。それは、なんと独立記念日という祝日に辿った道がそこだったのである。役所の手続きを終えるのに9ヶ月かかったが、兵士との結婚ということで、ついにマリはキャンプを出ることを認められた。彼らの第一子、長男レイはケンタッキーで生まれたが、ユキオが海外に送られたとき、マリはポストンに戻って彼女の家族と一緒になった。

第442部隊を除隊されたユキオは、マリと2歳の息子のところに、それもモンテレー半島に帰還した。ユキオの見解では、戦前と戦争直後は「日本人が自分の望む特定の分野に分け入るのはどこも至難

第八章　アメリカンドリーム

であった。」彼らは親友のジョージ・コウノとともに、木の伐採と剪定を行う「デルモンテ・プロパティーズ」へ行った。それは非常に骨の折れる仕事で、ユキオによると「私たちは半日もつのがやっとだった」という。しかしマリは、歴史的な見方を付け加えて、「彼らは戦後デルモンテ・プロパティーズに職を志願した最初の日本人だったと思う」と語った。

ユキオは、兄の庭園業の手伝いを数年やった後、独自の仕事に手を広げた。同時に彼は、植物の周期や増殖技術を研究し、切り枝を持ち帰って平地にさし、実験や生育を試みた。ユキオにとって造園への移行は容易で自然に思えた。土地への愛着をもつユキオは、「造園はまさに農業と同じだ」と言った。1951年、ユキオとマリは、マンラスとカスが交わる素晴らしい場所に「サイプレス・ガーデン育苗園」を開園した。1961年にモンテレーのペリー・レーン沿いの現在地に移転し、スミダ一家はこの場所で現在もなお、家業を順調に経営している。

日本人の家族がアメリカンドリームを求めて辿るどの話にも、ちょっとしたユーモアがある。ユーモアは苦痛を和らげる一つの方法である。ユキオが育苗業を始める意志を公表した日のことを、マリはよく覚えている。マリは「育苗園を開園する機会が訪れたとき、夫は私にこう言ったの。母さん、5年間私に手を貸してくれないか、そうすれば君は永久に貴婦人のような生活ができるのは請け合いだ、って。43年経った今をご覧なさいよ、私まだ働いているわ」と言う。

おふざけの驚きと弁明がましく、ユキオは加えて「私は5年とは言わなかったぞ、45年と言ったんだぞ」と言った。しかしもっと知っているマリは、最後に大きく笑いながら締めくくった。「だから私はそのことを夫に忘れさせてあげないの。」

ユキオの見解では、育苗業は「私たちの家族には大変よかった。」マリは確かに、それが家族にもたらした安心感に感謝しているが、彼女の見通しは少し違っている。「私たちがいつもそこにいるから、子供を育てる上でも素晴らしかった商売だと思うの。子供たちが帰ってくると、熊手か何か子供たちに渡すことができたんですもの。でも、それから家の中に入ってきて、お母さん、ただいま、って言ったわ。」

マリの妹のルビーも育苗園で働いていて、彼女の子供たちもそこで大きくなった。マリはさらに、彼女の娘アンも彼女の子供たちに同じことをしているという。ちょっぴり母性的な誇りと満足感をもってマリは孫たちに、「バスをそこで降りたら育苗園に来て、二階に用意した部屋で勉強するように」申しつけている。家族のまとまりは日本人に不可欠であり、アメリカンドリームの成功を一部説明している。

ユキオとマリは子供二人の家族を養った。息子のレイ・トライチは1944年5月11日、ケンタッキーで生まれた。今日レイはサイプレス・ガーデン育苗園で造園請負人として働いている。レイの妻ベッツィは長年にわたって簿記をやり、家業の要で仕事をしてきた。レイとベッツィには二人の娘、エリンとカーリがいる。ユキオとマリの娘アンは1948年5月20日に生まれた。弁護士の夫ダグラス・ツチヤとともに、二人の息子ジョンとベンジャミンを育てた。この拡大家族はスミダ四世代の集団を形成している。ユキオとマリが彼らの一世両親から学んだ価値観は、四世の孫たちに伝えられてきた。孫たちに話が及ぶと、ユキオとマリは目を輝かせて、「それは喜び、素晴らしい喜びだ」と言う。

人生はスミダ家にとってよかった。彼らは二人とも、自分たちのアメリカンドリームは果たせた、と感じている。マリは「実現したでしょう。私たちにはそれ以上だわ」と言う。子供たちや孫たちに機会の扉はかなり開かれている、と二人とも考えている。ときに人生は苦難に満ちていたし、人種差別や偏見の経験は、決してなま易しいものではない。ユキオはヨーロッパでの戦闘で毎日身を危険にさらし、そして戦争で兄を亡くしているのである。

しかし、はっきりいって苦痛は全くない。第442部隊での兵役を、忠誠心を国家に示すための意識的な試みと見ていないのである。心と精神の内側で彼はもっとよく理解していた。人生でどんな仕事に就こうと国家への奉仕は、ユキオがやらざるを得ないと感じる、もう一つの仕事に過ぎなかった。どんな仕事もやる上でたった一つの方法しかない。それは自分の能力の限りを尽くすことである。物静かで瞑想的な独立心を備えたユキオは、第442部隊の同士について言う。「あの隊が自ずから証明したんだ。日本人に対して何もかもが変わった理由が、あれなんだよ。」

五番目の寸描は、また別の次元のアメリカンドリームで、**フランク**と**ケイ・タナカ**に関するものである。彼らの控えめな夢は、経済的な苦境、文字通り彼らを目がけた投石、そして仕事の差別によって粉々に砕かれた。諦念と静かな決意をもって、懸命に働き新しい機会を掴むことで生活を前進させた。彼らの打ちのめされた夢は、フランクが最初の日系アメリカ人としてモンテレー市に勤務することになったとき、大きな成功話に変わったのである。

ケイはカリフォルニア州シュプレッケルスで生まれた。父親のジョージ・カダニはハワイのマウイ生まれの二世であった。ケイの祖父（ジョージの父）は広島県出身の初期移住者の一人で、途中ハワイに立ち寄ってサトウキビ畑で働いた。ジョージ・カダニは、やはり広島県出身のナカヨ・キジマと結婚し

第八章　アメリカンドリーム

た後、サン・ファン・バウティスタへ行き、その後サリナスに落ち着いた。

戦中をアリゾナ州ポストンで過ごした後、カダニ一家はコロラド州のデンバーに移転した。デンバーの寒さと雪に全くなじめないことが分かって、カダニ一家はサン・ファン・バウティスタへ戻った。彼らの息子オーティスは軍隊に入ってまだ海外にいたので、やっと17歳になって高校を出たばかりのケイは、家族の親類とともに、両親をカリフォルニアに連れ戻すための車を買う手配をした。それからほどなくしてカダニ一家は、モンテレー半島に住むことになった。米国陸軍を解かれたオーティスが、1948年に家族と一緒になった。

モンテレー育ちのフランクはアービング通り110番地の自宅で生まれた。両親のコウイチとヤエ（スミダ）・タナカは1900年代初期に広島県からモンテレー半島に来た。フランクは五人兄弟の四番目で、子供たちは全員、「助産婦」の役割をした父親の手でこの世に生まれた。長子は姉のコヨミ、次の二人の兄がウィリアムとジョージ、それからフランク、最後が妹のトモエである。フランクの両親は日本からの開拓者一世で、ここ半島に農民として定住した。

ケイはサリナスのフロント通りの、民族的に融合した近隣の中で育った。そこは以前あったレタス小屋の近くで、現在高速道路が走っている場所である。ケイが初めて差別の過酷な現実にさらされたのは、ここであった。小学生のとき戦争が真珠湾で勃発した。ケイが経験したのは、一生消え去らない恐怖であった。

「人々が私目がけて投石したので、学校まで走り通したわ。頼んでも誰も私の近くに座りたがらないの。友達はみな中国人とフィリピン人で、私は人種がかなり混交したグループと一緒だったの。と、全員が、私はフィリピン人とか中国人というバッジをつけていて、実際こう言ったわ。ごめんよ、でもこうしなければなんないのよ、って。」

さらに日本人の子供たちは「認められるためには、通常より懸命に勉強しなければならなかった。」学業成績はよかったのに、最上のクラスから除外されるように見えた。「日本人はああやって押さえ込まれている」とケイはいつも思った。

フランクは人種的に混じり合った隣人の中で育った。幼稚園から8学年までを備えたベイビュー校に通った。サリナスの反日感情とは違って、敵意なるものを全く経験しなかった。モンテレー高校へ通ったが、クラスの中でも、またバスケットボールのコートにあっても、ずば抜けていた。構内で活発なフランクは、生徒会副会長として奉仕し、バスケットボールチームのキャプテンを務め、学業成績は最高

学年上位10名の中にいた。1945年5月の卒業を前にして、フランクとその家族はアリゾナのポストン強制収容所へ送られたのである。

フランクもケイも伝統的な日本の価値観を重んじる家庭で育った。両親たちが求めたのは正直、学業、行儀の良さであった。ケイは、両親が「勉強しなさい」とか「一番大切なことは日本人を困らせないことです」とよく言うとき、通知票をもらうときのことが頭に浮かんだ。1930年代の大恐慌時代、フランクは損失という意味を経験した。それは物質的なものの価値を最小限度にまでもっていくことを教えた。彼はこの体験を生き生きと思い浮かべた。「靴に穴が空いたら雑誌の表紙を穴につっこんで、そんな靴を学校に履いていくんだ。そうしたら困難な時代ってのが、どんなものか分かったんだ。」

こうしてフランクとケイは、家族に決して恥（不名誉）を持ち込まないことを学ぶ世界で育った。彼らは残りの人生で、一世の両親から学んだことを実践したいと思っている。それは「正しく行動し、善良な人間であり、よき市民である」ことであった。

この国で成長する若者がみんな考えるように、フランクとケイも、アメリカンドリームは誰にでも開かれていると信じていた。それは「勉強、懸命な仕事、何かに向かっての努力があってはじめて達成可能なもので、貧富を問わない」という点で、二人とも意見が一致していた。フランクは、ベイビュー校で彼流のアメリカンドリームについて、何か教えられたことを覚えていたのである。

ケイの母親はサリナスのレタス小屋で働いたが、彼女は「ハロー以外に英語が一言も話せない唯一人の日本人」だった。同僚との交流で「母はよりアメリカ化し」、「より心が広くなった」とケイは思っている。したがってケイがアメリカンドリームの感覚を得たのは、彼女の母親からであった。

ケイのアメリカンドリームはむしろ、個人的目標がケイのためにでなく、彼女の子供たちのために実現した事例であった。戦後デンバーを発ってサン・ファン・バウティスタに帰還したとき、彼女は両親とともに野良仕事をした。兄が帰還して両親の面倒をみることができるようになると、ケイは洋裁学校に通った。家事の仕事の方が収入がいいと知って、洋裁の仕事探しをやめ、家事に留まった。

他の二世と異なっているわけではないが、教育と生活向上というケイの目標は、いわば次世代に先送りするものであった。彼女は、*辛抱*──我慢、忍耐と、ケイがいうところの「後悔のない犠牲」という倫理観を、両親から会得していた。

「フランクと私は心を同じくして言っていたの。

第八章　アメリカンドリーム

　やれやれ、私たちは教育は受けなかったけど、だからといって両親に矛先を向けないわよね。両親だって最大限がんばったんですもの。だから子供たちにも最大限のことをしてあげなくちゃ…。私たちだって教育を受けてたらどんなによかったか。でもそうでなかったんだから、私たちにできることを精一杯やりましょう。私たちの側を犠牲にして子供たちに教育を受けさせましょうね。」

　言うまでもなく、ケイとフランクは可能な限り最善の教育、つまり子供たち、家族、友人に対して愛情を注いだ。二人は、子供たちが出世するためにあたう限りのことを尽くした、と知ることで、アメリカンドリームの目標を達成するのである。

　フランクは、彼の目標達成の機会についての評価には現実的でもあった。彼は夢の理想について「私たちはそう教えられたよ。勿論現実は別だ」と述べた。フランクは現実を少し心得ていた。
「あのな、高校生のとき、級友と一緒に木工の授業を受けていたんだ。私の目標は大工になることだった。2年生のときだ。みんな集会場へ降りていって、誰かの許しを得て仕事をもらうように言われたんだ。他の級友たちは全員許しをもらったが、私はもらえなかった。なぜって、日本人の血統を持つものはみな、大工の組合員になる資格がないという昔ながらの規則があったからだ。だから、おじゃんだ…。そりゃあ、そんなのって、人が考えていることに水を差すってものさ。」

　それは1940年、モンテレーで起きた。ここにアメリカンドリームを信じるように教えられた高校在学の一人の若いアメリカ人がいる。フランクの眉間を殴りつけた現実とは、仕事市場での人種差別であった。ほぼ半世紀後に、フランクはこの出来事を追想し、アメリカンドリームに思いを巡らせて言った。「それはしばらくの間さんざんだった。」しかし即座に「機会は周り巡ってきたのさ」と言い足した。

　しばらくかかったが、その機会は実際に再び巡ってきた。フランクの家族がポストンの強制収容所に送られたとき、フランクは大工ショップで仕事を得た。廃材を使ってキャンプの学校用机と椅子、虫のバラック進入を防ぐ網戸を作った。フランクによると、「大工には月19ドルが支払われ」、それはキャンプでの給料表の中で最高額であった。フランクは、故郷のモンテレーでは否定された仕事を、ついにやることになった。

　1944年にフランクは、キャンプの区画仲間何人かと、ニュージャージー州のシーブルックで缶詰関係の仕事をするために、キャンプを早期退出する選択をした。4ヶ月経って、よりよい機会を求めて1945年にシカゴへ行った。戦争が終わってフラン

クは「デンバー行きの列車に飛び乗って、車を持っている兄に会い、ポストンへ車で行き、家族を乗せてモンテレーに戻った」のであった。

　故郷のモンテレーでは、魚の缶詰工場は1940年代を通してフル稼働していた。フランクはオックスナード缶詰工場へ行き、そこで雇われて働いた。1953年までにイワシ産業は底知れず不可解な落ち込みが続いていた。フランクは、とくにこれから養っていかねばならない新生児の長男を抱えて「失業の不渡り小切手で生きていけない」と考え、アルフ・ニールセンと造園業をしていた兄ジョージの手伝いを始めた。これがもとで、ハワイ出身の男性が所有する地所での常勤職にありついた。この男性はジャックス・ピークの頂上に60エーカーの土地と、カーメル・バレーに4,000エーカーの農場を所有していた。フランクはそこで1953年から1958年まで働いた。

　フランクの目の前に大きな転機が迫っていた。1958年のことである。友人の一人であるジョー・ロペスが、フランクの気を引くような求人広告の電話を入れた。「おい、フランク」とジョーは言った。「市に求人があるぞ。応募してみないか。」それはモンテレー市公園管理局の職長職であった。市は、景観計画が読めて、作業員を監督し、拡大した市の公園システムの中で新しい公園を開発できる人を求めていた。アルフ・ニールセン、レイ・ラドルフ、カーメル・マーティン二世といった友人の推薦のおかげで、フランクはその仕事を手にした。常に向上心を求めるフランクは、1960年にモンテレー・ペニンシュラ大学の授業を受け、理系準学士号を取得した。

　1962年からこのかた、新しい公園が本質的に完成をみ、日常的な管理が仕事となった。こうしてフランクは経営側に移動し、1978年にモンテレー市公園管理者に昇進した。フランクは、ここでも微妙な差別があることを感じた。ケイは、フランクが長を務めたオフィスで、しばしば発生した話をしてくれた。「フランク、仕事の方はどうなの、調子はどうなの、って私が聞くとね、夫はこう言うの。君には信じられないだろうが、販売員は来たらいつも、私を素通りするんだよ。日本人のためには決して立ち止まらないんだ。白人の方に行くなんて、驚きだよ、って。」

　フランクの感情は、こういった何気ない鼻あしらいに、実際のところ傷つくことは全くなかった。それどころか二人とも、それをむしろ面白がって笑い飛ばしたものである。今日フランクの見方は「しかし、それがアメリカでの生活ってもの」なのである。1989年8月にフランクもケイも、ともに退職した。

　フランクとケイは1951年2月11日、ここモン

第八章　アメリカンドリーム

テレーで結婚した。彼らは二人の息子をこの世にもたらした。1953年に生まれた長男エドワードは、スタンフォード大学を終え、現在サンホゼのフランクリン・マッキニー学区で小学校教師をしている。1957年生まれの次男ダニーは、カリフォルニア州立大学バークレー校建築学部へ入り、現在インテリア装飾建築を専門とするサンフランシスコの個人企業で働いている。二人の息子は順調に雇用され、幸福な結婚生活を送っている。

フランクとケイは、当地モンテレー半島での生活に思いを巡らして二つの興味ある観察をしていた。一つは、日本人の人口統計の変動と、未来の予知に関するものである。エドワードやダニーのような三世の子供たちがますます多く、モンテレー半島から離れている。フランクはJACLや教会で「そのことを強く感じますね。だって会員の60％が70歳以上でしょう。退職者がトップ三分の一に固まっていて、下から誰も上がってこないんだから」と述べた。三世たちのアメリカンドリームの成功および機会は、モンテレー半島の域外にあるという現実が、地元日本人社会の未来に問題を投げかけている。

もう一つの観察はケイによるもので、彼女は二世の両親世代の役割に洞察力のある意見を述べた。
「思うに私たちは一世と三世の橋渡しをしたのね。私たちは真ん中にいて、二カ国語は話せるけれども、教育は受けていなかった。子供たちのために達成したいと望んだこの目的を本当に過酷なものにしたのは、それだわ。教育を受けていないという背景をしょって、子供には教育を受けさせるための資金を貯めようと、必死になって働かなければならなかったんですもの。」

然り、である。彼らは二つの世代をつなぐ橋となった。彼らの夢は、時代と状況が彼らに否定したものを子供たちに実現してやることであった。

フランクとケイは、これまで紆余曲折の人生に直面してきた。彼らを目がけた投石を受け、仕事や居住上の差別を経験し、経済的困難に耐え、有刺鉄線の背後に住み、レタス農場でせっせと働き、大学教育を受ける機会を逸した。均等な機会を約束した土地で、彼らのアメリカンドリームはほとんど砕けたようであった。彼らは生き残るためにするべきことをした。しかし機会は一巡して訪れた。最後にフランクは一つの壁を打ち破り、モンテレー市のために働く最初の日系アメリカ人になった。フランクとケイは他の二世たちとともに、モンテレー半島の日本人のために新しいドアと道を開いていくであろう。

六番目の寸描で**ケイ**と**スミ・ナカムラ**の人生およびその世界を探ってみよう。スミ側の家族であるイケダ家は、この地域の初期一世の何人かにさかのぼ

ケイとスミ・ナカムラ。モンテレーの自宅のデッキにて。

MP/JACL 写真アーカイブ

る。他方ケイは、戦後になるまで当地に来ていなかったので、モンテレー半島への移転者である。ケイもスミも、彼らの人生の重要な経験をもとに、一世も二世もアメリカで夢を達成する上で公平な機会を有してきた、と信じている。

　ケイの仕事と副業には二重の象徴性がある。まず、給油事業の他に、モンテレーに2軒のエイビス・カー・レンタルのチェーン店を始めた。レンタルカー広告のスローガンのように、彼はさらに懸命な努力をせねばと感じる世界で育った。次に、ケイは、モンテレー半島で日系人として初めて選挙によって選ばれる公職についた。双方の活動は、モンテレー半島の日本人のイメージを改善し、日本人のための生活改善に寄与した。

　スミは、イサオとマサ（クボ）・イケダを両親に、カリフォルニアのサリナスで生まれた。スミは6人兄弟の二番目である。長兄ススムを先頭に、サチ、シゲル、カズコ、ミノルと続いた。スミの両親はともに日本の鹿児島出身で、一世の移住者であった。彼女の父親は1911年に13歳でサリナスに来た。1924年マサとの結婚のために日本に帰国した後、1924年の米国移民法が日本からの更なる移民を禁じる直前、米国に戻ってきた。

　1924年にイケダ一家はリトル・サーに移転して、そこでサヤインゲンを栽培した。当時グリーンフィールドとリトル・サー間に切り開かれた道路がなかったので、軽装馬車が基本的な輸送方式であった。スミは、1924年から1926年までの父親の農業について、興味ある話をした。

　「でも父がよくやっていたことはね、中国人の漁師たちが農場の真下でよく魚を釣っていたの。あの人たちはアワビを取って乾かし、父に手渡すの。父はそれを受け取って、サヤインゲンと一緒に、彼らのためにワゴンに乗せてあげてモンテレーに運ぶの。それから1，2年経って父は古い車を買ったわ。父は自動車のステップ側と、後部座席と、トランクに箱を置いていたわ。そうやって全部の収穫物と乾燥したアワビを持ち帰ったものよ。」

第八章　アメリカンドリーム

　中国人と日本人との間の商売の協力は、スミとケイが「ここ（アメリカ）に来れば、そこは広く開かれた国」という信念を形成する上で役立った。

　ケイは、マンズチとフジ（ヤマダ）・ナカムラを両親にカリフォルニアのリードレーで生まれた。父親は山口県のサクラマチという町から来た。母親もまた山口県で、隣接する町、柳井の出身であった。八人兄弟で、名前は出生順にシゲノ、ミチエ、マツコ、チャーリー、ジョージ、ヨシコ、ケイ、ノボルであった。

　ケイは2歳の時、教育のために日本へ送られた。それから6年後、8歳で米国に戻った。この二つの文化と二カ国語の経験で、一世の価値観と、一世および二世の関係に鋭い洞察眼が育った。究極的にそのことも、ケイのアメリカンドリームに対する強い愛着について、何かを説明しているのかもしれない。

　ケイとスミにとってアメリカンドリームの理念は非常に包括的であり、定義の線引きができにくいようである。ケイは「働くこと、それがアメリカンドリームだ。金儲けをし、家を持ち、幸福な生活をする、それはみんなアメリカンドリームだ」と言う。スミはアメリカンドリームとは「ここ自由な国にいて、懸命に働いて、自身の家を持ち、幸福な生活ができること、それが私のアメリカンドリームだわ」とつけ加えた。スミの父親は、人生の目標達成の鍵として、懸命に学び、懸命に働くことを重視した。

　ケイの全体像からすると、一世の特定の価値観と二世のアメリカでの成功との間に、一つの直接的な繋がりがある。彼は言う。

「二世が機会に預かる唯一の理由は、一世が他人に非常に素直であったからだ…。今、週に一度、仲間内のバーベキューに行くんだがね。昔のイタリア人たちがいてさ、バーベキューの準備をして、その日のものを出す。彼らはバーベキューをしながら、私たちと一緒に昼食をとるんだ。すると彼らは口々にコーテス地域に住んでいた日本人について話すんだよ。彼らはみんなのことを覚えていてね、とても信頼を寄せていたことを覚えていたよ。」

　ケイの父親が2,000ドルを借り、書類へのサインなしで銀行口座に入れたときのことを、父親がケイに話してくれたのをよく覚えている。商売と個人的関係が言葉と握手で固められている時代があった。

　正直と信頼は、今日の競争的で複雑なビジネスの世界では幾分奇妙に思われる向きもあるであろう。今日どこの銀行に行っても、書類へのサインなしで2,000ドルのローンを受けるのは確かに例外というものだ。しかしそこが、まさにケイの言いたい点である。父親の時代には信用の倫理観が機能した。ケ

イが述べたように、信用こそ重要であり「署名なんぞ必要でなく、言葉で十分だったし、人々は互いに信頼し合っていた。」一世たちは誠実な仕事からこの信頼を勝ち得ていたのであり、この価値観を子供たちに伝えていたのである。

とすると、見えてくるのは、日本文化のある価値観とアメリカンドリームの価値観との間の調和可能性である。ケイとスミは、彼らの両親から学んだのは、正直、仕事への献身、目上の者への尊敬、教育といった価値観であった。アメリカンドリームは教育、勤勉、富によって得られた幸福と安全を強調する。したがって、ケイとスミが彼らの両親から得た価値観が、アメリカンドリームへの同化と支持を容易にしたのかもしれない。

スミの教育はアリサル小学校で始まった。家族は「ときどきその辺を引っ越したの。父が、あちこちに土地を借りて農業をやっていたので」とスミは言う。アリサルの次はゴンザレスへ行き、スプレッケルズの学校で8年生を終え、2年間サリナス高校に通ったところで戦争が勃発した。高校を終えたのはアリゾナ州ポストンの第1キャンプであった。

8歳で日本から戻ったケイは、中等教育をリードレー高校で終えた。それから家族はやはりポストンの第3キャンプに収容された。戦時転住局の許可を得て、ミネソタ大学に入学のためにキャンプを去ることになった。しかし入学が1944年春まで遅れることが分かって、ミネソタ州セントポールの実業大学への入学を決意した。1944年初期、ケイは徴兵通知を受け取った。テキサスでの訓練とミネソタのフォート・スネリングでの訓練の後、1946年2月、日本での米国占領軍に配属された。

ケイは1946年の除隊後、ミネアポリスで短い中断があって、モンテレーに帰還した。それからデルモンテとフィゲロアとの角にあるマス・シンタニの「ベイ・シティーズ給油所」へ行って働いた。1948年10月、ケイは起業し、自身の給油事業を始めた。「ベイ・サービス」は、フレモント通りとオーシャン通り（今日の10番通りとオーシャン通り）が交差する場所にあって、モンテレーの昔のオーク・グローブ区画内であった。スミはポストンから帰還の後3年間家事をし、それから子供たちを養育し、自宅の事務所で簿記をして、ケイの仕事を手伝った。

商才のあるケイは、レンタカー市場のブームを予期した。ケイによると「当時はね、レンタカーってものはなかった。エイビスが最初に飛行場に置いたんだ。」そこでケイはレンタカーの事業に飛びついた。結果として三つのチェーン店を経営している。「ベイ・サービス給油所」と、モンテレー飛行場、カーメル・ホリデイ・インに店舗を構えている。そ

第八章　アメリカンドリーム

れは当を得た決意、適切な時期、申し分のない場所が揃った事例であった。成長を続ける産業から利益を得て、ケイはモンテレー半島で成功した事業のリーダーになった。

1950年代初めの頃は、ケイもスミも、この地域社会で人種差別の問題に遭遇することは滅多になかった。ところが戦後、日本人に対する差別がここモンテレーで本当にあったのである。しかし、物事の暗い面を見ないケイは、持ち前のユーモアで以下二つの話をした。

ケイにウィラード・ブランソンという仲良しの友人がいた。「ケイ、エルクスに入れよ」と彼は言った。ケイは次に何が起きたか関連づけて言った。
「私は言ってやった。いいよ。でもね、私は受け入れてもらえないだろうよ、とね。するとウィラードが言ったんだ。君が受け入れられないって、どういう意味だい。10ドルくれないか、そうしたら君を入れてあげるから、ってね。二日後にウィラードが言った。ケイ、君の方が正しかったよ、だって。」

あと二人の友達であるマニー・デマリアとジョン・ペリーも、第一回目で何が起きたか知らないで、ケイにエルクスに参加することを求めた。毎回「10ドルくれたら入るようにしてあげる」だったが、毎回結果は同じだった。今日までケイは30ドル分閉め出されていて、そのロッジに一度も入ったことがなかった。ウィラード・ブランソンは、人種によって差別する組織に属するよりも、むしろそのロッジを辞めた。ケイは人生を一笑に付して言う。
「三人が三人とも同じことになった。私の人生の中で一番滑稽な話だったなあ。」

二番目の話でケイは、ケイのことをナカムラと言わないで、いつも「マクナムラ」と言っていた友人のジョン・ガードナーについて語っている。いつも「やー、マクナムラ、元気かい？」実はジョンはケイにアメリカ・ヨットクラブ協会の創設委員になってもらいたかった。ケイは「ケイ・マクナムラ」と署名した。しかしヨットクラブ宣言の最下欄にケイの目にとまったのは「黒人と東洋人は除外」という言葉であった。そこで友人たちは差別的な語句を簡単に変更した。それでケイはこの組織のメンバーとして留まった。

もちろん状況は変わって、今日ではいずれの組織にも差別の条項は当てはまらない。事実1948年にケイが初めてマス・シンタニに雇われて働いたが、そのマスが、日本人初のエルクス・ロッジの会員になった。サリナス出身の中国人歯科医師のライマン・ロウ博士がヨット協会に加わった。しかしケイとスミは、仕事上で人種差別を受けたことはない、と思っている。それどころか彼らは、仕事関係を通して

人種的寛容の土壌を改善する助力をした。

スミとケイはモンテレーのUSOダンスで会い、結局1949年11月、ケイの出生地であるリードレーで結婚式を挙げた。リードレーでの挙式を決意したのは、子供時代を過ごしたという感傷的な理由によるものでない。そうではなくて、二世の子供たちの心に浸透した両親や目上の者に対する深い尊敬心を表すものである。ケイとスミも例外ではなかった。リードレーの友人たちに敬意を払う義務を感じた父親の今回の希望を入れて、ケイとスミはリードレーで式を挙げたのであった。

ケイとスミは、二人の子供を育てた。娘のスーザン・サカイは結婚して、サリナスで二人の女の子を育てながら家事をやっている。息子のキースはジャナ・ミネモトと結婚した。ジャナの母親アリスは、1993年初めに亡くなったが、半島のサトウ家の人である。過去7年間、キースはハワイで「エイビス・レンタカー」での仕事をしてきたが、故郷モンテレーに帰りたいと思っている。

ケイのビジネス上の接触が、結果として他の事柄につながっていくことがよくあった。1977年ケイは政界に入り、空港委員会に選出され、モンテレー半島の公的機関に選ばれた最初の日系アメリカ人となった。それ以来3回再選され、現在四期目の在任中である。加えてケイは、モンテレー市建築再審査委員会で8年間奉仕し、モンテレー郡大陪審の陪審長として、さらに地元のJACLの支部長として奉仕してきた。ケイはこれまで楽天家クラブとライオンズクラブの会員でもあった。ボランティアとして、スミは25年、ケイは41年をクロスビー協会やＡＴ＆Ｔペブル・ビーチ・プロアマに奉仕してきたが、合算すると彼らの人生の66年間をボランティア活動に向けてきたことになる。

今日の日系アメリカ人にアメリカンドリームの達成を阻害するものがあるだろうか。ケイは断固として答える。「もしあれば、自分の過失だ…。アメリカンドリームに関する限り、彼らには世界中に機会がある。」アメリカンドリームはスミとケイに実現したのか。ケイが応えた。「そうとも。実にうまくいったよ。ここは素晴らしい世界だ。」そしてスミが結論づけた。「私には人生の歩み全体からきた友達、ほら、国籍が全部異なった友達がいて、すべて実現したと思うの。」したがってスミとケイにとって日系アメリカ人に機会の扉を開けた楔は、一世両親の信頼、犠牲、懸命の労働であった。スミとケイは、古い一世のブロックからはがれ落ちたかけらに過ぎないのである。

最後七番目の寸描は**タク**と**メアリー・ルー・ハットリ**に関するものである。それは、経済恐慌と戦争

の壁をくぐったタクの非凡な、波乱万丈の旅の物語である。それは忠誠心と、タクの目的遂行を援助するためにハットリ家が払った犠牲についての物語である。それはマラソンレース、つまりタクの忍耐と医者になる決意についての物語である。それは、周囲の偏見を愛情が克服した二人の異人種間結婚についての物語である。それは成功とアメリカンドリームについての物語である。

　ハットリ一家は最初、1919年にモンテレー半島に来たけれども、タクはこの地域の本当の生まれではない。というのも彼は1921年11月22日、カリフォルニアのストックトンで生まれたからである。両親のセキサブロウとタマ・ハットリはともに日本の愛知県名古屋に生まれた。彼らは一時的に家族の店があったストックトンに、1919年に戻った。しかしタクの誕生後、1921年遅く、モンテレー半島に定住する決意をした。タクは六人兄弟の末子であった。目上の兄弟たちは出生順にコウジ（またはジェームズ）、ヨネコ、アイコ、ヨシコ、ロイである。

　メアリー・ルーは1931年にギルバートとメアリー・マイアーズを両親に、ペンシルバニア州ヨークで生まれた。ヨークは小さな田舎町であり、ハリスバーグからサスケハナ川下流約20マイル、メリーランド州境の北10マイルの所にある。メアリー・ルーの両親はヨークからいずれも15マイル以内にあるイースト・プロスペクトおよびレッド・ライオンという小さな町に生まれ育った。マイアーズ家は二人の子供を育てた。メアリー・ルーと弟のジェームズである。メアリー・ルーとタクが言うには、彼らの両親は正直、懸命な仕事、家族への忠誠、いい教育、忍耐、黄金律の価値観を強調した。これらの規則で生き、子供たちにそれらを伝えることに努めたことで、メアリー・ルーとタクは彼らの人生と、それに伴ってついてきた幸運に一層の感謝をしている。

　メアリー・ルーにとってのアメリカンドリームは「やりたいときに、望むことを制限なしにできる自由」を意味した。彼女は、アメリカンドリームを生きる上で2種類の自由が不可欠である、と感じてい

タクとメアリー・ルー・ハットリ。カーメル・バレーの自宅玄関先にて。

MP/JACL 写真アーカイブ

る。すなわち「偏見がない自由と宗教の自由」である。アメリカンドリームについてのこの説明に、タクがつけ加えて「結婚して家族を持ち、家を持ち、いい子を持つこと」と言った。二人が急いで言ったのは、富はその夢を楽しむのに重要であるということ、つまり「うまくやり遂げるには十分な資金が必要である」ということであった。もしこれがアメリカンドリームであれば、タクとメアリー・ルーは、すべてではないにしても、その多くを達成してきた。そこに到達するのは容易ではなかったが、魅力的な旅であったことは確かである。

末っ子ハットリの教育目標を家族ぐるみで支援してもらって、タクは非常に幸運であった。懸命な仕事をし、聡明で知的な家族であった。彼の姉アイコがかつて「50年前」と題する詩を書いたことがあった。メアリー・ルーはこの詩を回顧して、アイコがどんなに素晴らしかったかについて、

「アイコは小学校から高校まで成績が全優だったのよ。そしてスタンフォード大学へは奨学金が満額出たの。でもね、タクの父母は彼女に進学させなかったの。だって女の子だったし、当時女の子は大学に行かなかったから」と述べた。

奨学金があるにもかかわらず、一家の財源が非常に限られていたので、一つの選択がなされねばならなかった。家族のルールと伝統によって、タクが長いストローを引いた。アイコには悲劇的であったかもしれないが、彼女は善良な二世の娘で、彼女の両親の道徳的な権威を受け入れた。タクは心が痛むように「アイコはそれにたてつくことはなかった」と言った。彼女は自分なりに、タクがその目的を達成できるように手助けをした。

家族への忠誠と犠牲はまた、タクの兄、ロイにも表面化した。ハットリ一家が1921年、ついに半島に落ち着いたときに、タクの父親はアワビ漁師になった。しかし肉体的に健康を害して、家族を助けることがロイに降りかかり、ロイは自家用漁船の潜水夫となった。タクは長年ロイがしてくれたことを理解し感謝してきた。タクの言葉はこうだ。

「私は大いに彼（ロイ）のおかげになっているんだ。それで私は学校に行けたんだから。それから戦後ね、家族の面倒をみてくれて、家の勘定を払うことで私は悩まないですんだんだ。とにかくロイはね、頭脳に関する限り、したいことは何だってできた。彼は、それは本当に、賢かった。」

結局のところ家族の決断は、タクが学校に行けるようにロイがアワビ漁に出るというものであった。タクにとって、これは始まりに過ぎなかった。

1930年代、メアリー・ルーはモンテレー半島のタクから3,000マイル離れた東海岸で育ち盛りで

第八章　アメリカンドリーム

あった。メアリー・ルーはウェスト・ヨークの公立学校に通った。1949 年、彼女はペンシルバニア州のテンプル大学で 3 年間の看護婦教育プログラムに入った。1952 年、正看護婦の学士号をとって、テンプル大学病院で働いた。このときまでにメアリー・ルーとタクはブラインドデートで会ったことがあり、互いに相手を見ていた。それでメアリー・ルーは、1954 年の彼らの結婚まで大学病院で働き続けた。

タクの医者になる道には実に、長距離ランナーの決意と忍耐を要した。モンテレーのベイビュー小学校とモンテレー高校を終えたタクは、サリナス短期大学に 2 年間通い、1941 年に卒業した。

1941 年 12 月 7 日の夜、タクの海軍予備隊が動き出した。それでタクは実戦の任務に就いたが、それは 1942 年 5 月までのことで、タクの見方では、米国政府が「日本人の血統をもつもの全員を海軍から追い払った。」タクはストックトンへ行き、ハットリ家の一員が経営していた「スターテン・アイランド土地会社」所有の農場で、短期間働いた。その後すぐ 1942 年 5 月末、タクはストックトン集合センターに出頭して、アーカンソー州ローワーの強制収容所に入った。

キャンプに入って第一週目に、タクはフットボールをして膝を痛めた。膝は二度と曲がらない、と医者たちに言われた。肝の据わった決意、理学療法、長時間の入浴で、タクは 1 年も経たないうちに杖の助けを借りて歩行していた。1944 年 1 月にタクはキャンプを出る許可が降りて、フィラデルフィアのランキン・ホスピタル癌研究センターの実験技師として働くことになった。まさにここで、世界的に高名な癌研究専門家であるスタンレー・レイマー博士がタクに、「その辺を離れないでいなさい。私たちが君の面倒をみてあげるから」と言ってくれた。

タクの野心はテンプル大学に入学することであったが、授業料が年間 400 ドルほどで、タクにとって「週 25 ドルの収入では大金であった。」そこでタクはミルウォーキーへ行ってタイヤ再生店で 1 年間働き、州居住を立証し、より安価な授業料で公立の大学に通った。夢をより現実的に見ることで、1945 年 9 月、タクはウィスコンシン大学マディソン校で医学の勉強を始めた。

タクは自分の教育費を支払うために鬼のように働いた。週 2 回 4 時間交替で、ウィスコンシン大学の実験室で働いた。授業の後毎晩 5 時から 11 時までと、週末にはさらに 20 時間働いた。午後 11 時に仕事が終わると YMCA の自室に戻り、朝の 3 時か 4 時まで勉強した。それから翌朝 6 時半に起床し、12 マイル先のキャンパスへとぼとぼと向かい次の一日を迎えた。人間の忍耐の限界までタクを後押し

したのは何であったか。

「同じことをやっている連中がいっぱいいたのさ。だから私たちはみんな一緒にやっていたんだ。もし一人だったら、そんなにはいかなかっただろう。」

睡眠不足から神経がすっかり参ったタクの体重は、通常の 120 ポンドからすぐに 109 ポンドぐらいまでに落ち込んだ。

1946 年 2 月、タクが郵便を開くと「米政府の司法当局に出頭せよ」という通知があった。以前の膝の怪我でタクは 1944 年 6 月、4-F に分類されていた。しかし今、徴兵委員会は身体検査更新のためにタクに出頭を命じていた。タクには自分の膝に問題があると分かっていたが、軍の身体検査の意味を十分に理解しかねた。彼はそのことを、こう述べた。

「それから 1946 年 2 月に再検査の呼び出しがあった。今度は彼らは私の膝に全く目をくれなかった。大きな建物には 300 人ほどが全くの裸でいた。ひどいもんだ、列に並ばせて 2、3 の質問をした。こんなふうにだ。昼と夜の区別ができたら入隊、とね。」

タクは兵役の代わりに 3 年間の任意入隊を選んだ。この選択は彼に医療隊のような奉仕部門の選択を与えたばかりでなく、除隊後の教育にと、復員兵援護法による褒美を差し出すものであった。一切の皮肉は、タクがあと 2 ポンド以上体重を減していたら、彼は軍務から除外されていたであろうということである。というのも陸軍は 107 ポンド以下のものは採択しなかったからである。

1946 年 2 月から 1949 年 2 月までの間に、陸軍は 4 ヶ月間、インディアナポリスのウェイクマン総合病院でタクを訓練して、ドイツのベルリンの医療支部へ配属した。1949 年 6 月まで 6 か月間の滞在延長のあと、二等軍曹の階級を与えられ除隊された。タクはウィスコンシン大学に戻って医学の勉強を始めたが、まず医進予科補習コースをもう 1 年とって、1950 年 6 月に課程を終えた。

世界の出来事というものは、ときに人の人生への致命的な介入という奇異な方向をとるものだ。1950 年 6 月、タクはウィスコンシン大学で医進予科補習コースを終えた。1950 年 6 月はまた、朝鮮戦争勃発を記した時期であった。案の定、タクは現役勤務に呼び出された。フォートオードに出頭して、東海岸に移され、ワシントンのフォートマイヤーズで、高官 120 人の陸軍下士官の専門部に配属された。

ワシントンに到着して 2 週間後、タクはテンプル大学の医学部に受け入れられたという知らせの電報を受け取った。最善のことを期待してタクは、軍務局長のオフィスへ大急ぎで行き、医学学校へいくために直ちに任を解いてくれるよう願い出た。陸軍医

第八章　アメリカンドリーム

療隊長のマクチャニー大佐はタクの要求を支持し、ベルリンの病院指揮官が確証した。法務総監局に配属された役人たちは、法令や規則を検討したが、全員が否認した。最終結果は常に「悪いが、君は現在軍隊にいるし、遅すぎだ」であった。

これまでにタクは失望に慣れていたが、忍耐と不屈は常に彼の強みの部分であった。1951年8月に陸軍を除隊された。テンプル大学は大学の契約を守り、タクは1951年秋学期に医学部に入学、医学教育を1955年に完了した。タクはペンシルバニア州のヨークで研修を行い、一年間の実習をカリフォルニア州サリナスのモンテレー郡立病院、現ナティビダッドで行った。

タクの長い教育の旅は、これで終わったようであった。やっとタク・ハットリ医師となって、生計のためにいつでも出かけて行く医療実践の準備はできた。しかしそれで終わったわけではなかった。1956年7月、タクは放射線医学を専門にする決意をした。モンテレー病院の所有者であるドーモディ医師と、当時モンテレーの外科学会の会長であったグラティオット医師の忠告を仰いだ。メアリー・ルーは、次に何が起きたかを次のように語った。

「それからはね。あの当時子供が一人いたでしょ。タクが専門を追求する道といえば唯一、また陸軍に戻ることでした。だからそうしたんです。で、ワシントンD.C.のウォールター・リードに結局三年間いました。」

D.C.に三年間といえば1957年から1960年までであった。それからタクはドイツのランダウにある第二陸軍総合病院に配属され、タクとメアリー・ルーはさらに三年間、外地で過ごした。

タクの医学教育、医学的訓練、陸軍にいた年数を合算すると20年に及んだ。彼は1944年、医者になる夢を実現するためにキャンプを後にした。ランダウでの任務が終わってタクは、「64年の1月に私はやっと故郷に戻った」ということができた。彼はモンテレー、ハートネル通りにあるモンテレー病院のX線部門に三年間勤めた。1967年、コミュニティ病院の放射線医学に従事する医療スタッフに加わって専門職歴を終え、1993年に退職した。

タクとメアリー・ルーは1951年フィラデルフィアで、タクの同室者が引き合わせた互いに面識のないデートで会った。中西部や東部の人々にとって日本人についての知識は、西海岸からの距離に直接比例して減じるように思われた。ではどうやってタクはメアリー・ルーの母親を説得することになるのであろうか。

「でも私の母ったら、私が日本人の男性とデートしている、って初めて言ったとき、気絶しそうにな

ったわ。そして私はタクを一度家に連れてきたんです。その時たまたま母の親指に感染症があってね。親指に本当に大きな膿瘍ができていたの。で、タクがお医者さんになって、彼女の面倒をみて親指をランセットで切開し、膿を拭き取って包帯を巻いたの。それに、彼に会って、彼を好きになれない人なんか一人もいなくてよ。彼を知って好きになることは易しかったのね。というわけで、それからというもの、彼は受け入れられました。」

　事実タクは、重要な人の好感と承認を勝ち取ってきた。タクとメアリー・ルーは、メアリー・ルーの故郷の町であるペンシルバニア州のヨークで結婚した。

　1950年代は、異人種間結婚はまだめずらしく、したがってメアリー・ルーとタクに関していくつかの心配が持ち上がった。メアリー・ルーは彼女の心配をいくつか述べた。

　「私の最大の恐れの一つ。それはね、私の家族が彼を受け入れないであろうということだったと思うの。1954年当時のフィラデルフィアでは、私たちは先駆者だったのね。つまり異人種間結婚なんて全くなかったから…。これが、私たちがいつ結婚するかを考えるときに、私が一番心配したことの一つね。私たちは二人とも、子供たちにどんな影響を与えるかについて考えたわ。しかし子供たちが家に帰ってきて、日本人とアメリカ人の混血のために、誰かがいじめたり、面倒を起こしたなんていうことを、一度だって聞いたことはないわ。」

　タクとメアリー・ルーがハネムーンから帰ってきた直後に、彼らはパーム・サンデイの礼拝に出席した。メアリー・ルーはタクを友人に紹介するや、友人の反応をこう説明した。「こんな反応をこれまで見たことがなかったわ。あのう、胸に顎を垂れてみせたの。」友人の間でさえメアリー・ルーの日系アメリカ人との結婚は、古い慣習やしきたりがまだ明確に適合していなかった社会的な事実であった。

　日本人移住者の集中と直接的な経済的競争が、差別と葛藤を強めた西海岸と違って東海岸では、日本人の人口が散在的であることが、もっと穏和な好奇心か、しかめ面を引き起こすように見えた。偏見があったのは確かだが、差別はさほど目に見えたものではなかった。西海岸では、教育的資格を持ちながら、それに見合った仕事につけないでいる日本人の友達が多くいることを、タクは知っていた。ビジネス、工学、数学で名門大学から上級の学位を取得していても、タクの友人たちは、タクシーの運転手、食料品店の店員、漁師で終わってしまう、とタクは言った。これらはみな立派な仕事であるが、彼らの教育水準には適合していなかった。

　タクは、ミシシッピー川より東の地域に入ってみ

第八章　アメリカンドリーム

ると世界が違っていることに気づいた。彼は「教育を受けた一世たちは、中西部や東部だと、西海岸では得ることができないような仕事で、それを活用できた」ことを知ったのである。機会はミシシッピー川の東で開かれていたので、戦争は、日系アメリカ人がより広範な地平線を求める助けになった、とタクは思っている。

「私はこのことを言い続けているんです。ある意味で第二次世界大戦、強制退去、カリフォルニアからの締め出しは、あらゆる種類の機会を二世に開いたんだ、とね。」

いずれにせよ、メアリー・ルーとタクは進路の開拓に寄与した。彼らが示したのは、異人種間結婚は機能し、夫婦が医学教育を受けるのを助け、いい子供たちを育て、幸福で人生を成功へと導きうる、ということである。

タクとメアリー・ルーには四人の子供がいる。長男スティーブンはサリナスで精密機械店を所有している。第二子のカーレンはリック・マッキーと結婚し二人の娘、アリエルとバレリーがいて、サリナスに住んでいる。その次のマイケルについて、彼の芸術と音楽を両親はただ「美しい」と評している。第四子のアンディは、フロリダ大学で海洋生物学の上級学位を目指して勉強中である。彼らの子供たちにとってアメリカンドリームは、はるかに達成可能である。タクとメアリー・ルーは、能力さえあれば「今やそれは、その人次第である」と同感する。

すべてはタクとメアリー・ルーが大陸に10年違いで生まれたことに始まる。タクを医者となる教育の道に降ろすために、兄のロイと姉のアイコは懸命の労働をし、犠牲となった。それはタクに、信じがたいほどの粘り強さと忍耐で仕事、勉強、軍務をこなさせるものであった。ブラインドデート、メアリー・ルーの度量の広さ、偏見に直面し戦う勇気、互いへの深い責任を伴ったものであった。それは、彼らの専門職仲間の援助と勇気づけに支えられたものであった。

アメリカンドリームをタクとメアリー・ルーは実現できたか。この質問に二人から「そうだとも。ここまで来たことに感謝していますよ」という返事が返ってきた。どのようにして成し遂げたのか。メアリー・ルーが雄弁に要約して言った。

「私は、彼の家族がみな戦争中に経験したことを知って、また、みんながどうやって帰還し一からやり直したかを知って、そうねえ、さらに困難を切り抜けて生活を続けているように見えて、彼の家族を大変尊敬し、日本人の地域社会全体に敬意を払うようになったわ。それこそ偉大な達成だったわ。」

ここに登場した二世に関するどの物語も、一世の

両親たちが示したのと同じ人間の精神復元力を実証している。二世たちは、経済的な剥奪、人種差別、戦時中の不当な措置という残酷な刺し傷を知る年齢に達していたが、行く手の機会が見えるほど楽天的でもあった。怒りと絶望でもがくのは易しかったであろうが、彼らはそれに立ち向かって超越する道を選んだ。誰もが成功するとは限らないであろう。強制収容の精神的外傷が大きすぎたり、いろんな物の喪失があまりにも苦痛の尾を引いていたり、希望の持てない重すぎる未来に直面している人もいる。しかし大部分の人々は、それを克服した。この意味で、それは一つの偉業であった。

　この章は、個々人の物語以上のものを描写している。これらは、モンテレー半島に帰還したすべての二世の集合的肖像を描写した物語なのである。漁師、庭園師、靴修理工、小売り人、大学教師、実業家、公務員、看護婦や医師についての寸描はどれも、他の多くの人々を代表したものである。

　ここに描いた肖像全体を通して唯一重要な点は、二世とアメリカンドリームとの関係である。とりわけそれは、獲得された夢、粉々に砕けた夢、修復された夢、果たされた夢について述べた物語であって、すべては三世の子供たちのために生かし続けなくてはならない夢なのである。これこそ二世の人たちがモンテレー半島に残した最も重要な遺産であろう。

「人生は前向きに生きなければならない。しかしそれは過去の上に立ってはじめて理解される。」過去は、一世であるセキサブロウとタマ・ハットリに象徴される（写真左側）。未来は彼らの三世である孫（写真右側、左より）リック、ロビン、ランコ・ハットリに象徴される。

ロイ・ハットリ収蔵

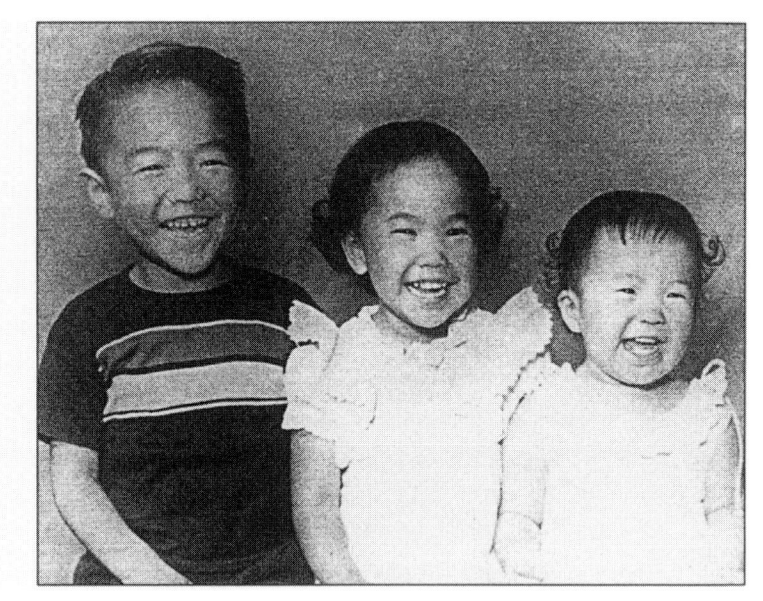

第九章
過去と将来

ある哲学者がかつて述べたように、「人生は前向きに生きなければならない。しかしそれは過去の上に立ってはじめて理解される。」私たちは、モンテレー半島の一世および二世の人生を回顧するにあたって、彼らが耐えながら前進することを動機づけたものは何であったか、を理解しようと努めてきた。彼らの過去を振り返って、彼らの後に続く者の前方に何が横たわっていたかを見て、彼らの遺産の定義づけを探ってきた。私たちは一世の不可欠な面を見てきた。そして、二世の遺産は順応の精神であり、それが、彼らの適応と生き残りの成功に十分役立ったのである。皮肉なことに、過去に成功をみたこの順応という戦略そのものが、今や、未来の順応と生き残りに一層の問題をはらんでいる。

　1997年という年は、日本からモンテレー半島に永住した、最初の一世移住者の到着から一世紀を迎える祝いの年に当たる。ほぼ百年前に一世たちはここに来て、漁師、農夫、庭園師、事業家として非凡な旅を始めた。容易な旅ではなかった。彼らが辿った道は通行不能に思えることもあった。それは異なった文化、不慣れな言語、差別的な法律、ときに敵対心をもつ人々といった困難に直面したからである。にもかかわらず、仕事への献身、我慢、忍耐によって障害の多くを乗り切り、非日本人社会から尊敬心と信頼を勝ち得た。

　二世の子供たちは一世の足跡を辿り、適切な振る舞いによって家族への恥の持ち込みを食い止めるという教訓を、一世の両親から学んだ。親の犠牲によって舗装され開かれたあまたの道路の一つ、中でもいい教育を受ける道を二世たちは辿った。大恐慌時代の困難や第二次世界大戦中の強制排除と投獄に屈せず、二世たちは静かな決意で前進した。戦時中の威信と権利の剥奪に苦しんだ人々の中には、真に元通りにならなかった人たちもいる。しかしながら大多数の人々は、ついにアメリカンドリームを達成する機会を掴み始めた。平時であれ戦時であれ、行動を起こすものとして二世たちは前進し、生まれながらにして常に自分たちのものであったもの、つまり完全な市民権と特権を再請求した。

　私たちは、一世および二世の世代の人生と行為を年代別に列挙した。彼ら自身の証言を通して、モンテレー半島に定住した人々の声を聞いてきた。1941年以前は、伝統と職業はしばしば一世の親から二世の子供に伝わっていった。1945年以後、経済的、政治的な状況がいい方向に変化し始めた。二世たちは、彼らの両親が決して夢にも見なかった新しい事業や専門職につく機会を追求した。多くの一世の両親たちは、彼らの息子や娘が建築家、会計士、技師、起業家、看護婦、歯科医師、医師になるのを見て、顔に笑みを浮かべたにちがいない。

第九章　過去と将来

　1960年代以降、三世の世代には扉がもっと広く開いた。今日、日系アメリカ人に閉ざされた道は全くどこにもない。今や三世たちは能力と意志さえあれば、彼らの両親や祖父母の職業や期待を超えて、何でもできる。だからといって、偏見はすべて消え去ったとか、仕事場でのガラス張り天井がすべて取り除かれたというのではない。

　日系およびアジア系アメリカ人は、当初彼らに閉ざされていた専門的職業に入りつつある。彼らは法律、銀行、教育、行政、会計、企業といった分野に見受けられる。例えば、ロバート・オオウエとジョージ・タカハシはマリーナ市長として非凡の奉仕をした。ゴードン・ナカガワは選任によるMPUSD教育委員会の政策担当者である。アーニー・モリシタは現在、郡行政官またはモンテレー郡の日常業務に責任を負うCEOとして仕えている。ダグ・ツチヤやリチャード・ウェストのように法曹界に入った人もいれば、ジーン・タキガワのように建築技術や、ジェリー・タキガワのように商業デザインで認定を受けた者もいる。公認会計の分野にはカズコ・マツヤマがいる。また医学の専門職は順調に続き、リックとエリー・ハットリ、スコット・サトウ、グレッグ・サトウ、グラント・ナカジマに代表される。

　モンテレー半島で教職に就いた者もいる。ミッキー・ミヤモト、ケンとジョイス・エサキ、ジェフリー・ウチダ、ボブ・ミヤモト、ロッド・オカ、マリリン・コダニといった人たちである。タッド・クマガイは教育行政で責任ある地位に就いている。

　アケミ・イトウは舞台芸術、とくにダンスの振り付けで名声を博した。ジム・オバラは花の事業を成功させている。ジェームズ・タバタとカート・コダマは銀行界の経営幹部である。レイ・スミダは認可を受けた造園請負人である。アラン・ミヤモトはモンテレー郡の公園パトロール隊員として働いている。

　この書を通してすでに述べた他の多くの職業を合わせると、専門的職業のこの多様性は、三世代に渡る機会の変化を示している。機会の扉が今日かなり広く開かれたのも、一世と二世の正直、仕事への献身、および犠牲があってのことである。

　消え去ったのは何か。一世紀をかけてモンテレー半島の物理的、社会的状況が劇的な変化を遂げた。20世紀の変わり目に半島を特徴づけていた湾、海岸線、森林の本来の美しさは、人々がやって来て町が大きくなるにつれ後退していった。1920年代と1930年代、アルバラド、デルモンテ、コーテス、パールを境界とするモンテレーの日本人町は、家族の離散と都市開発に道を譲ってきた。世に聞こえた「日本茶亭」はもうない。「フタマセ玉突き場」、「スヤマの靴修理・駄菓子屋」、「R・オノ＆カンパニー」、

昔馴染みの麻雀屋、「ヒガシ・ホテル」、「アズマ亭レストラン」は、すべてなくなった。残っているのは記憶と写真だけである。

　まだ持ちこたえているのは何か。なんと、20世紀最初の30年間に設立された事業のいくつかが、建物も名前もそのままに存在している。タバタ家はパール通りの「サンライズ・グローサリー」のドアを依然として開けているし、ウチダ家もグランド・アビニュー沿いに「パシフィック・グローブ・クリーナーズ」を今も経営している。所有権は人の手に転々と渡ったけれども、「アウル・クリーナーズ」はウェブスター通りに残っていて、「グローブ・シュー・ホスピタル」は、フォレスト・アビニュー200番地に昔のままある。アダムズ通りの「JACLホール」のような当初の建物のいくつかは、過去の記憶を呼び起こすポプリであり、一方「エル・エステロ・プレスビテリアン教会」は、エル・エステロ湖の西側の橋に優雅な趣を添えている。モンテレー市営墓地の一区画は、一世や二世の数々の貢献を静かに思い起こさせる場所であり、いくつかのなじみ深い日本人家族名が、花崗岩の墓標に刻まれているのを見いだすことができる。

　日本人がなした貢献の中で、あるものはまた、時を経て持ちこたえている。というのもそれらの貢献は、モンテレー半島の歴史に意味と意義を付与しているからである。一世たちは商業用アワビ産業を開発し、アワビ漁用潜水技術を革新した重要な開拓者であった。一世たちの中には、カーメル市のために土地開拓を助けた最初の木こりたちがいた。一世たちは1900年代初頭、農業開発、とりわけ高品質の農産物の生産や市場向け青果物栽培農業技術において、力を貸した。一世や二世たちは漁師として、缶詰工場労働者として、フィッシャーマンズワーフの事業所有者として、地元の漁業で先導的な役割を果たした。これは、これからも耐え抜く、彼らの事実上の遺産の部分をなしている。

　時の経過とともに、建物はぼろぼろになり、人々は年を重ね、記憶は薄れる。家や仕事の名前や場所は忘れられ始める。衰える記憶は、しばらく前に起きた出来事の正確さを曇らせさえする。従って経験をできるだけ正確に捉えることが重要である一方、過去から大切に記憶に留められているものを未来に備えて保存するために、私たちにできることはまだある。

　道徳的遺産は決して褪せることも死滅することもない。かかる遺産は永久に生き続けるものである。なぜならそれは、未来のために道徳的な意義を伴って歴史的な経験を理想化するからである。それは世代を超えて生き、かつ追体験され、本、メディア、言い伝えによって伝達される。道徳的遺産は、人間

第九章　過去と将来

の精神の復元力と潜在力を証明するものである。

　モンテレー半島の日本人の道徳的遺産は多くの要素から成り立っている。それは海洋を越えて旅し、新しい道を切り開く移住者の勇気である。それは人間に、自身に先立って全体を考えさせようとする人間としての正義感であり、果たすべき義務感である。それは、個人の抑制不能なところに事態が横たわっていても、苦難に耐え辛抱する意志は、いつかすべてを克服するであろうという信念である。それは、差別と絶望を目前にして、太陽は再び昇ることを知る忍耐である。それは、正義が否定されたら勇気をもって戦う時が来ることを悟り、道徳基準に則って挑戦する時が来ることを悟る知恵である。そのいずれも権利の再請求において適切な方法を取っているからである。それは、人々が一緒になって、地域住民の組織や敬愛を通して喜びを分かち合い、慰めを求め、希望を与える連帯感である。

　モンテレー半島の日本人はまた、後に続く各世代の子供たちが、これから先幾年にも渡って旅する二本の橋を未来に架け、授けた。最初の橋は非日本人社会の人々との友情と信頼の橋である。誠実で懸命な仕事を通して一世や二世の人々は、この半島の住民から尊敬心と信頼を獲得してきたし、それが彼らの実業の社会、社会的共同体、専門的社会への移動を可能にした。この最初の橋は、後に続く日系の世代に、より多くの機会への道を開いた。二本目の橋は、一世、二世、三世の世代をつないできた価値観の進化の途にある橋である。一世の基盤の上に築かれた遺産を二世が、変化を遂げる三世の人生に伝えてきた。

　未来の世代がこれら二本の人生の橋を渡り続けるにつれて、その行く末はさらに不確実となっている。社会的な人口統計は、モンテレー半島の日本人社会の性格を著しく変化させるであろう。異人種間結婚の数が増加しているのである。2000年までに三世と四世の結婚の65％以上が非日本人が相手である。より多くの教育を受け移動が多い若い世代は、モンテレー半島以外の他の地域での就職の機会を求めるであろう。死と加齢は必然的に地元日本人社会の多くの組織で会員減少につながるであろう。次世代の顔がどのように見えるのか私たちに分かる由もない。しかし確かなのは、その顔は、一世と二世たちの顔とは異なっているであろうということである。

　この本に登場するそれぞれの個人的な物語は正直、仕事への献身、犠牲というテーマに変動が見られる。当然ながらすべての人が、妥当な対象としてのモデルであったわけではない。モンテレー半島の日本人のなかには、他のどんな地域社会にも見られるように、不正をはたらく者、無頼漢、泥棒もいた。しかしながら全体に対する割合では、その数はごく僅か

である。

　おそらく、モンテレー半島の一世および二世たちの人生を一番よく説明するエートスは、正直、仕事への献身、一体感、忍耐、犠牲といった価値観に反映されている。彼らはそれを行動で、手本となって教えた。彼らの話は幾度も語られ、語り継がれなくてはならない。彼らの声が末永く聞かれることを期待してやまない。

参 考 文 献

　この文献は、本書作成の上で不可欠であった一次および二次資料に限定される。それは、日本人移民の全般的な主題に関わる資料の包括的なリストを提供することを意図するものではない。したがってそれは、簡潔かつ選択的である。この歴史口述プロジェクトにとって最も本質的な要素は、モンテレー半島で人生のすべて、ないし人生のほとんどを生きた、一世および二世とのインタビューである。彼らの口述による歴史は、テープに録音して保存され、そのインタビューは、後のページに示す通りである。テープ、写し、文書その他、この歴史口述プロジェクトに関連する資料は、カリフォルニア州立大学バークレー校バンクロフト図書館のバンクロフト・コレクションに永久保存される。

　さらに、このプロジェクトにとって、いくつかの二次資料は極めて有用であることが判明した。二次資料の適用は、二つの基本的な理由によって最小限にとどめられている。その理由はまず、このプロジェクトの構成が、面接の資料にほぼ完全に依拠する歴史口述という方法論によって定義されるからである。二つ目の理由は、ここモンテレー半島の日本人移民に関する歴史にもっぱら焦点を当てた、体系的な研究が皆無だからである。地元の半島に関する歴史一般について、あるいは全米的な日本人の一般的な研究は十分あるが、このプロジェクトで達成しようとするもの、つまりモンテレー半島の日本人移住者の具体的な歴史と結びつくものは、一つもない。そのような理由で二次資料の引用は、最初の面接から出てきた出来事や概念を正当化し、文書化する上で、重要と思われるものに限った。

一次資料
面接

面接に臨んだ方々の姓は五十音順に記載され、続いて面接の日付と場所、面接者氏名が記されている。（敬称略）

01. アケド、クニイチ　1991年12月15日、カリフォルニア州モンテレー。ヤマモト、ゴロウ。
02. イチウジ、エディス　1993年8月18日、カリフォルニア州パシフィック・グローブ。タナカ、ジョージ。
03. イチウジ、エディス　1993年9月9日、カリフォルニア州パシフィック・グローブ。ヤマダ、デイビッド。

04. イチウジ、ミッキー　1992年2月17日、カリフォルニア州パシフィック・グローブ。ウチダ、ヒロシおよびミヤモト、ゴーディ。
05. イチウジ、ミッキー　1993年9月9日、カリフォルニア州パシフィック・グローブ。ヤマダ、デイビッド。
06. ウエダ、ジム　1992年7月27日、カリフォルニア州カーメル。ヤマダ、デイビッド。
07. ウエダ、トシコ　1993年9月2日、カリフォルニア州モンテレー。タナカ、フランク。
08. ウエノ、キサン　1994年2月27日、カリフォルニア州シーサイド。ヤマダ、デイビッド。
09. ウチダ、ヒロシ　1992年7月23日、カリフォルニア州パシフィック・グローブ。ヤマダ、デイビッド。
10. ウチダ、マリコ　1992年3月13日、ミネソタ州エディナ。ヤギュウ、イーブリン。
11. エノキダ、タケコ　1994年7月7日、カリフォルニア州カーメル・ハイランズ。ヤマダ、デイビッド。
12. オグラ、トム　1994年3月6日、カリフォルニア州モンテレー。ヤマダ、デイビッド。
13. カダニ、オーティス　1994年2月15日、カリフォルニア州モンテレー。ヤマダ、デイビッド（同日3回の面接）。
14. キノシタ、カツミ　1994年3月9日、カリフォルニア州モンテレー。ヤマダ、デイビッド。
15. グリーン、ジューン・ワタナベ　1993年1月26日、カリフォルニア州モンテレー。ヤマダ、デイビッド。
16. クワタニ、タルノ　1991年12月19日、カリフォルニア州パシフィック・グローブ。タカラベ、ヘイハチロウ。
17. コダニ、クニコ　1994年7月7日、カリフォルニア州カーメル・ハイランズ。ヤマダ、デイビッド。
18. コダニ、マリリン　1994年7月7日、カリフォルニア州カーメル・ハイランズ。ヤマダ、デイビッド。
19. コダマ、ジョージ　1991年8月23日、カリフォルニア州モンテレー。ヤマダ、デイビッド。
20. コダマ、ジョージ　1993年8月23日、カリフォルニア州モンテレー。ヤマダ、デイビッド。
21. サトウ、エマ　1992年1月23日、カリフォルニア州モンテレー。マナカ、ロイアル。
22. サトウ、エマ　1994年2月10日、カリフォルニア州モンテレー。ヤマダ、デイビッド。
23. サンダ、チズ　1992年1月28日、カリフォルニア州モンテレー。タナカ、ジョージ。
24. サンダ、マイク　1994年2月18日、カリフォルニア州モンテレー。ヤマダ、デイビッド。
25. シオザキ、シズコ　1994年1月31日、カリフォルニア州モンテレー。ヤマダ、デイビッド。
26. シオザキ、ロジャー・オトジ　1994年1月31日、

カリフォルニア州モンテレー。ヤマダ、デイビッド。

27. スミダ、マリ　1993年11月3日、カリフォルニア州モンテレー。ヤマダ、デイビッド。
28. スミダ、ユキオ　1993年11月3日、カリフォルニア州モンテレー。ヤマダ、デイビッド。
29. タキガワ、ノブ　1992年3月18日、カリフォルニア州モンテレー。タバタ、ジム。
30. タキガワ、シズコ　1991年12月18日、カリフォルニア州モンテレー。ヤマモト、ゴロウ。
31. タナカ、ケイ　1993年8月26日、カリフォルニア州モンテレー。ヤマダ、デイビッド。
32. タナカ、ジョージ　1992年7月16日、カリフォルニア州パシフィック・グローブ。ヤマダ、デイビッド。
33. タナカ、ジョージ　1993年8月16日、カリフォルニア州パシフィック・グローブ。ヤマダ、デイビッド。
34. タナカ、フランク　1993年8月26日、カリフォルニア州モンテレー。ヤマダ、デイビッド。
35. タバタ、ジム　1992年2月5日、カリフォルニア州パシフィック・グローブ。ウチダ、ヒロシおよびミヤモト、ゴーディ。
36. タバタ、ジム　1992年7月22日、カリフォルニア州モンテレー。ヤマダ、デイビッド。
37. ナカムラ、ケイ　1993年9月21日、カリフォルニア州モンテレー。ヤマダ、デイビッド。
38. ナカムラ、スミ　1993年9月21日、カリフォルニア州モンテレー。ヤマダ、デイビッド。
39. ニシ、ジョーアン　1994年3月3日、カリフォルニア州モンテレー。ヤマダ、デイビッド。
40. ニシダ、ジャック　1994年1月27日、カリフォルニア州シーサイド。ヤマダ、デイビッド（同日2回の面接）。
41. ノブサダ、ケイ　1994年4月12日、カリフォルニア州モンテレー。ヤマダ、デイビッド。
42. ハシモト、エイジ　1992年1月14日、カリフォルニア州シーサイド。ヤマモト、ゴロウ。
43. ハシモト、ミツエ　1992年1月27日、カリフォルニア州シーサイド。ヤマモト、ゴロウ。
44. ハットリ、タク　1993年9月7日、カリフォルニア州カーメル・バレー。ヤマダ、デイビッド。
45. ハットリ、メアリー・ルー　1993年9月7日、カリフォルニア州カーメル・バレー。ヤマダ、デイビッド。
46. ハットリ、ロイ　1992年7月15日、カリフォルニア州モンテレー。ヤマダ、デイビッド。
47. ハヤセ、トーマス　1992年3月18日、カリフォルニア州モンテレー。ヤマダ、デイビッド。
48. ヒガシ、マサミ　1992年3月19日、カリフォルニア州モンテレー。タバタ、ジム。
49. ヒガシ、マサミ　1994年2月18日、カリフォルニア州モンテレー。ヤマダ、デイビッド。
50. ヒガシ、ヨシカズ　1992年3月19日、カリフ

オルニア州モンテレー。タバタ、ジム。

51. ホンダ、マミエ　1992年1月17日、カリフォルニア州シーサイド。タカラベ、ヘイハチロウ。
52. マナカ、ヒロ　1993年9月2日、カリフォルニア州シーサイド。ヤマダ、デイビッド。
53. マナカ、フランク　1991年9月23日、カリフォルニア州モンテレー。タカラベ、ヘイハチロウ。
54. マナカ、ロイアル　1992年8月8日、カリフォルニア州シーサイド。ヤマダ、デイビッド。
55. マナカ、ロイアル　1993年9月2日、カリフォルニア州シーサイド。ヤマダ、デイビッド。
56. ミヤモト、アリス　1993年1月16日、カリフォルニア州モンテレー。ヤマダ、デイビッド。
57. ミヤモト、オイスター　1992年7月21日、カリフォルニア州モンテレー。ヤマダ、デイビッド。
58. ミヤモト、オイスター　1994年2月19日、カリフォルニア州モンテレー。ヤマダ、デイビッド。
59. ミヤモト、ゴードン　1992年7月21日、カリフォルニア州モンテレー。ヤマダ、デイビッド。
60. メンダ、ハリー　1992年6月26日、カリフォルニア州モンテレー。タナカ、フランク。
61. ヤハンダ、デイビッド　1992年3月13日、ミネソタ州エディナ。ヤギュウ、イーブリン。
62. ヤマモト、ゴロウ　1993年8月18日、カリフォルニア州シーサイド。ヤマダ、デイビッド。
63. ヤマモト、ゴロウ　1994年2月23日、カリフォルニア州シーサイド。ヤマダ、デイビッド。
64. ヤマモト、ヘディ　1993年8月18日、カリフォルニア州シーサイド。ヤマダ、デイビッド。

一次資料
古文書ならびに行政文書

Bodine, Thomas Ray. "Papers on National Japanese American Student Relocation Council, 1942–1945." Hoover Institution Archives, Stanford University, Stanford, CA. HIA B002919.

Japanese American Relocation Records. Bancroft Library, University of California, Berkeley, CA. 67-14C, Files A-7.01, A-12.04, and A-16.202.

Moffitt, Albert H. "Papers on Evacuation of Japanese Americans from the West Coast." Hoover Institution Archives, Stanford University, Stanford, CA., HIA B000015, Box 1.

Nason, John Williams. "Papers: Chairman of National Japanese American Student Relocation Council, 1942–1945. Hoover Institution Archives, Stanford University, Stanford, CA. CSUZ83003-A.

U.S. Census Bureau. *Twelfth Census of the U.S., 1900, Vol. II,* "Population," Part II. (Washington, U.S. Census Office, 1902).

―――――. *Thirteenth Census of the U.S., 1910,* "Supplement for California," (Washington, USGPO, 1913).

―――――. *Fourteenth Census of the U.S., 1920,* "Population," Vol. IV, (Washington, USGPO, 1922).

―――――. *Fifteenth Census of the U.S., 1930,* "Population," Vol. III, Part I, (Washington, USGPO, 1932).

二次資料
書籍および論文

Chuman, Frank F. *The Bamboo People: The Law and Japanese-Americans.* Del Mar, CA: Publisher's, Inc., 1976.

Drinnon, Richard. *Keeper of Concentration Camps.* Berkeley: University of California Press, 1987.

Gardiner, C. Harvey. *Pawns in a Triangle of Hate: The Peruvian Japanese and the United States.* Seattle: University of Washington Press, 1981.

Gota, John and Giichi Kageyama "Monterey's Men of the Sea," *Pacific Citizen Holiday Issue,* December 19–26, 1980.

Hale, Sharon Lee. *A Tribute to Yesterday.* Santa Cruz, CA: Valley Publishers, 1980.

Hemp, Michael Kenneth. *Cannery Row: The History of Old Ocean View Avenue.* Monterey, CA: The History Company, 1986.

Hosokawa, Bill. *Nisei: The Quiet Americans.* New York: William Morrow and Company, Inc., 1969. Santa Cruz, CA: Valley Publishers, 1980.

Ichioka, Yuji. *The Issei: The World of the First Generation Japanese Immigrants, 1885–1924.* New York: The Free Press, 1988.

Reinstedt, Randall A. *The Monterey Peninsula: An Enchanted Land.* Northridge, CA: Windsor Publications, Inc., 1987.

Takaki, Ronald. *Strangers From a Different Shore.* Boston: Little, Brown and Company, 1989.

Wilson, Robert A. and Bill Hosokowa. *East to America: A History of the Japanese in the United States.* New York: William Morrow and Co., Inc., 1980.

Yonekura, Isamu. "Manjiro: The Remarkable Life of a Fisherman's Son (2)," *The East,* XII:5 (June 1976), 19–31.

訳者あとがき

　本書は、米国カリフォルニア州モンテレー半島に定住した日系アメリカ人一世および二世の歴史物語である。移住以来100年に及ぶ移住者の記録を得難い写真を随所に駆使して編纂、1995年に出版されている。原書「THE JAPANESE OF THE MONTEREY PENINSULA — Their History & Legacy 1895-1995」を、著者デイビッド・T・ヤマダ氏および日系アメリカ市民連盟モンテレー半島支部の承諾を得て日本語に翻訳した。

　私がヤマダ氏に初めて出会ったのは1986年にさかのぼる。氏は日米教育委員会によるフルブライト交換教授として日本に招かれ、広島大学法学部で教えていた。夫人のキャシー、小学生の長男ジャスティン、長女ジェナを含む家族とともに、広島市の平和公園に通じる平和大通り沿いのマンションで、家族揃って初めての広島での生活を味わっていた。アメリカの小中高用教科書や問題集作成に携わってきた教育者である夫人はその間、広島大学医学部で英語教育に当たっていた。当時日米教育委員会中四国支部の責任者として関わっていた私の夫、石田剛（故人）との関わり合いが、家族ぐるみの親交につながったのである。

　当時、外国からの学者といえばアメリカ人がほとんどを占める中で、ヤマダ氏は典型的なアメリカ人という印象を与えなかった。日本的美しさへの憧憬、豊かな知識に裏打ちされた響きのいいユーモア、穏やかな語りで核心をついた言葉の運び、相手の目線で高めていく議論の数々は、会話を共有する人たちの意気を高めた。私が、我が子ほどの年齢の若者に混じってモンテレー国際大学院で2ヶ月間を過ごした1990年、ヤマダ氏が当地で敬愛を受けている人であることを肌で感じた。

　その後も何度か氏の家を訪ねた。モンテレーのサリナス・ハイウェイを見下ろす小高い丘に建つ、広い裏庭つきの、すべて手作りだという品のある木造家屋に続いて、かつて両親が住んだキッチンとバス付きの2部屋の離れがある。そこは現在ヤマダ家訪問客の宿泊施設に供されることが多い。家族との歓談のあとの一夜の宿は、他ならぬ居心地のいい「ホテル・ヤマダ」なのである。ある日の朝食に、奇妙な形をした多肉性の食べ物が供された。アーティチョークであった。初めて耳にしたその言葉は、グロテスクな形状と難解な響きゆえに、かえって覚えることができた。この植物は、日本人一世の農業者が、初めてここでの生育に成功したが、後年アーティチ

訳者あとがき

ョーク畑から日本人農業者が土地を追われたという事実を知ったのは、この本の翻訳の過程においてであった。以来アーティチョークは、悲しい記憶として私の脳裏に焼き付いている。

ジョン・スタインベックの小説「キャナリー・ロー」の中でも、また多くの観光客でごった返すモンテレーの大水族館「モンテレー・ベイ水族館」を訪れても、かつて日本からの移住者がここに多数住んでいたという名残は見い出しにくい。しかしモンテレーで缶詰工場を所有し経営した人々や漁師の圧倒的多数は、日本からの移住者であった。二・三世代前という「過去」は遠い昔ではないという私の歴史的距離感覚が、年齢とともに心の基底に座するようになり、また私の人生の繁忙期がやや遠のいていく頃、原書を読み通してみた。そして次第に、腹の底に響くような感情の揺さぶりが広がるのを覚えた。そこに描写される人々の心情や動きが、時を隔てて今なお私の胸に直接的に伝わってきたからである。それは私たちが戦中戦後に体験してきた価値基準や行動規範と合致していたからである。

「第五章　強制収容」は触れるたびに涙するところである。「平時には子供が親を埋葬し、戦時には親が子供を埋葬する」慟哭にも似た悲しみは、とくに子を持つ親に耐えられそうにない。科学技術の進歩で、宇宙にぽっかりと浮かぶ水晶のような地球を月面から眺めて、今なお傷つけあう人類の愚行を、私たちは思い知らされている。私たちに課された永遠の課題をもまた、本書は提示しているのである。

私が本書の日本語訳を思い立った理由の一つは、アメリカに渡った日系移民一世や二世の歴史的、文化的、精神的遺産が、今日のグローバル化の高まりの中で多様なアイデンティティを育みながら、新しい世界観に寄与すべく、未来の歴史に組み込まれていくのを予知させるからである。日本の伝統と文化を背に、ときに逆境の中での強靭な復元力をバネに、かの地で具現化させた民族的特性を考えるとき、今日、価値観や生き方の多様化がすすむ世界の中で、私たち日本人が進む方向が見えてくるように思われる。

二つ目の理由は、世界的に政治、経済、社会、環境のすべての面で変革が激しい現代において、日系移民が残した遺産は、私たち日本人に自己を見つめ直す機会を与えるからである。同じルーツをもつ日本的伝統を異文化の中で維持してきた日系アメリカ人の行動規範や価値観は、今日を生きる私たち日本人について貴重な何かを再発見させてくれる。時とともに移民一世・二世の共同体が薄れる一方で、その力強い伝統や文化は、異人種間結婚を経ても後の世代に継承発展されることを、多少でも海外生活を経験した者なら理解できる。日本文化への関心と理

解は民族や国境を越えて広がっているからである。

　これまで多くの日本人が、アメリカの第一線の高等教育機関、研究機関、最前線を開拓する企業への誘いを享受してきた。日本人を受け入れるアメリカの寛容さには日系市民のまいた種があったことを忘れてはならない、というのがこの訳本を試みた三つ目の理由である。日系アメリカ人および日本人の後世の世代がともに、今や国境を超えて進展する大きな舞台で、世界文明を育む一翼に資することが一層期待されるのである。

　原文では、著者の人柄に立脚した暖かいまなざしで綴られた筆致が、単なる史実に重きを置く歴史書でなく、今なお読む人の心に直接働きかける「物語」の手法で、歴史の真実を伝える効果を上げている。また原文は、英語を学ぶ日本人の学生に学ばせたい磨きのかかった文体で書かれている。

　原書の見開きには「一世に捧ぐ」と記されている。この訳本は「日系一世と二世、デイビッド・ヤマダ氏および日系アメリカ市民連盟モンテレー半島支部に捧ぐ」と表明したい。

　日本語翻訳にあたって著者デイビッド・T・ヤマダ氏には原書の内容解釈に関して適切な教示や指摘を、またヘイハチロウ・タカラベ師には全体的なコメントや助言を頂いた。さらにリチャード・B・パーカー広島修道大学名誉教授、ならびに米国マサチューセッツ州、セーラム州立大学名誉教授パトリーシア・L・パーカー氏から貴重な教示を頂いた。これら4名の学識経験者のご協力に感謝の意を表明したい。

　最後に、出版に当たって、長年の豊かな知見と豊富な経験をもとに、終始多大のご支援とご配慮を惜しみなく与えて頂いた溪水社社長の木村逸司氏、並びに洗練された経験と手法で本書制作の過程に従事していただいた同社の西岡真奈美氏には、格別お世話になった。お二人に心よりお礼を申し上げる次第である。

2008年10月　　　　　　　　石田　孝子

索 引

ア

アウル・クリーナーズ　60, 87-88
アズマ亭　53, 85
アワビ産業　24-27, 106-114
　　始まり　24
　　日本からの潜水夫補充　106
　　初期の漁法　107-108
　　第二次世界大戦の影響　114
　　一世のアワビ漁師　107, 110
　　コダニ、ゲンノスケ　24
　　法的規制　27
　　加工会社　111
アビコ、キュウタロウ　28
アカミネ、ジョージ　76, 184
アキモト師　90
アケド、クニイチとハツコ　70-71
アメリカンドリーム　220-221, 256
アラン、アレキサンダー・M　25
アラン夫人の書簡　153
アラン-コダニ共同経営　25
R・オノ＆カンパニー　50, 78
アンドウ、キンザブロウ　93

イ

イオウ、キヨシ　98
イケダ、イサオとマサ　69-70, 91

生け花　205-207
　　オハラ（小原）流　205-206
　　池ノ坊流　206
　　草月流　206
イシイ、ディーン　178
イシヅカ、ジョン　178
移住者
　　米国での最初の仕事　22
　　移民の数　22
　　移住の理由　20
　　1924年移住法　48, 70
イズミズ・ランドリー　88
イチウジ、ジョー　147
イチウジ、キクジロウ　86
イチウジ、キクジロウとカツノ　62-63
イチウジ、ミッキー　86-87
イチウジ、ミッキーとエディス　230-233
一世、第一世代　20
一世会　183, 184-185
イトウ、アケミ　261
イトウ、アル　76, 210
移民会社　22
移民の多い県　32
イワシ産業　123-124
　　衰退　90
イワシ漁のシーズン　80

イワモト、ジョージ（ケイゾウ）　89
インターナショナル・アワビ加工工場　116

ウ、エ

ウェスタン魚卸問屋　116
ウェスト、リチャード　261
ウェストン、エド　167
ウエダ兄弟自動車整備場　98
ウエダ、ゴクイチとアヤメ　97
ウエダ、ジム　97, 158
ウエダ、ジョージ　176, 180
ウエダ、ジョージとトシコ　156
ウエダ、トシコ（シバサキ）　157
ウエダ、ミノル　97-98
ウエノ、キサン師　178, 199-201
ウェーラーズ・コーブ　25
失われたテキサス大隊　145
ウチダ、オノジロウ　54-55
ウチダ、カクタロウ　55, 88, 136
ウチダ、カクタロウとヤエ　55
ウチダ乾物店・浴場　80
ウチダ、ジェフリー　261
ウチダ、ヒロシ　55, 56, 89, 135-136
ウチダ、ヘンリー　189
ウルツマン、フリッツ　167
エサキ、ジョージ　178, 186, 210

エサキ、ハルオ 147
エサキ、ケンとジョイス 261
エサキ、トノスケ 77, 111, 117, 173
エノキダ、タケコ（コダニ） 30
エノキダ、ミヨ 165
F・E・ブース缶詰工場 74
FBIによる一斉検挙 138
エル・エステロ・プレスビテリアン教会 211-216
    牧師 214-215
    1941年の名称変更 213
エンプレス号 34

オ
オオウエ、ジョン 175
オオウエ、ロバート 261
オオタニ、ハリー 147
オオバ、シゲル 202
オカ、カズ 98, 176, 186, 189
オカ、ロッド 261
オガワ、ケンジ 173
オガワ、タダシ 95
オクムラ、ヤゴイチ 107
オグラ、トム 204-205
オーシャン・クイーン号 26
オダ、ジュンイチ 52, 111, 116
オダ、ツネキチ 173
オノ、ロクマツ 50
オバラ、ジム 261

お盆祭り（仏教寺院、参照）
オモト、ヒサキチ（アルトン） 89
オモト、ビル 147, 182
オリバー農場 36, 93
オワシ、トクマツ 80, 125
オワシ、ハルミ 147

カ、キ
海外戦争復員兵協会地方支部1629（VFWポスト1629） 182-184
外国人土地法 34, 48, 57, 103
カキモト、トム 147
カゲヤマ、ギイチ 117, 123
カゲヤマ、サイイチロウ 76, 107, 122
カゲヤマ、タミノスケ 110
カゲヤマ、トーマスとノーマ 76
カジクリ、ヒサシ 178
カダニ、オーティス 99, 182, 210
カダニ、ジョージ 202
カダニ、フランク 202
カトウ、ノボル 147
カミガワチ、トクイチとセツヨ 91
カワシマ、サム 176
カワモト、ディック 147
カワモリタ師 90
カユコス缶詰工場 27
キノシタ、カツミ 202-203
キハラ、シゲヤ 148
帰米造園師たち 93-94

強制収容
    文民排除命令第15号 138
    大学復学のための早期解放 163-164
    日常生活 151-156
    FBIによる一斉検挙 138
    51年後の卒業 157
    家業への影響 139-140
    司法省管轄の収容所 136
    ノー・ノー・ボーイズ 148-151
    サリナス集合センター 138-139
    戦時転住局管轄の収容所 136
漁業 114-130
    1900年代初期 106
    埠頭の魚市場 116-117
    一世の漁師たち 114
    ランパラ半環式漁船 123-124
    巾着網漁船 124
    海難 128
    イワシ漁 123
ギンザ・レストラン 102

ク、ケ、コ
クェーカー教徒 165, 232
クマガイ、タッド 261
クマモト屋 82
クリスタル・シティ強制収容所 60, 158-160
グリップスホーム・プロジェクト 160-161
グリーン、ジューン（ワタナベ） 34, 139
クレセント・ベイ1号 50

索引

クレセント・ベイ2号　50
グローブ・シュー・ホスピタル　62, 86
クワタニ、ジョージ　76
クワタニ、タルノ　48, 136-137
クワタニ、トラゾウとタルノ　66-68
K＆H　自動車修理店　98
慶応大学　24
県人会　31, 172
ゴウタ、フミオ　210
ゴウタ、イチロウとヨネ　82, 116-117
ゴウタ、ジョン　13, 82, 117, 189
コースト・アワビ加工工場　68, 117
コダニ、クニ　31
コダニ、ゲンノスケとフク　24-31
コダニ、セイゾウ　30, 34, 153, 154
コダニ、タケコ　30, 31
コダニ、ナカジロウ　26
コダニ、マリリン　25, 26, 261
コダニ村献呈式典　31
コダニ、ユージン　31, 147, 158
コダマ、カート　261
コダマ、ジョージ　87, 210
コダマ、セツジとフジコ　59-60, 87, 158, 173
子どものために　45
コバヤシ、マサスケ　28

サ、シ
サイプレス・ガーデン育苗園　93, 97
サイトウ、ミヨシ　147
サカイ、イサム　147
サカモト、ゲンゴ　95, 96, 199
サカモト、ボブ　89
ササキ、タク　147
サザン・パシフィック鉄道　23
サトウ、エマ　213
サトウ、グレッグ　261
サトウ、ケン　100
サトウ、ケンとエマ　52
サトウ、スコット　261
サツマ盆栽クラブ　203-205
サンカルロス・ホテル　91
サンダ、チズ（スヤマ）　49
サンダ、マイク　50, 192, 193, 194
サンライズ・カンパニー　77
サンライズ・グローサリー　77
サンライズ・ブラザーズ　64, 77
JACLホール　175, 176, 178, 179
JACL歴史口述委員会　10
ジェイコブ、ダグ　175
シオザキ、オトジ（ロジャー）とシズ　162
シオザキ、シズコ（スギヤマ）　160-162
しかた-が-ない　61, 139
詩吟　207-208
シグナル給油所　116
芝居　90, 174
シバサキ、トクハキとハツエ　155
シー・プライド・キャナリー　78

シー・プロダクツ・カンパニー　101
写真結婚　41-42, 48
　　廃止　48
ジュリアード農場　91
新魚市場・配送　116
1908年紳士協定　48
シンタニ、シンとハジメ　214
シンタニ、マス　98, 246

ス、セ、ソ
スガノ、カズ　147
スガノ、サダノスケとマツエ　82
スタンダード号　68
「すべての人々に民主的な生き方を」　167
スミダ、ミッチ　147
スミダ、ユキオ　147
スミダ、ユキオとマリ　234-238
スミダ、レイ　261
スヤマ靴修理・駄菓子屋　49, 86
スヤマ靴修理店　85
スヤマ、センジロウとチカヨ　49-50
スリー・スター・マーケット　76
戦時緊急政策　135
センダイ商会　90
セントラル・カリフォルニア魚会社　116
全米日系アメリカ人学生移住会議　232
造園　93-94
造園業　93-94
総合ファクターズ　101

タ

第522機甲師団　143
大正時代　20
大統領行政命令 9066号　135, 179
第二次世界大戦　30, 41, 75, 77, 99, 114, 135, 176, 179
第二次世界大戦中のJACLホール使用　176
大洋丸　20
第442連隊戦闘部隊　142, 144-146
タカハシ、ジョージ　261
タカバヤシ、ヤキチ　107
タカモト、ボブ　194
タカモト理髪店　89
タカラベ、ヘイハチロウ　13, 215
タキガワ、イクタロウ　52, 107, 117, 173, 210
タキガワ、ジェリー　10, 261
タキガワ、ジム　54, 186, 187
タキガワ、ジーン　261
タキガワ、トイチロウとシズコ　68-69, 107, 117
タキガワ、ノビ（ヒガシ）　54
タキグチ、ボブ　187
タッド・カンパニー　52
タナカ、コウイチとヤエ　36-39, 239
タナカ、ジョージ　94, 137, 176
タナカ、ジョージとナオコ　94
タナカズ・ガーデン・センター　97
タナカ、フランク　96, 158
タナカ、フランクとケイ　238-243
頼もしクラブ　172
タバタ、ジェームズ　64, 261
タバタ、シダー　64
タバタ、ジム　64, 77, 139
タバタ、トーマス　77
タバタ、トラキチ　77, 173
タバタ、トラキチとタマ　63-64
タバタ、ヨウ　34, 98, 210
タフト、ハワード大統領　28

チ、ツ、テ、ト

地域社会の組織　172
千葉県　24
1882年中国人入国拒否法　20
ツチヤ、ダグ　261
ツボウチ、ソンノスケとシカ　91, 93
出稼ぎ人　20
デベンドルフ土地開発会社　39
デュレイン、テッド　167
デルモンテ・クリーナーズ　89
デルモンテ・ホテル　23
デルモンテ・プロパティーズ　98-99
転住キャンプ（強制収容、参照）
トウキョウ・クリーナーズ　89
トゥーリ・レイク強制収容所　155-156
徳川幕府の崩壊　24
ドックス・オート・ボディ　98
ドリック号　25

ナ、ニ、ノ

ナカガワ、ゴードン　261
ナカサコ、ニック　199
ナカサコ、ペット　179
ナカジマ、グラント　261
ナカジマ、クリフォード　178, 199
ナカムラ、ケイ　98
ナカムラ、ケイとスミ　243-248
ナカムラ、ルイチとツナ　82
ニシ育苗園　93, 97
ニシグチ、ゲンザブロウ　107, 110
ニシ、ジョーアン（チサト）　205
ニシダ、ゲンベイとワキ　149, 221
ニシダ、ジャック　149, 150, 191
ニシ、ニック　182
二世ボウリング連盟　192-194
日系アメリカ市民連盟　175-182
　1988年市民自由法　180
　モンテレー半島支部の設立　175
　1932-94年までの歴代支部長　177
　補償委員会　179
　補償運動　179-180
　婦人準会員と国旗　176
日系ペルー人
　（クリスタル・シティ収容所、参照）
日系ラテンアメリカ人　159, 160
日本（語）学校　69, 198-201
　高校での履修単位に認可　200-201
　1963年-64年に再開　199

索引

日本人会 172-175
 仏教徒とキリスト教徒の分裂 173
 地域社会の指導者たち 173
 ホール名 JACL に変更 176
日本人会ホール 90, 173-175
日本人庭園師たち（1920年代） 93
日本茶亭と庭園 82
日本伝道教会 90
日本の産業の近代化 20
日本町 74
ニールセン、ポール 95, 96
ノダ、オトサブロウ 24, 82
ノブサダ、ウォーレン 102
ノブサダ、ケイとエミ 99-102

ハ

1924年排日移民法 70
ハギオ、マス 194
パシフィック・グローブ・クリーナーズ 55, 88-89
パシフィック・グローブ自然保護協会 82
パシフィック自動車整備場 98
パシフィック相互魚会社 52, 68, 116
パシフィック土地改良会社 55
ハシモト、エイジ 184, 210
ハシモト、エイジとミツエ 207-208
ハットン農場 42
ハットリ、アイコ 250
ハットリ、セキサブロウ 107
ハットリ、セキサブロウとタマ 65-66, 249
ハットリ-ソレンセニ 114
ハットリ、タク 147, 178
ハットリ、タクとメアリー（ルー） 248-255
ハットリ、リックとエリー 178, 261
ハットリ、ロイ 34, 66, 107-114, 189
ハマグチ、ジャック 107, 111, 116
ハヤシ、ホビ 205, 207
ハヤセ、サット 140
ハヤセ、トム 140-142
ハヤセ、リュウゾウとハツヨ 116, 140
ハリス、ジャック 13, 175, 179
パール・ハーバー 136
バレー・ヒルズ育苗園 96
「判事」 38
ハンダ、コハチ 82
反日感情 49, 57

ヒ、フ、ヘ、ホ

ヒガシ魚会社 52
ヒガシ、ウノスケ 52, 111, 142, 173
ヒガシ、ウノスケとユキエ 54
ヒガシ・ホテル 53, 54, 82
ヒガシ、マス 54, 85, 142, 147, 176, 192, 194
ヒガシ、ヨシカズ 53, 54, 85, 147
ファランテ、ピエトロ 74, 123
フクハラ、ジム 184
ブース・キャナリー 122

フタマセ理髪店・浴場 89
仏教寺院 208-211
仏教、浄土真宗派 209
船雑貨・食料品店 80
ブルーヤースでの戦闘、第442RCT 145
フレミング、アル 182
ベイ・サービス 98
ベイ・シティーズ 98
ポイント・ロボス缶詰会社 25, 27, 106
ポイント・ロボス州立公園 30
補償運動（日系アメリカ市民連盟、参照）
ポップ・アーネスト 27, 74, 106, 112
ホブデン、ナット 74
ホリ、ティップ 98
盆栽 201-205
ホンダ、シゲオ 117, 176
ホンダ、スタン 98
ホンダ・ホリズ給油所 93
ホンダ、マミエ 162-163

マ

麻雀屋 90
1952年マッカラン=ウオールター法 202, 204
マツバ、ヒサイチロウ 184
マツヤマ、アイコ 175, 176
マツヤマ、カズコ 175, 261
マーティン、カーメル・シーニア 43, 53
マナカ、エマ 51-52

マナカ、フランク　60-62, 106
マナカ、フランクとミツヨ　118-130
マナカ、ロイヤル　143-146
マナカ、ロイヤルとヒロ　221-227
マナカ、トメキチとキン　60-61, 221
マナカ、ヤスマツ　211
マナカ、ヤスマツとコユキ　50-51
マンザナー　163

ミ、ム、メ、モ

ミウラ、チャールズ　90
ミズカミ、ティム　147
ミナト・アスレチック・クラブ　186-190
　　4CAA 選手権　189
　　地域社会への貢献　190
　　ホーソンとプレスコット角地の体育館　187
　　一世による備品提供　187
ミヤガワ、イチロウ夫人　185
ミヤモト、アーチイ　189
ミヤモト、アラン　261
ミヤモト、アリス（ワタナベ）　34, 35
ミヤモト、オイスター　20, 39, 41, 147, 189
ミヤモト、キー　147, 189
ミヤモト、クマヒコとハツ　39-44, 91, 190
ミヤモト、ゴーディ　41, 74, 147, 190
ミヤモト、ボブ　261
ミヤモト、マヤ　147, 190
ミヤモト、ミッキー　261

ムラコシ、レイ　202
明治時代　20
　　1868 年明治維新　24
メンダ、ハリー　80
メンダ、バンジ　79
メンダ船雑貨・食料品店　79
モリシタ、アーニー　261
モンテレー・イワシ工業有限会社　126, 224
モンテレー魚市場・トラック配送　116-117
モンテレー釣りクラブ　190-192
モンテレー日本キリスト教会
　（エル・エステロ・プレスビテリアン教会、参照）
モンテレー半島
　　19 世紀　23
　　日本の追憶　22, 106
モンテレー半島造園師協会　95-97
モンテレー盆栽クラブ　202-203

ヤ、ヨ

ヤハンダ、タケコ　56
ヤハンダ、テイゾウ　56
ヤマシタ、カズオ　93
ヤマハラ、ヨシト　117
ヤマモト、ゴロウ　10, 11, 148, 184, 185
ヤマモト、ゴロウとヘディ　227-230
ヨコハマ・ランドリー　88
ヨコミゾ、ヨシオ　147
ヨネモト、エディス　163-164

ラ、リ、ロ

ライドン、サンディ　31
ラカワナ　26
ラスティエンダス・オート・ショップ　98
陸軍情報部　143
陸軍情報部語学校　147
ロイド、フランク　167
ロイヤル・クリーナーズ　89
ロウター農場　93
ローシュ、カート　25, 31

ワ

ワカバ日本レストラン・バー　85
ワタナベ、カンジ　32
ワタナベ、タジュウロウ　107, 154, 173, 185, 202, 210
ワタナベ、タジュウロウとエイコ　32-36
ワトソン育苗園　96
ワーフ No. 1（1 番波止場）　23
ワーフ No. 2（2 番波止場）　23

著者

デイビッド・T・ヤマダ

　1937年カリフォルニア州リバーサイドで4人兄弟の末っ子として生まれる。両親および家族は第二次世界大戦中アリゾナ州ヒーラの強制収容所に送られる。1946年にニュージャージーから西海岸に帰還後、カリフォルニア州サンタバーバラで公教育を終える。カリフォルニア州立大学バークレー校で学士号と修士号を、カリフォルニア州立大学サンタバーバラ校で政治学の博士号を取得。モンテレー半島日系アメリカ市民連盟の理事、支部長、および日系市民連盟北カリフォルニア地区の理事として奉仕を続ける。1986年から87年まで、日本の広島大学に日米フルブライト客員教授として赴任。1971年よりモンテレー・ペニンスラ大学で政治学の教鞭を取る。妻キャシーと2人の子供たち、ジャスティンとジェナとともに、カリフォルニア州モンテレーに在住。現在子供たちは大学在学中で家を離れている。

訳者

石田　孝子

　1939年神戸市生まれ。広島大学教育学部外国語教育科（英語）卒業、同大学大学院教育学研究科（教育行政学）修士課程修了。高等学校、女子短期大学、看護学校ならびに歯科技術専門学校で教鞭を取り、米国メイン州ボードン大学にて日本語教育に従事。帰国後外国人大学教師の日本語教育指導に携わる一方、広島市経済局および広島市都市整備局関係委員会の広島市市民委員として奉仕。広島市在住。

モンテレー半島日本人移民史

日系アメリカ人の歴史と遺産 1895-1995

2009年（平成21年）3月3日　発　行

著　者　　デイビッド・T・ヤマダ
　　　　　　　　　および
　　　　　日系アメリカ市民連盟モンテレー半島支部 歴史口述記録委員会

訳　者　　石田孝子

発行所　　株式会社 溪水社
　　　　　広島市中区小町1－4（〒730-0041）
　　　　　電　話（082）246－7909
　　　　　ＦＡＸ（082）246－7876
　　　　　E-mail: info@keisui.co.jp

印刷・製本　　㈱平河工業社

ISBN978-4-86327-053-4 C0020